ÉVEILLEZ-VOUS, MES ENFANTS !

Entretiens avec
Sri Mata Amritanandamayi

Tome 3

Adaptation et Traduction Anglaise
Swami Amritaswaroupananda

Mata Amritanandamayi Center, San Ramon
Californie, États-Unis

ÉVEILLEZ-VOUS, MES ENFANTS! – Tome 3

Publié par :
Mata Amritanandamayi Center
P.O. Box 613
San Ramon, CA 94583
États-Unis

————————— *Awaken Children, Volume 3 (French)* —————————

Première édition par le Centre MA : novembre 2016

En France :
Ferme du Plessis
28 190 Pontgouin
www.ammafrance.org

En Inde :
www.amritapuri.org
inform@amritapuri.org

Ce livre est humblement offert

**aux pieds de lotus de
Sri Mata Amritanandamayi**

la Lumière resplendissante
immanente au cœur de tous les êtres.

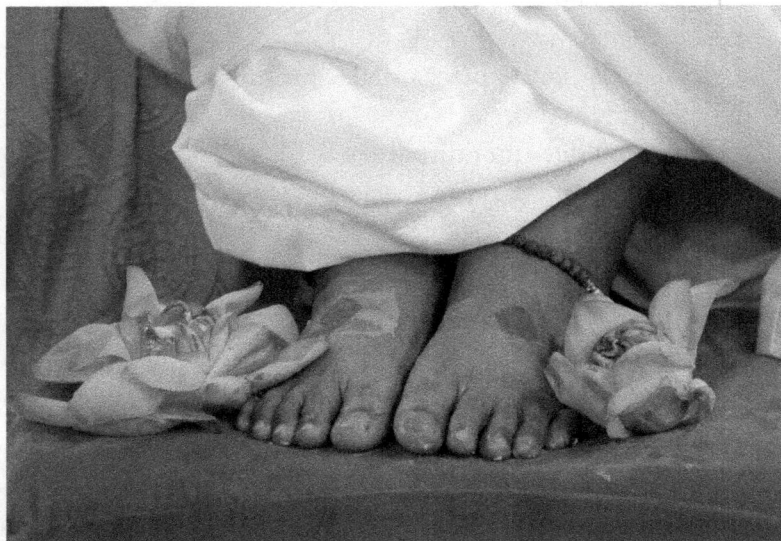

« Mes enfants chéris,
À chaque respiration, puissiez-vous penser à Dieu.
Que chacun de vos pas soit un pas vers Lui.
Que chaque action entreprise soit un acte d'adoration.
Que chaque mot prononcé soit un mantra.
Et chaque fois que vous vous allongez,
Que ce soit une prosternation aux pieds de Dieu. »

—Amma

Table des matières

Préface

Chers frères et sœurs,

Ce troisième volume d'« Éveillez-vous, mes enfants ! » se veut une traduction fidèle des conseils d'Amma. Quelle bénédiction extraordinaire de pouvoir offrir au monde de langue française les enseignements d'Amma ! Maintenant, il appartient au lecteur de les lire attentivement et de les mettre en pratique dans sa vie quotidienne.

Traduire ces paroles n'est pas chose aisée. Pour bien les comprendre, il faut garder à l'esprit ce qui suit :

En premier lieu, les conversations se déroulent entre Amma et des Indiens, aussi bien chefs de famille que renonçants, dans le contexte culturel de l'Inde. De plus, les conseils donnés par Amma sont adaptés au niveau de compréhension de la personne à qui elle s'adresse. Souvent, même une traduction mot à mot ne saurait rendre la totalité de ce qu'Amma exprime dans sa langue maternelle, le malayalam. Ces facteurs sont à prendre en compte lorsqu'on médite ses paroles, afin de parvenir à une compréhension plus profonde.

En second lieu, elle s'exprime dans un langage direct et enraciné dans la terre. Ses paroles transmettent l'essentiel avec un sentiment d'immédiateté et d'intensité, surtout lorsqu'Amma s'adresse à des *sadhaks* (disciples spirituels). Quand il s'agit par exemple de faire comprendre quelque chose à un renonçant, Amma ne mâche pas ses mots. Nous pouvons ainsi mesurer à quel point Son expression selon laquelle : « Les plaisirs du monde sont de la crotte de chien » est un conseil judicieux pour celui dont le seul but est de réaliser Dieu.

Quand il s'agit par contre d'une conversation privée avec un chef de famille, les conseils d'Amma prennent un tout autre ton : « Amma ne dit pas que vous devez abandonner tous les désirs.

Vous pouvez en jouir mais ne pensez pas que ce soit le seul but de la vie. » N'oublions pas que pour Amma, le monde signifie littéralement ce qui est visible, par opposition à la Vérité invisible ou Dieu. Vous pouvez ainsi comprendre dans quel sens elle emploie le terme mondain. (Le mot anglais *worldly* a été traduit en français par profane, ou du monde, du monde des sens, ou matérialiste, selon le contexte. N.D.T.) Quand Amma met en contraste ce qui est spirituel et ce qui est mondain, elle fait référence à l'attitude avec laquelle les actions sont accomplies. Les actions spirituelles sont celles qui, grâce à notre désintéressement et à notre pureté, nous conduisent vers Dieu. Les actions mondaines sont celles qui, accomplies avec une motivation égocentrique, nous éloignent de Lui.

Amma, enfin, s'adresse à nous à partir de l'état suprême de *sahaja samadhi* — la Réalité absolue dans laquelle un Maître ayant réalisé le Soi réside naturellement. Le défi que doit relever le traducteur est de rendre accessible au profane la vision transcendante d'Amma. L'élément fondamental de ce processus est l'esprit contemplatif du lecteur.

Rejetant ce qui est superficiel, prions pour que notre mental et notre intellect deviennent subtils et assimilent l'éternelle sagesse des enseignements d'Amma. Fermement établis dans la pratique de ses paroles, puissions-nous sans tarder trouver la joie dans l'expérience directe de l'Absolu.

Introduction

Pour exprimer l'inexprimable, les expériences les plus subtiles d'où « les paroles et le mental reviennent, n'ayant pu L'atteindre » (Taittiriya Upanishad), le seul langage est le silence, le silence du Soi. Un Maître Parfait (Satguru) peut enseigner à ses disciples dans le silence, pourvu que les disciples aient les oreilles et le cœur appropriés pour entendre et assimiler les enseignements du Gourou.

Notre Mère Bien-Aimée Mata Amritanandamayi, établie pour toujours dans cet état suprême de silence, le silence de la paix et de la béatitude éternelles, ne parle que parce que nous ne sommes pas assez subtils pour comprendre le sens et la profondeur du message spirituel qu'Elle nous transmet à travers Son silence. En d'autres termes, c'est la compassion, la compassion seule qui incite Amma à parler à Ses enfants au sujet de cet état indescriptible de Perfection.

La compassion d'Amma envers Ses enfants, qui s'amusent avec les jouets matériels dans les champs bourbeux du monde, est vaste, profonde et infinie comme l'océan. Pour que nous puissions goûter, apprécier et avoir l'expérience de la béatitude de l'immortalité, Amma nous nourrit incessamment de Ses paroles douces comme le miel. Mais les enfants sont têtus et impatients. Nous ne nous tournons pas vers Elle pour boire une gorgée de ce nectar ; tandis qu'Elle, la Mère, est extraordinairement patiente, prête à attendre, et attendre, et attendre, jusqu'à ce que grandisse en nous la soif de Cela. Mère aimante et tendre, Elle attend encore à la porte de nos cœurs, frappant constamment, espérant que nous l'ouvrirons un jour pour L'accueillir et Lui permettre d'y établir Sa demeure pour toujours. Les bras d'Amma sont grands ouverts. Tombez simplement dedans. Dans Son amour qui embrasse tout, qui consume tout, Elle nous prendra, nous portera et nous baignera dans le flot incessant de la béatitude et nous offrira le repos entre Ses bras, non pas pour un moment mais pour toujours.

Nous essayons d'écouter les paroles d'Amma mais n'entendons pas le Son des profondeurs. Nous avons tenté de L'entendre à travers les deux précédents tomes ; nous avons écouté mais pas vraiment entendu. C'est pourquoi une nouvelle occasion d'entendre la voix de Son appel constant, tant à l'intérieur qu'à l'extérieur, nous est offerte dans ce troisième volume de Éveillez-Vous, Mes Enfants !

Swami Amritaswaroupananda

Dans les tropiques du Sud de l'Inde, l'hiver approchait doucement de sa fin, tandis que la fraîcheur du petit matin s'effaçait rapidement devant un soleil tardif. En ces premiers mois de l'année 1984, l'ashram était constitué d'un petit temple, d'une salle de classe utilisée aussi pour la méditation, de huttes recouvertes de feuilles de cocotiers et d'un bâtiment où vivait la famille d'Amma. La mer d'Arabie, toute proche à l'ouest, avec ses vagues se brisant contre le rivage, invitait sans cesse les pêcheurs à défier ses eaux. Les longs bateaux en bois qui bravaient la mer rappelaient le temps passé. A l'Est s'étendait le *kayal,* un système de lagunes où étaient alignées les hautes charpentes en bois soutenant les grands filets de pêche utilisés la nuit. Ce village de pêcheurs était le foyer ancestral d'Amma, et tenait lieu maintenant de foyer à de nombreux chercheurs spirituels et dévots, habitant ou non sur place, car « le foyer » est là où se trouve la Mère.

27 février 1984

Un cours de sept jours sur la *Bhagavad Gita* était organisé à l'ashram. De nombreux dévots chefs de famille, de jeunes gens et jeunes femmes y participaient, curieux et désirant ardemment apprendre. Pendant cette semaine, ils avaient l'occasion de rester avec Amma tout en menant une vie recluse et en suivant des pratiques spirituelles en sa présence divine. Au cours d'occasions spéciales comme celle-ci, ils trouvaient la paix et développaient assez d'équilibre intérieur pour poursuivre leurs activités quotidiennes dans le monde avec concentration. Méditer tous les jours sur la plage avec Amma, réciter avec elle le *Lalita Sahasranama* (les Mille Noms de la Mère divine), assister aux cours sur les Écritures donnés par les *brahmacharis* à la lumière des enseignements d'Amma, toutes ces activités étaient pour les dévots une source d'inspiration, une expérience qu'ils n'oublieraient plus de toute leur vie. Certains jours, Amma servait à manger à tous ses enfants de ses propres mains. Le *darshan* personnel (étreinte) que recevait chaque dévot et les réponses données par Amma aux questions qu'ils lui posaient ajoutaient encore davantage de splendeur à ces jours glorieux, qui se gravaient en eux de manière indélébile.

C'était aujourd'hui le dernier jour du cours, commencé le 21 du mois. Juste après la classe et la méditation du matin, Amma était allongée sur le sable, derrière le temple. Sa tête reposait sur les genoux d'une jeune fille et ses pieds sur les genoux d'une autre. Des femmes étaient groupées, attentives, autour d'Amma. Elles souhaitaient entendre tout ce qu'Amma avait à dire, car elles avaient toujours vivement désiré un moment rare comme celui-ci, dans l'intimité d'Amma. Tous les dévots d'Amma attendent et chérissent ces moments précieux. Amma était rayonnante, elle riait et plaisantait. Les femmes aussi paraissaient très joyeuses, reflétant probablement une fraction de la béatitude radieuse qui débordait d'Amma.

Une femme : Amma, pourrais-tu s'il te plaît nous donner quelques instructions concernant le mariage et la vie en couple ?

Amma (*souriant*) : Qu'est-il arrivé, ma fille ? Es-tu prise dans un dilemme ? Ne laisse jamais mon seul. (Mon signifie fils, faisant ici référence au mari. Amma appelle souvent ses enfants mon — fils, ou mol — fille.)

(*Tous s'étaient mis à rire*) Ma fille, bien que beaucoup n'en soient pas conscients, le mariage et la vie de couple sont en fait une autre façon de parvenir à la réalisation de Dieu. Pour atteindre ce but, le mari et la femme doivent tous deux avoir au moins une idée de la façon de mener une vie de couple en rapport avec la spiritualité. La patience, l'amour et l'indulgence sont les trois qualités nécessaires pour maintenir une bonne relation. Dans la plupart des cas, ni le mari ni la femme ne possèdent ces qualités et de telles relations se terminent toujours en tragédie. Ils doutant de l'amour de l'autre et se querellent sans cesse. Un incident stupide, sans importance, ou parfois même un simple mot suffit pour qu'ils perdent leur équilibre mental. Ils se blâment mutuellement mais n'essayent jamais de résoudre les malentendus et les conflits. Le résultat, c'est qu'ils souffrent et font aussi souffrir leurs enfants.

Les parents devraient toujours être un exemple pour leurs enfants, en paroles et en actes, car ils sont leurs premiers enseignants. Souvenez-vous qu'en argumentant et en vous disputant devant vos enfants, vous donnez le mauvais exemple et gâchez leur avenir.

Si vous n'arrivez pas à résoudre vos propres difficultés, c'est votre affaire, mais pourquoi créer également des problèmes dans la vie de vos enfants ?

La vie n'est pas une plaisanterie, mes enfants, c'est une affaire sérieuse, dont il faut s'occuper avec le plus grand soin et la plus grande attention. Une fois que l'on a agi sans réfléchir, il est inutile de se tourmenter et de verser des larmes ; mieux vaut éviter d'agir stupidement.

Question : Amma, s'il te plaît, propose nous une solution.

Amma : Il est facile de suggérer une solution, mais bien plus difficile et important de vivre en accord avec elle. Un effort sincère de votre part est nécessaire. Ce n'est pas impossible, si vous désirez vraiment mener une vie heureuse. Les paroles irréfléchies, les actions accomplies sans discernement, la colère et l'impatience, créent toujours des problèmes. Pourquoi vous précipiter consciemment dans les difficultés, sachant que vous ne récolterez que tristesse et souffrance ?

En tous cas, pour résoudre un problème, il faut que le mari ou la femme fasse preuve d'une certaine patience. Quand Amma dit « patience », l'amour et l'indulgence sont également sous-entendus. La patience véritable implique la présence de l'amour et de l'indulgence.

Supposons que vous ayez la faiblesse de vous mettre facilement en colère. Faites ceci : quand vous retrouvez votre calme habituel, allez vous asseoir dans la pièce réservée à la méditation s'il y en a une, ou dans un endroit solitaire, puis regrettez et repentez vous de votre colère et priez sincèrement votre divinité bien-aimée ou la Mère Nature de vous aider à la surmonter. Prenez conscience du résultat néfaste de la colère. Quand vous êtes en colère, vous perdez votre équilibre mental. Votre pouvoir de discernement cesse complètement de fonctionner. Vous dites ce qui vous passe par la tête et agissez en conséquence, vous allez même jusqu'à proférer des insultes envers votre femme, vos enfants, votre père ou votre mère. En l'absence de tout discernement, on risque même tuer quelqu'un. Les actes et les pensées de colère vous font perdre beaucoup d'énergie positive. Prenez conscience de cette grande vérité : les émotions négatives pavent le chemin de votre propre destruction. Efforcez-vous sincèrement de les surmonter.

Quel est le lieu où Amma n'est pas ?

À ce moment, un dévot arriva pour noter les paroles d'Amma. Le voyant s'approcher, Amma sourit d'un sourire radieux.

Amma : Voici venir le romancier. (*Tout le monde rit. Se tournant vers le dévot :*) Mon fils, tu vas faire un discours, aujourd'hui.

Le dévot : Amma, je t'en prie, ne me demande pas de parler.

Amma : Mon fils, si tu es le fils de Kali, Amma te fera parler, aujourd'hui.

Le dévot : La *vasana* (tendance) de me mettre en avant comme si j'étais un grand personnage va apparaître si je parle.

Amma : Cela n'arrivera pas si tu parles en présence d'Amma.

Le dévot : Amma dit cela juste comme ça. C'est ainsi qu'Amma joue des tours à tout le monde.

Amma (*d'un ton sévère*) : Non, cela ne se passera pas comme cela. Tu ne ressentiras pas d'orgueil puisque c'est Amma qui t'a dit de parler.

Le dévot : De toute façon, je n'ai pas envie de parler.

Amma : Mais tu parles tous les jours au collège, non ?

Le dévot (*ne parlant pas à voix haute, mais pensant pour lui-même*) : C'est ainsi que je gagne mon pain. Mais je ne peux pas parler en présence d'Amma.

Amma sourit avec malice, d'un air mystérieux. Regardant fixement le ciel, Elle répondit :

Amma : S'il en est ainsi, quel est le lieu où Amma n'est pas ?

Le dévot resta muet. C'était un érudit, un professeur de lycée, et il fut donc très surpris d'entendre Amma prononcer les mots qu'il était en train de penser : elle avait lu dans son mental. Les autres dévots se réjouirent, comprenant la profondeur des paroles d'Amma. Bien que l'érudit ait voulu dire : « Mais, Amma, je ne te vois pas quand je fais des discours au lycée », il en fut incapable. Au lieu de cela, il tomba aux pieds d'Amma et accepta de parler. Il dit : « L'obéissance — l'obéissance inconditionnelle — est la seule voie en présence d'Amma, car elle est omnisciente et omniprésente. »

Pendant le reste de la journée, les dévots qui avaient entendu cet échange entre Amma et l'érudit racontèrent cet incident à tous ceux qu'ils rencontraient, citant la phrase d'Amma : « Quel est le lieu où Amma n'est pas ? » Ces paroles semblaient résonner comme un écho dans l'atmosphère.

Comprenez le principe symbolisé par Kali

Tout le monde se reposait après le déjeuner. Bien que les rayons du soleil fussent très chauds, les gens semblaient à peine les sentir. Peut-être la présence d'Amma leur apportait elle fraîcheur et détente ? Il est vrai que chaque fois qu'ils venaient à l'ashram, les dévots oubliaient tout du monde extérieur ; auprès d'Amma, ils perdaient même conscience de l'environnement immédiat et des circonstances. Le manque de confort ne les dérangeait pas.

Amma était assise sur le divan de bois, dans sa hutte. Saisissant cette bonne occasion, quelques dévots, hommes et femmes se rassemblèrent autour d'elle.

Amma : Les enfants n'ont besoin que de leur mère.

Un dévot : Nous sommes tous plongés dans le marasme de la vie du monde. Ces occasions sont pour nous les seules de purifier notre corps et notre esprit. Amma, c'est ton devoir de nous nettoyer.

Amma : Bien, Amma aime cette attitude. Mes enfants, il est bon d'être francs et directs dans vos questions. Toutefois, pendant le nettoyage du mental, l'enfant doit rester tranquille, sans offrir de résistance. Que se passera-t-il s'il se débat et part en courant pendant qu'Amma essaye de détacher la boue devenue sèche et dure à cause d'une longue période au cours de laquelle s'est accumulée la saleté ? Obéissez à Amma et permettez-lui de l'enlever.

Un autre dévot : Amma, nous avons entendu dire qu'au cours d'une visite chez certains dévots, tu as enlevé et apporté ici les images de Bhadra Kali (l'aspect féroce de la Mère divine). Tu as aussi conseillé aux chefs de famille de ne pas vénérer les formes féroces (des dieux et des déesses). C'est pourquoi nous nous attendions à ce que tu enlèves l'image de Kali de notre maison. Mais tu ne l'as pas fait quand tu es venue chez nous. Amma, pourquoi ne l'as-tu pas enlevée ?

Amma : Mes enfants, vous vénérez Kali tout en connaissant et en comprenant le *tattwa* (principe essentiel) sous-jacent. Il n'y a pas de mal à cela. Vous considérez que Kali est *Brahmamayi* (de la nature de l'Être pur absolu), *Parashakti* (le Pouvoir suprême), et qu'elle est toute chose ; beaucoup vénèrent Kali en la considérant seulement comme une déesse féroce qui tue les ennemis. Ceux qui la vénèrent ainsi auront la même nature violente. Des querelles et des conflits surgiront dans leurs foyers, et leur causeront du tort. En fait, c'est une conception fausse et une façon erronée de l'adorer. Il n'y a aucun problème si on l'adore en comprenant le principe essentiel ou *tattwa*.

Le dévot qui avait posé la question fut réellement surpris car il n'avait jamais révélé à Amma l'attitude avec laquelle il vénérait Kali. Il avait instillé la même foi et la même idée dans l'esprit de sa femme et de ses enfants, et quand il entendit Amma dire « mes enfants » au lieu de « mon fils », il comprit alors qu'elle connaissait également leur façon d'adorer Kali. Il fut stupéfait.

Amma et Dieu sont Un

Tandis que, perplexe, le dévot restait assis, abasourdi et songeur, un *brahmachari* dit d'un ton plein d'enthousiasme :

« Amma est Kali, parfois très féroce, mais seulement lorsque nous sommes désobéissants et arrogants, et d'autres fois, elle est aussi aimante que la mère qui nous a donné naissance. Amma a conseillé aux brahmacharis de jeûner chaque samedi. Ils n'ont aucun travail à faire ce jour-là, seulement *japa* et *dhyana* (répétition d'un mantra et méditation). Mais Amma prépare elle-même du riz et du curry pour tout le monde et le sert à midi. Amma n'est pas d'accord si quelqu'un refuse la nourriture. Amma a plus d'amour ce jour-là. » (Tous éclatèrent de rire, y compris Amma.)

Amma : « Quoi qu'il en soit, Amma est celle qui a donné la naissance, n'est-ce pas ? Comment Amma peut-elle supporter que ses enfants restent assis sans manger ? Amma s'agite dès onze heures, et va préparer la nourriture. Il y a une autre intention et une autre signification derrière le fait qu'Amma cuisine et apporte la nourriture elle-même en ce jour de jeûne. Amma veut permettre aux *brahmacharis* de faire l'expérience que si, ayant tout donné à Dieu, ils s'assoient pour ne penser qu'à Dieu seul, Dieu leur apportera tout. Maintenant Amma le fait. Plus tard, Dieu Lui-même leur apportera et leur donnera tout. »

Le dévot, regardant vers le ciel, comme s'il cherchait quelque chose : « Qui est ce Dieu ? Où est-Il ? Je ne peux pas Le voir. (Regardant de nouveau Amma d'un ton humble :) Oh, oh, maintenant je L'ai trouvé. Il est assis là. » (Il se prosterne aux pieds d'Amma. Tous se mettent à rire.)

Un dévot chef de famille : Amma ne peut pas supporter que les *brahmacharis* jeûnent parce qu'elle dit : « Amma n'est-elle pas celle qui leur a donné naissance ? » Si tel est le cas, alors elle est la mère biologique de tous, n'est-ce pas ? Pourtant, elle ne montre pas la même compassion envers les autres, non ? Combien de gens souffrent ! »

Amma (*souriant*) : « Oh, à cela Amma répond que les *brahmacharis* habitant ici sont ceux qui sont venus en abandonnant tous les plaisirs matériels, avec l'attitude : « Amma seule est mon refuge ». Amma agit envers eux en conséquence. Par contre, les autres enfants qui vivent dans le monde ne sont pas ainsi. Ils vivent avec ego, ayant foi en leur propre pouvoir et leurs propres capacités, sans prendre refuge en Dieu. C'est pour cela qu'ils souffrent. Dieu donne le fruit en fonction de l'attitude de chacun. Sinon, Dieu n'a aucune partialité. Que les autres prennent refuge en Dieu, renonçant à tout le reste, alors Dieu s'occupera aussi Lui-même de leurs affaires. Dieu laisse vivre à leur manière ceux qui pensent : « Nous sommes assez grands pour nous occuper de ce qui nous concerne. » Cela ne signifie pas qu'Amma n'a pas d'amour pour eux. L'amour d'Amma est égal envers tous, mais chacun en fait l'expérience selon la manière dont il le reçoit dans son cœur.

Un dévot : Ici, dans ce village, de nombreux habitants ne sont pas en faveur d'Amma ou de l'ashram.

Amma : Ils ont foi en Dieu. Ils vont dans les temples. Ils ont *kamya bhakti* (une forme inférieure de dévotion dans laquelle le dévot prie Dieu et Le vénère afin qu'Il satisfasse ses désirs et ses souhaits). Ils ne connaissent pas *tattwatile bhakti* (les pratiques de dévotion accomplies avec la connaissance et la compréhension des principes essentiels). Ils n'ont pas la compréhension correcte qui leur permettrait de connaître Dieu à la lumière des principes essentiels. Comment peut-on les en blâmer ?

À ce moment Sugunanandan, le père d'Amma, entra dans la hutte où elle était assise avec les dévots. Le voyant, Amma appela d'une voix forte : « Eh ! Shankara ! » (Quelquefois, Amma appelle les gens simplement par ce nom. Shankara est aussi un synonyme de Shiva.) Puis elle se mit à rire comme une innocente petite fille. Sugunanandan sourit en se tapotant le ventre, et dit : « Il y a des années, Ammachi nous avait prévenu : « Mes dévots vivent dans des lieux éloignés. Ils viendront ici et se joindront à nous. » Maintenant, tout se met lentement en place. (*Se réjouissant, avec satisfaction :*) Oh ! Les choses que nous avons vues ! »

Un incident très intéressant était survenu pendant ce temps. Tandis que se déroulait la conversation entre Amma et les chefs de famille, une petite fille avait dit : « Après avoir rencontré Amma, nous n'avons plus peur. Nous avons Amma avec nous. »

À peine la petite fille eut elle fini de parler que quelqu'un pointa le doigt en direction du toit de la hutte. Tout le monde leva les yeux et vit un serpent suspendu la tête en bas, accroché à la poutre de bois principale. Il se balançait d'avant en arrière et le reste de son corps était enroulé autour de la poutre. Les enfants qui se trouvaient dans la hutte, y compris la petite fille « qui n'avait pas peur du tout », s'élancèrent hors de la hutte en poussant des cris.

Amma resta tranquillement assise sur son divan de bois, souriant et regardant le serpent. Voyant Amma rester ainsi impassible, les enfants reprirent un peu courage. Ils regagnèrent la hutte mais, encore effrayés, vinrent s'asseoir tout près d'Amma.

Amma : La poutre principale est la colonne vertébrale. Le serpent est le « pouvoir du serpent ». (*Parlant du serpent :*) Il habite ici avec moi.

Le serpent se faufila lentement dans le toit en feuille de cocotiers et disparut.

Un dévot : Parmi les dieux et les déesses, Kali est la seule qui ne se soit pas mariée. Vierge éternelle, *yogini* (celle qui est établie dans l'union éternelle avec Shiva, la pure Conscience), éternelle célibataire... C'est pourquoi Kali m'est très chère.

Amma (*riant*) : Avec qui Kali se marierait-elle ? Qui pourrait l'épouser ? Ne faut-il pas deux personnes pour un mariage ? Où est cette seconde personne ? Comment célébrer le mariage de Kali ? Kali n'est ni homme ni femme. Elle est les deux. Elle est à la fois la pure Conscience et la Nature primordiale. (*D'une voix pleine de shakti :*) Elle emplit l'intérieur et l'extérieur. Kali est la mère pleine de compassion du dévot qui se languit de la voir, elle est aussi Bhadra Kali, qui tue l'ego de l'orgueilleux. Kali est toute chose, Kali est ici et là, en haut et en bas, dedans et dehors, au-dessus et au-dessous... Kali ! Kali ! Kali !

Amma se leva. Son appel devint de plus en plus fort, jusqu'à devenir un cri et elle appela « Kali ! » Le son semblait ne plus devoir finir. Il se réverbérait et faisait écho alentour. L'atmosphère était chargée d'énergie spirituelle et vibrait, comme si la hutte avait été sur le point de s'effondrer. Chaque atome répétait, répondait et résonnait à cet appel, « Kali ! Kali !Kali ! » Les dévots restaient figés, frappés de stupeur. Le silence était absolu, on aurait entendu voler une mouche. Lentement l'appel cessa. Le corps d'Amma s'immobilisa. Sa peau se hérissait, ses yeux étaient tournés vers l'intérieur et sa respiration s'était arrêtée. Elle faisait un *mudra* divin (geste symbolique) avec la main droite et serrait fermement le poing de la main gauche. Son visage rayonnait d'une lumière divine et un sourire bienveillant l'illuminait. Tous les regards étaient dirigés vers son visage radieux. Cinq, dix, quinze minutes s'écoulèrent. Les *brahmacharis* entonnèrent un *bhajan* en l'honneur de Kali.

Om Bhadra Kaliye

Ô Bhadra Kali, Ô Déesse qui toujours nous accueille,
Enchanteresse et Mère, bénis-moi.
Ô Déesse qui tua le démon Chamunda,
S'il Te plaît, protège avec amour Ton peuple,
Lui apportant la félicité.

Nous nous prosternons à Tes Pieds de Lotus,
Ornés de bracelets d'or,
Ô Chandika, Ô Beauté merveilleuse,
Ô Grande Danseuse,
Bénis-nous de Ton regard de Grâce.

Ô vaillante Bhairavi,
Qui as tranché la tête du démon Darika,
Nous chantons Tes louanges, recherchant Tes Pieds,
Ô Toi, Océan de Grâce,
Nous nous prosternons devant Toi.

Les secondes, les minutes passèrent ; une demi-heure s'écoula. Le brahmachari Païa chanta quelques versets sanskrits du *Saundarya Lahari*, décrivant et glorifiant la forme divine de la Mère.

Uni à Shakti, Shiva possède
Le pouvoir de créer l'Univers.
Sans Elle, Il est incapable même de se mouvoir.
Qui donc, sinon ceux pourvus
De grands mérites acquis de par le passé,

Sont assez fortunés
Pour Te saluer et chanter Tes louanges,
Ô Mère Divine,
Toi qui es l'adorée même de
Hari, Hara et Virinchi (Brahma) ?

Au bout de trente-cinq minutes, Amma abaissa finalement la main droite, restée suspendue en l'air en formant le *mudra* divin. Elle remuait doucement les lèvres, comme si elle murmurait quelques mots. Amma essaya de se mouvoir, mais ses pas étaient mal assurés. Heureusement, Gayatri était près d'elle. Elle la soutint doucement par derrière et l'aida à s'allonger sur le divan. Une autre demi-heure passa et Amma retrouva son état de conscience habituel. Elle s'assit mais ne put parler pendant un moment. Quelques minutes passèrent encore ; il était maintenant trois heures. Amma demanda à boire et Gayatri lui apporta du *kanji* (riz servi avec son eau de cuisson). Elle en but quelques gorgées puis redonna le reste. Elle paraissait avoir retrouvé son état de conscience habituel.

Un dévot remarqua : « Amma, tu peux établir ou couper le contact avec ce monde comme tu le désires. »

À quoi elle répondit : « Il n'est pas question d'établir ou de couper le contact. Le contact est toujours établi. »

Le dévot : « Amma, quelle est la signification et l'importance de tous les *devatas* (demi-dieux, êtres subtils) ?

Amma : Mes enfants, vu à partir de *saguna* (le niveau des noms et des formes), les différents mondes des *devatas*, et ceci, et cela et toutes choses existent. Après avoir réfléchi à un moyen de contrôler la nature qui ne soit pas nuisible aux êtres humains, les anciens *rishis* (sages, voyants) prirent le *sankalpa* (la résolution) de créer les différents *devatas*. Chacun d'eux correspond à des principes essentiels. Ils ont une raison d'être et offrent des avantages. Il ne faut pas se moquer d'eux sans connaître leur véritable signification. Les *rishis* n'étaient pas idiots.

Question : « Par leur *sankalpa*, les *rishis* ont créé les *devatas* afin d'empêcher la Nature de nuire. Cela a-t-il aidé à prévenir les dommages par la suite ? »

Amma : « On dirait que mon fils veut mettre tout le blâme sur le dos des saints et des sages. Si tu souffres, à qui la faute ? L'erreur vient-elle des *rishis* ? Non. Ce sont les mauvaises actions des gens qui ont créé la disharmonie dans la nature. Ils sont devenus avides et égoïstes ; ils voulaient de plus en plus et n'étaient jamais satisfaits. « Encore... encore... encore... » telle était leur devise. Dans leur avidité et leur égoïsme pour accomplir et obtenir davantage, ils ont agi de façon tout à fait vile et malhonnête. Ils ont totalement pollué la Nature. Ces *devatas* ne sont rien d'autre que la Nature elle-même. Les gens l'ont exploitée. Ils n'ont rien fait pour lui plaire. Embourbés dans leur égoïsme, ils sont devenus complètement aveugles. Et dans cette obscurité, ils ont oublié que c'était d'elle qu'ils avaient tout reçu et que sans sa bénédiction, ils perdraient tout. Maintenant c'est arrivé, elle nous a retiré sa faveur. C'est aujourd'hui le devoir urgent des êtres humains de plaire à la Nature en accomplissant des actes désintéressés empreints d'amour mutuel, de confiance et de sincérité. Quand cela sera fait, elle vous bénira en retour de ressources sans fin. Se contenter de blâmer les *rishis* sans connaître ni comprendre la logique qui présidait à leurs actes ne fait aucun sens. Une telle attitude n'est pas digne d'un être intelligent. »

Amma poursuivit :

« Les changements continueront de se produire à mesure que la population augmentera. Ces changements peuvent être bons ou mauvais. Supposons qu'il y ait dix enfants dans une maison. Neuf d'entre eux auront de la dévotion dans le *Kali yuga* (l'âge noir du matérialisme), un seul sera perverti. Mais celui-là sera quelqu'un qui « mangera » les neuf autres. Un vrai démon. Les enfants auront le même père et la même mère, mais seront de deux natures différentes.

À mesure que le *Kali yuga* avance vers son apogée, la dévotion augmente elle aussi. Quatre-vingt dix-neuf pour cent des gens auront de la dévotion. »

Question : « On dit que les quatre *yugas* (âges ou périodes) continueront de se succéder et de s'écouler en cycle. »

Amma : « Mes enfants, d'un certain point de vue, les quatre *yugas, krita, treta, dwapara,* et *kali* existent tous en nous en même temps. Les *yugas* dépendent de notre propre nature.

Dans le *krita yuga* (appelé aussi *satya yuga*), la vérité seule existait, une vérité parfaite. C'était l'âge d'or. Les gens de cette période étaient dépourvus d'égoïsme et vivaient dans la confiance et l'entente mutuelle, en se conformant à des lois supérieures. Il existait une harmonie parfaite entre les êtres humains et la Nature, à tel point que le rendement des champs cultivés était à son maximum. Les gens semaient les graines et n'avaient pas besoin de retourner aux champs avant le moment de la récolte. Ils n'utilisaient pas d'engrais, et les mauvaises herbes ne venaient pas entraver la croissance des plantes.

Le *treta yuga* correspondit à une perte de vingt-cinq pour cent de la vérité ; l'importance du *dharma* se trouva réduite. L'harmonie qui avait été parfaite entre les êtres humains et la Nature diminua et il fallut prendre soin des cultures. Le rendement n'était plus que de soixante-quinze pour cent. Dans le *dwapara yuga*, la perte de la vérité atteignit cinquante pour cent. Il devint nécessaire de cultiver activement les champs avec du fumier et des engrais, en irriguant et en arrachant les mauvaises herbes. Même alors, la récolte n'était que de cinquante pour cent. De même que le rendement des récoltes diminuait, les qualités humaines de générosité, de confiance, de compréhension mutuelle et d'obéissance à des valeurs plus élevées déclinaient en proportion au cours de ces deux âges.

Maintenant dans le *kali yuga*, il n'y a plus de vérité, plus de *dharma*. L'égoïsme total est la loi. La relation d'harmonie entre les hommes et la Nature a disparu, et aussi dur que les gens travaillent, la production n'est jamais suffisante par rapport aux besoins. Il est écrit que dans le *kali yuga*, le père « mangera » le fils et le fils « mangera » le père. Cela veut dire que toutes les attaches et les liens familiaux seront mis en pièce. Les relations comme celle de père et de mère perdront tout sens. Oh ! Quelle époque ! Quelles choses incroyables sont prononcées de nos jours par des enfants de cinq ans ! Quels bavardages inutiles ! Dans l'ancien temps, même les gens de vingt-cinq ans n'auraient pas osé parler de la sorte ! C'est certainement le sport favori du *kali yuga*. Par la suite, l'enfant parlera dès l'instant où il sortira du ventre de sa mère. Dans le *kali yuga*, la croissance du corps diminue à mesure que les esprits deviennent plus tordus. Comme les hommes étaient grands, autrefois ! Maintenant, ils deviennent chaque année plus petits.

Bhava Darshan

Question : « Nous n'avons jamais entendu parler de *mahatmas* donnant des *bhava darshan* comme tu le fais. Amma, ne peux-tu pas avoir des activités spirituelles sans *bhava darshan* ?

Amma : Mes enfants, certains demanderont pourquoi les choses ici ne sont pas comme là-bas, pourquoi on ne voit pas là-bas ce que l'on voit ici, et ainsi de suite. Prenons à témoin l'histoire ancienne. Krishna était-Il comme Rama ? Bouddha était-Il comme eux ? Jésus Christ était-Il comme Nabi ? Ils enseignèrent les mêmes principes, mais chacun le fit à sa manière. Amma devrait-elle être comme eux ? Le *bhava darshan* peut être considéré comme la manière d'agir particulière à Amma. Combien de gens y ont puisé la paix et la tranquillité ! C'est le plus important, non ? La grande majorité des gens qui viennent ici aiment le *bhava darshan*.

Brahman, la nature primordiale absolue et la création

Amma décrivait le *kali yuga* quand un dévot posa une question à propos du *bhava darshan*. La discussion reprit dès qu'Amma eut donné sa réponse.

Un dévot : « Amma a décrit les effets néfastes l'époque *kali*, n'est-ce pas ? Je dirais que tous les problèmes et les troubles viennent du fait que Dieu a créé le monde inconsidérément. Sinon comment les choses auraient-elles pu si mal tourner ? »

Amma rit aux éclats et dit en riant :

Amma : « Avant la création, déjà, cet Individu (*le Seigneur Shiva*) avait prédit ce qui était inévitable. Et ensuite, Il nous a donné les instructions nécessaires sur la manière correcte de vivre ici, dans ce monde. »

Question : « Que veux-tu dire, Amma ? »

Amma : « Avant la création, Shakti (la Nature primordiale, l'Énergie cosmique) entendit une voix céleste qui disait : « Il n'y a que souffrance dans la création. Tu ne devrais pas te livrer à cette expérience. » C'était la voix de Shiva (la pure Conscience). Shakti répondit : « Non, elle est nécessaire. » Ainsi avant la création, Shiva donna à Shakti une indication concernant le principe essentiel. Ce n'est qu'ensuite qu'Il accorda la permission de créer.

Après la création Il s'en alla, Lui, l'aspect de pure Conscience. Il partit se cacher dans les profondeurs. En réalité, Il n'a rien à voir avec toutes ces choses qui se passent autour de nous. Plus tard, Shakti courut se plaindre à Lui : « Je n'ai pas un instant de paix. Écoute, les enfants me grondent. Ils me blâment pour tout. Personne ne prend soin de moi. »

Shiva répondit : « Ne t'avais-je pas prévenue qu'il en serait ainsi et que tu ne devais pas poursuivre cette idée ? Maintenant tu fais tout ce tapage parce que tu as continué. N'es-tu pas responsable de ce qui est arrivé ? Il n'y avait pas de problème tant que j'étais seul ici. »

Avec humour, Amma continua :

« Quelquefois, quand l'aspiration des enfants ici, à l'ashram, diminue, Amma ne peut pas le supporter. Elle ressent une indicible douleur. Dans ces moments, Amma dit à ses enfants : « Hélas ! Cet Individu (Shiva) m'avait dit de ne pas me séparer de Lui et de ne pas m'occuper de tout cela. Voyez le résultat, maintenant je souffre.» (*Tous éclatent de rire.*)

En ce temps-là déjà, Lui, cet Homme, m'avait prévenue. Comment puis-je maintenant aller me plaindre à Lui ? Il va me répondre : « Ne t'avais-Je pas mise en garde ? » (*Amma rit et se réjouit, heureuse.*)

Bien qu'elles soient dites sous forme de plaisanterie, ces « paroles folles » sont profondes et d'une grande portée philosophique. Bien sûr, tout est une plaisanterie pour Amma, ou un jeu de cache-cache.

Comme une petite fille, Amma s'assit et s'appuya contre le dos d'une dévote. Il était merveilleux de voir la joie de cette femme, on aurait dit qu'elle avait atteint le paradis. Après une courte pause, Amma continua :

Amma : « Mes enfants, ce qu'Amma a dit peut paraître ordinaire, mais ces paroles contiennent aussi des principes spirituels. Dieu instruit, prescrit, avertit et remémore. Il parle à travers les Écritures et les *mahatmas* (grandes âmes), quelquefois de l'intérieur, et d'autres fois à l'aide d'une expérience. Mais nous ne prêtons pas attention à ce que Dieu nous enseigne. Nous continuons de créer et d'entretenir des désirs sans jamais les détruire. Créer et entretenir les désirs nous entraîne toujours davantage dans la souffrance et quand elle vient, nous nous précipitons vers Dieu, en nous lamentant et en pleurant à grands cris. Cela ne Le touche pas. Il n'est pas responsable.

Ce que nous appelons *Brahman* est établi dans la Vérité pour toujours. Jamais Cela ne change. Jamais Cela ne participe aux choses extérieures. Cela est la Vérité. En fait, que reste-t-il lorsque nous sommes dans un profond sommeil ? Il n'y a plus ni femme ni enfant, ni toi ni moi, ni joie ni tristesse. C'est seulement quand nous nous réveillons de cet état de profond sommeil que viennent les sentiments et les idées, telles que « c'est ma femme, c'est mon enfant, c'est la lagune, c'est ma maison », etc. De même que la douleur disparaît quand nous prenons un médicament, dans le sommeil profond, plus rien n'existe. On peut dire que cet état est quelque peu semblable à l'état de *Brahman*, c'est à dire que plus rien de ce monde n'existe pour nous. Le sommeil profond peut être considéré comme un vague aperçu de l'expérience de *Brahman*. Dans cet état, il n'y a plus ni attachement ni douleur, ni corps ni esprit. Ce qui existe est Cela seul. *Brahman* reste toujours *Brahman*.

La différence entre le sommeil profond et l'état de *Brahman* est que dans le premier, il y a des tendances latentes, à l'état dormant, qui entreront en activité dès que nous nous réveillerons ; alors que dans le second, toutes les *vasanas* ont été complètement éliminées. Leurs racines ont été détruites.

Ce que nous appelons « réel », le monde, n'est pas sans existence. *Mithya* signifie simplement « qui change toujours », non pas « qui n'existe pas du tout ». Le monde est inconstant et instable. Il change d'instant en instant. Il est éphémère. Un objet éphémère ne peut pas nous procurer une joie éternelle, n'est-ce pas ? L'apparence extérieure change, mais ce qui cause son apparition est immuable. Cela est l'*atman*, le substrat à la surface duquel se produisent tous les changements.

Supposez que nous semions des graines. Elles poussent, germent et mûrissent. Les êtres humains les mangent et après la digestion, rejettent les déchets sous forme d'excréments qui vont fertiliser l'herbe, mangée par les vaches et autres animaux, et le processus de transformation continue. Le changement se poursuit sans fin. Les formes sont différentes mais le principe de base reste le même. A partir de la graine, l'arbre peut naître, et à partir de l'arbre, la graine voit le jour. Ceci même est Cela et Cela même est Ceci. Il n'y a pas deux, mais seulement Un. »

La vie après la mort

Question : « Amma, si seules les âmes des morts reprennent naissance, alors comment la population a-t-elle pu augmenter ? Et comment la théorie de la vie après la mort peut-elle être vraie ? »
Amma : « Mon fils, ne peut-il pas y avoir eu davantage d'âmes individuelles dans le passé que dans le présent ? Y a-t-il une pénurie d'âmes dans la création de Dieu ?

La théorie de la vie après la mort ne dit pas que dix personnes naissent quand dix personnes meurent. Il y a des milliards et des milliards de *jivas* (âmes), incluant les arbres, les plantes, les insectes, les vers, les oiseaux, les animaux. N'importe lequel d'entre eux peut s'incarner dans un être humain. Quand un être humain meurt, il ne renaît pas forcément en tant qu'être humain. Il peut naître chat ou chien ou sous une autre forme. Selon le *karma phala* (fruit des actions) de chacun, des milliards et des milliards de *jivas* dans la Nature acceptent n'importe quelle incarnation dans le cycle perpétuel de naissance, de mort et de renaissance. Toutes les créatures sont en évolution. Avant la fin d'une vie, chaque créature évolue et atteint un certain niveau. Dans quelques cas, une déchéance se produit. La naissance suivante, qu'elle soit supérieure ou inférieure, est déterminée par l'évolution ou la dégénérescence de cette âme particulière. Tout dépend des actions que l'on accomplit sur les plans mental, physique et intellectuel. Donc l'augmentation ou la diminution de la population n'est pas une énigme. »

Purification des âmes disparues

Question : « Amma, quel est le but des rites pour la purification des âmes disparues ? »

Amma : « Les âmes peuvent évoluer et entrer dans des sphères plus élevées, grâce à l'effet des rites et des cérémonies post mortem. Après la mort, certaines âmes s'immobilisent. Quand elles atteignent une limite où elles ne peuvent plus rien voir ni entendre, elles n'entrent ni dans l'état de *Paramatman* (Soi suprême) ni dans le monde de *jivatman* (Soi individuel). Elles restent à la limite entre ce qui vibre et ce qui ne vibre pas. Lorsque les rites purificateurs sont accomplis par ceux qui pensent aux disparus, ces derniers reprennent naissance, ayant bénéficié de la purification. C'est ce qui s'est passé ici dans le cas de Subhagan (le frère d'Amma). Après sa mort, il est resté trois ans dans l'atmosphère de l'ashram, puis il a repris naissance sous la forme de Shivan, le fils de Kasturi (la sœur d'Amma). Amma avait mentionné auparavant qu'il en serait ainsi. L'âme quitte le corps et reste dans l'atmosphère sous la forme d'un ballon. Cette forme va entrer ou va être poussée dans un autre corps en fonction des actions qu'elle a accomplies et de l'importance de ses désirs non satisfaits. »

Question : « Reprenons-nous naissance aussitôt après la mort ? »

Amma : « Non, nous ne renaissons pas forcément tout de suite. L'âme flotte sous forme de ballon, comme si elle n'appartenait ni à la terre ni au ciel. Durant notre vie, une aura nous entoure qui fonctionne exactement comme un magnétophone. Nos paroles et nos actes y sont tous enregistrés. Cette chose fluide et subtile ne peut pas rester dans le corps après la mort. Ronde comme un ballon, elle voyage dans l'atmosphère. Elle sélectionne un corps approprié aux désirs et aux attachements de sa vie précédente et y prend naissance. Certains *jivas* ne renaissent sur terre qu'après deux ou trois ans.

On ne peut confier ces choses qu'à ceux qui ont la foi. Sinon, les gens iront raconter que ce sont des histoires. Ils n'y connaissent absolument rien.

L'aura, qui entoure chaque être humain, devient de plus en plus sombre à mesure qu'augmentent en nous l'égoïsme, la malhonnêteté et l'indifférence. Elle nous pousse à revenir sur cette terre, et nous fait souffrir toujours davantage. Toutefois, si nous cultivons et développons un comportement généreux et de bonnes pensées, la même aura prend une couleur dorée, ce qui nous aide à évoluer vers les plans supérieurs de la conscience. »

Question : « Qu'est-ce qui quitte le corps et prend naissance dans un autre quand nous renaissons ? »

Amma : « Mes enfants, il n'y a qu'un *atman* (*Soi divin*), pas plusieurs. Cet *atman* est omniprésent. Il ne meurt ni ne naît. Par conséquent l'*atman* ne peut ni quitter un corps ni entrer dans un autre. Il emplit tout ce qui existe. D'où peut-il venir et où peut-il aller ?

C'est le mental qui va d'un corps dans un autre. Ce que nous appelons *jiva* est simplement le mental. Ce *jiva* a une forme, une apparence illusoire, comme une vague. Le corps subtil lui est attaché, avec toutes les tendances héritées de la naissance précédente. Normalement on peut voir l'aura qui entoure un arbre ou un autre être vivant. Quand quelqu'un médite, l'aura est visible autour du visage comme une fine couche d'air, qui ne touche pas la peau. Cette aura quitte le corps et accompagne le *jiva* à la mort.

L'air n'existe-t-il pas à la fois sous la forme de la brise et sous celle de la tornade ? La tornade a une puissance particulière, n'est-ce pas ? Les deux sont une, pourtant il y a une différence. Bien que le *jiva* vienne de l'*atman*, il ne se fond pas dans l'*atman*. Le mental reste séparé à cause de ses impuretés. On dit aussi qu'un mental pur, sans *vasanas* (tendances latentes), est l'*atman* lui-même. Ce n'est plus un mental, mais l'*atman*, le Soi. »

Question : « Amma, ce monde est-il réel ou apparent ? »

Amma : « Mes enfants, il est apparent et en même temps il ne l'est pas. Tout serait éternel si ce monde était réel ou s'il était la Vérité, n'est-ce pas ? Le chien et le chat continuent-ils d'exister pour nous quand nous sommes dans un sommeil profond ? Non, c'est pourquoi on dit que le mental crée toute chose. Le monde des objets ne se manifeste que lorsque le mental est actif. Sans lui, plus de monde, plus d'objets. Nous disons donc que le monde est une apparence, qu'il n'est pas réel. Si on élimine le mental grâce à la *sadhana*, le monde de la pluralité disparaît avec lui. Dans cet état, il n'y a plus que *Brahman* ; même le monde est *Brahman*. Dans l'état de Réalisation, tout est empli de la Conscience suprême. Celui qui a atteint cet état ne voit partout que la Réalité.

Avant cela, le monde des apparences est toujours présent. Quand nous faisons l'expérience de l'éternité, le monde changeant cesse de nous illusionner. C'est un état dans lequel on est établi en permanence dans l'*atman* immuable. Mes enfants, ne croyez pas que le monde va disparaître quand vous parviendrez à la Réalisation. Si tel devait être le cas, il aurait disparu avec la première personne qui l'a atteinte. »

Question : « Quels sont ceux qui le voient comme réel et non comme une apparence ? »

Amma : « Ceux qui sont dupés par lui le considèrent comme réel. Ceux qui ne sont pas trompés n'ont pas du tout ce genre d'impression. Ils restent toujours centrés en eux-mêmes. Ils perçoivent le Soi par le Soi. »

Question : « Amma, il est facile pour toi de parler ainsi, tu es au-delà de toutes ces dualités. Mais que dire des êtres humains ordinaires qui sont attachés aux plaisirs et aux objets du monde et accaparés par eux ? »

Amma : « Mon fils, qui a dit que les objets du monde t'ont accaparé ? C'est le contraire. C'est toi qui les accapares. Ces objets eux-mêmes n'ont pas le pouvoir de t'attirer ou de t'attraper. Tu les as enlacés fermement et tu ne veux pas relâcher ton étreinte. Ensuite tu pleures à grand bruit en te frappant la poitrine, disant : « Oh ! Que puis-je faire, ces attachements, ces relations, ma femme ; ma voiture a été volée, ma maison s'écroule », et ainsi de suite. Aucun de ces objets ne t'a appelé en agitant la main. C'est toi qui as développé une attirance pour eux.

Il y a un proverbe en malayalam : « Tu veux attraper une chose placée au-dessus de toi, mais tu ne veux pas lâcher ce qui se trouve sous ton aisselle. » Cet objet sous ton aisselle représente les plaisirs du monde. Tu les tiens serrés contre toi. Si tu veux obtenir quelque chose sur un plan plus élevé, c'est-à-dire la joie éternelle, il suffit de relâcher un peu ton bras et l'objet (les plaisirs du monde) se détachera de toi. Mais tu veux les deux ; tu veux garder les plaisirs du monde et avoir la béatitude spirituelle. Non, c'est impossible. Laisse donc les plaisirs du monde s'éloigner doucement de toi. Lève les mains et les bras complètement. L'objet sous ton aisselle tombera et tu pourras atteindre ce qui est en haut. »

Question : « Amma, ma question est la suivante : qui est affecté par *maya* puisque tout est *Brahman* ? »

Amma : Mon fils, *maya* n'a jamais affecté personne : c'est toi qui l'as enlacée. Le monde de l'illusion n'a pas le pouvoir de te tromper. C'est toi qui lui cours après à cause de tes tendances. Tu regardes les choses à travers les lunettes de tes *vasanas*. Tu les soupèses et les qualifies de bonnes ou de mauvaises en fonction de ce que tu aimes ou n'aimes pas.

Tout est *Brahman*, c'est vrai. Mais l'as-tu réalisé ? Tu ressembles à un aveugle qui affirme qu'il y a de la lumière partout. Pourquoi parles-tu inutilement de choses auxquelles tu ne connais rien ? Tu fais sans cesse l'expérience du monde et de ses objets, mais tu parles d'un état dont tu n'as jamais eu l'expérience.

Pour celui qui a dépassé *maya*, tout est Brahman puisqu'il en a constamment l'expérience. Mais pour celui qui vit dans *maya*, c'est différent. Tout est là autour de lui. Il doit donc faire un effort délibéré pour en sortir. Il doit essayer de se convaincre que le monde et les objets donnant du plaisir sont changeants et appartiennent au domaine du rêve.

Imagine que tu fasses un rêve dans lequel tu aurais accumulé une grande fortune et serais devenu multimillionnaire. Puis, à la longue, la renommée et la célébrité arrivent et tu es élu Premier Ministre ou Président du pays. Tant que tu rêves, le rêve est réel, mais quand tu te réveilles, ce n'est plus une réalité. De la même façon, ce monde empirique est un rêve créé par les pensées et par le mental, un long rêve. *Atman* ou le Soi n'a rien à voir avec cela. Simplement, il illumine tout, comme le soleil illumine le monde entier. Le soleil ne peut pas s'empêcher de briller. De même, la nature du Soi est lumière, il ne peut pas s'empêcher d'illuminer.

Tu réalises que le rêve est irréel lorsque tu te réveilles ; ainsi, tu réaliseras que le monde est irréel quand tu t'éveilleras à la Conscience divine. »

Question : « Il n'est pas indispensable de suivre une *sadhana* pour se réveiller d'un rêve. Nous nous réveillons automatiquement. Une *sadhana* n'est donc pas nécessaire pour sortir de *maya*, n'est-ce pas ? »

Amma : « Mon fils, qui a dit qu'on se réveille d'un rêve sans effort ? Dans le monde des rêves, nous faisons une multitude de choses. Le réveil est la suite des actions accomplies dans ce monde des rêves. On ne peut pas dire que les actions accomplies en rêve n'ont pas été la cause de notre réveil. De même, la vie dans ce monde de la diversité, au milieu des objets changeants, est un long rêve. Mais bien que ce soit un rêve, nous y sommes identifiés au point que nous ne percevons pas le monde comme un rêve et le croyons réel. Donc, une *sadhana* est nécessaire pour nous ouvrir à Dieu, en quittant ce rêve éveillé.

Bien que notre nature soit l'*atman*, toujours libre, et éternel, nous nous sentons à présent enchaînés et limités. La *sadhana* nous aide à éliminer cette impression de lien et de limitation.

Les petits enfants prennent les excréments dans leurs mains. Ils essayent d'attraper le feu et de marcher dans un étang ou une rivière. Les adultes agissent-ils ainsi ? Non. Il faut donc du discernement pour que chacun progresse en fonction des tendances dont il a hérité. Avançons en nous conformant aux instructions données par les maîtres, les sages. Il est inutile de discuter et d'argumenter pour le plaisir. Douter est une caractéristique du mental. Utilisez votre capacité de discernement pour faire cesser ces habitudes dubitatives. C'est seulement quand les doutes prendront fin que la Lumière de Dieu peut pénétrer dans le cœur.

Tant que vous n'avez pas réalisé le Soi, les doutes ne disparaissent pas complètement. Impossible de dépasser les doutes avant cela. Ils s'évanouiront quand vous saurez ce que vous devez savoir. »

La nature du mental

Question : « Amma, même si ce sont les faits, presque tous les gens pensent que leur vie dans le monde est une vie heureuse, n'est-ce pas ? »

Amma : « Ce n'est pas surprenant. Cette impression existe chez toutes les créatures. Même un cochon qui vit dans la boue pense que la vie est un bonheur, que sa demeure, les eaux boueuses, est le meilleur endroit au monde et que son corps si laid est le plus beau de tous.

Il était une fois deux astrologues qui étaient de très proches amis. Un jour, ils voulurent savoir quelle serait leur prochaine naissance, ce qu'il adviendrait d'eux. Ils firent certains calculs astrologiques et virent qu'ils renaîtraient l'un sous la forme d'un éléphant et l'autre sous celle d'un ver de terre. Le deuxième homme, celui qui allait devenir un ver de terre, était très triste et déprimé. Voyant la mine désespérée de son ami, le premier astrologue, celui qui devait devenir un éléphant, essaya de le consoler, mais en vain. Finalement, l'astrologue-ver de terre demanda à l'astrologue-éléphant : « Mon cher ami, toi seul peux me sauver de ce destin malheureux. Dans ta prochaine incarnation, cherchemoi et quand tu m'auras trouvé, sois assez gentil pour m'écraser sous ton pied. Car si tu me tues, je pourrai peut-être obtenir un corps meilleur après m'être débarrassé du corps dégoûtant d'un ver de terre. » L'astrologue-éléphant dit qu'il serait très heureux de rendre ce grand service à son ami.

Les années passèrent. Les deux astrologues moururent, l'un après l'autre. Comme il avait été prédit, l'un reprit naissance dans le corps d'un éléphant et l'autre dans celui d'un ver de terre. Mais l'un et l'autre oublièrent leurs naissances précédentes. Heureusement un jour, l'astrologue qui avait pris naissance dans le corps d'un éléphant se souvint de sa vie passée et de la promesse qu'il avait faite à son ami et partit immédiatement à sa recherche. Il chercha et chercha, parmi les mottes de terre, dans les champs retournés, dans les sols labourés, sous les arbres, dans les endroits boueux et dans les crevasses desséchées de la terre. Cela dura plusieurs jours. Enfin, il souleva un gros caillou et, oh ! surprise, il vit là son cher ami le ver de terre. L'astrologue-éléphant était très heureux de trouver son ami, qui vivait maintenant avec sa femme et ses enfants sous le caillou. Quand l'éléphant souleva sa patte antérieure pour remplir sa promesse d'écraser le ver de terre, il y eut une clameur. Le ver de terre cria à l'éléphant : « Hé ! Démon ! Que veux-tu faire ? Vas-tu nous tuer, moi, ma belle femme et mes enfants ? Vas-tu détruire ma jolie maison ? Arrête ! Comme tu es cruel ! »

Mes enfants, c'est le sentiment de toute créature sur cette terre. Tout dépend de notre compréhension. Ce que nous n'aimons pas peut être un nectar pour quelqu'un d'autre et ce que nous aimons un poison pour une autre personne. Aucun objet de ce monde ne procure le bonheur à tous. En d'autres termes, aucun objet de ce monde n'a le bonheur pour essence. L'un aime beaucoup regarder la télévision, mais l'autre a mal à la tête dès qu'il fixe l'écran. Certains aiment fumer par-dessus tout, mais d'autres toussent à la seule vue d'un fumeur. Ainsi, les goûts changent d'une personne à l'autre.

Les gens se noient dans les objets censés leur apporter le bonheur. Un cochon qui vit dans les eaux boueuses pense que c'est le plus bel endroit ; de même, les êtres humains pensent que la vie au milieu des plaisirs du monde est un paradis. Tous les plaisirs du monde, quels qu'ils soient, se terminent dans la souffrance. Nous n'obtiendrons la béatitude réelle que lorsque nous saurons discerner entre l'éternel et l'éphémère.

C'était l'heure de commencer le cours. Amma se leva, sinon personne ne serait aller y assister. Elle entra dans la hutte et les dévots s'assirent dans la tente pour écouter le cours.

Deux pigeons se juchaient toujours sur le toit du hall de méditation, ou sur celui de la hutte d'Amma, ou quelque part dans les alentours quand Amma chantait des *bhajans* ou était en conversation avec les dévots, assise dehors. Cette fois encore on pouvait les voir sur le toit du hall de méditation. Ces pigeons ne quittaient pas leur place avant la fin des *bhajans* ou de la conversation. Ils restaient là immobiles, comme s'ils l'écoutaient. Ils s'approchaient parfois tout près d'Amma si elle était seule. Très souvent, les dévots et les résidents les voyaient posés juste devant Amma quand elle s'asseyait à l'écart. Amma avait un jour laissé entendre qu'il s'agissait des âmes de deux dévots.

Le cours dura jusqu'à six heures. À six heures et demie commencèrent les *bhajans* du soir. Amma, les *brahmacharis* et quelques dévots mariés qui savaient chanter allèrent s'asseoir à l'intérieur du Vedanta Vidyalaya (une petite pièce ressemblant à une salle de classe, utilisée pour enseigner le Vedanta aux *brahmacharis*) tandis que les autres prirent place dans la tente spécialement montée pour ces occasions. Amma chanta

Vedanta Venalilude

Où est maintenant la vérité de la Gita
Proclamant que Tu aideras
Un voyageur solitaire en route vers Brahman ?

Bien que je traverse en nageant
Le chemin qui ressemble à une forêt
Pour trouver la paix de mon âme, pour T'atteindre,
Mon esprit est empli de chagrin.

Ô Toi, l'amie des malheureux,
Mon cœur brûle toujours pour quelque chose
Et je ne sais pas quoi.
N'es-Tu pas encline
À soulager mes peines ?

Ô Mère, Ô Bhagavati Dévi,
Ne sais-Tu pas que sans cette immersion
En Ton être qui enchante le mental,
Il n'y a pas de paix ?

Les dévots s'absorbèrent totalement dans le chant ; leur cœur débordait de joie. Quelques personnes pleuraient tandis que d'autres étaient assises les yeux clos et les mains jointes, essayant de s'imprégner de béatitude et de s'absorber davantage dans le *kirtan*. Amma chantait toujours les yeux fermés afin de donner l'exemple aux *brahmacharis* et aux dévots.

Amma nous rappelle souvent : « En chantant le Nom divin, vous devriez toujours garder les yeux fermés ; sinon, persuadés par le mental, les yeux seront tentés par les objets et courront après eux. Mes enfants, concentrez-vous sur la lumière intérieure ; vous ne pourrez pas la voir si vous regardez la lumière extérieure. »

28 février 1984

Le séminaire de sept jours avait pris fin la veille. La semaine avait été très chargée et Amma s'était à peine reposée. Les trois Dévi Bhava ayant eu lieu pendant la durée du séminaire avaient attiré tant de monde qu'Amma était restée assise pour le darshan de six heures et demi le soir jusqu'à cinq ou six heures le lendemain matin. Elle avait de surcroît continué à recevoir les dévots pendant la journée. Bien qu'Amma ne se préoccupe nullement de son sommeil, son corps souffre parfois quand il en manque. Bien sûr, son mental n'en est pas affecté, comme le prouve son humeur toujours joyeuse même quand son corps est fatigué.

Elle dit souvent : « Amma est heureuse quand ses enfants sont heureux. La santé et la richesse d'Amma, ce sont ses enfants. » Si des dévots attendent pour la voir, elle ne reste pas dans sa chambre sous prétexte de se reposer ou de protéger son intimité, à moins qu'il n'y ait une bonne raison pour cela. Si quelqu'un lui demande de prendre du repos quand son corps est épuisé, elle répond : « La raison d'être de ce corps et de la vie entière d'Amma est de servir ses enfants. L'unique souhait d'Amma est de toujours avoir les mains posées sur les épaules de quelqu'un, caressant, réconfortant, séchant des larmes, et cela même au moment de rendre le dernier soupir. »

La compassion émane de chaque regard d'Amma. Chacun de ses gestes est un délice visuel inoubliable. Chacun des mots qu'elle prononce nous baigne et nous étreint dans la béatitude de l'immortalité. Ses actes sont un témoignage vivant de tous les préceptes religieux du monde.

Parmi ceux qui étaient venus participer au séminaire, tous n'étaient pas encore repartis. Quelques personnes avaient prévu de rester pour le *Dévi bhava*.

Amma vint dans la hutte vers neuf heures, mais elle ne paraissait pas se sentir très bien. Bien qu'elle prît sa place habituelle sur le divan, Amma ne parla pas beaucoup. Quelques personnes partirent après l'avoir saluée. D'autres restèrent simplement assises là, en silence, car Amma ne parlait pas. Gayatri dit : « Amma n'est pas bien. Elle n'a pas dormi et a passé la nuit à se rouler sur le sol. Elle a terriblement mal à la gorge et a aussi des vertiges. Si vous, les dévots, faites une prière, elle prendra peut-être du repos. » Elle avait des boutons sur tout le corps. Une dévote suggéra : « Sortons tous. Laissons Amma se reposer aujourd'hui. Son corps doit être en bonne santé pour qu'elle puisse nous prodiguer encore longtemps ses bénédictions. »

Il va sans dire que cette proposition fut unanimement acceptée, et tout le monde se leva pour quitter la hutte. Mais soudain, Amma s'exclama :

« Non, non, ne partez pas, Mes enfants. Amma sait que vous êtes très tristes lorsque vous venez ici et ne pouvez pas la voir. Ne pensez pas à la maladie d'Amma. Celle-ci vient de différentes personnes. Amma souffre pendant trente ou quarante minutes, ou peut-être une journée, ce qu'elles auraient eu à souffrir pendant trente ou quarante ans. Amma est toujours heureuse de le faire. Qui fera cela pour ses enfants si ce n'est Amma ? Néanmoins, ce qui est accepté de plein gré ne peut être épuisé qu'en en faisant l'expérience. Amma ne se soucie pas d'elle-même. Chaque goutte de son sang, chaque particule de son énergie est pour ses enfants. Mais elle veut vous voir progresser, mes enfants ; elle veut vous voir grandir spirituellement. Mes enfants, vous ne ferez qu'affaiblir votre esprit si vous répétez : « Amma est fatiguée », ou « Amma est malade », ou autres pensées semblables. »

Ses paroles étaient bouleversantes. En les entendant, quelques dévots pleurèrent en silence. Un homme dit, ne pouvant contenir son émotion :

Le dévot : « Amma, pourquoi faut-il que tu souffres tant pour nous ? Pourquoi ne peux-tu pas nous donner un peu de ta souffrance physique ? Puisque nous sommes tes enfants, n'est-il pas de notre devoir de te payer de retour, si nous le pouvons, pour le grand sacrifice que tu fais pour nous ? »

Les yeux pleins d'amour, Amma rit de bon cœur devant l'innocence du dévot et répondit :

« Non, Mon fils, tu ne peux ni payer de retour ni endurer ne fût-ce qu'une fraction infinitésimale de la souffrance subie par ce corps. Mon fils, cette innocence est bonne. »

En quelques minutes, l'atmosphère changea complètement. Amma commença à recevoir les gens un par un. Son humeur était aussi joyeuse qu'à l'accoutumée. Puis un *brahmachari* entama un chant et les dévots, oubliant tout, s'y joignirent. Chaque chant était suivi d'un silence recueilli. De temps à autre, Amma chantait elle aussi. À un moment donné, Amma chanta un *bhajan* décrivant la forme terrible de Kali,

Kurirul Pole

Qui est-Elle, à la forme si imposante,
Sombre comme la plus sombre nuit,
Se balançant comme un bouquet de fleurs bleues

41

Sur les eaux d'un lac de sang ?

Qui est-Elle, dansant sur le champ de bataille,
Éclaboussée de sang de toutes parts
Voilant Sa forme éblouissante
Vêtue pourtant du seul éther qui imprègne tout ?

Qui est-Elle donc, Celle aux trois yeux,
Flamboyante comme un feu incandescent,
Elle, à la chevelure en bataille
Ressemblant à des mèches de nuages de pluie noirs ?

Pourquoi la terre tremble-t-elle
Supportant la charge de sa démarche majestueuse ?
Oh ! Cette pétulante demoiselle n'est autre
Que la Bien-Aimée de Shiva, qui porte le trident.

S'il arrivait qu'un dévot ait la tête posée sur les genoux d'Amma pour recevoir son darshan tandis qu'elle chantait, il recevait un darshan plus long et pouvait vraiment jouir de l'expérience de la béatitude, car Amma entra en *samadhi* plusieurs fois pendant les chants, oubliant complètement les circonstances extérieures.

Amma quitta la hutte vers midi. Elle revint à trois heures et alla s'asseoir au milieu des cocotiers. Naturellement, les dévots se sentirent attirés de ce côté-là. Amma était parfaitement bien, maintenant. Les boutons avaient disparu et elle paraissait en bonne santé. Elle resta un court moment immobile et silencieuse, les yeux fixés dans le lointain, sans que l'on pût dire si elle regardait le ciel ou au-delà, dans l'infini. Elle semblait être seule, dans son monde. Puis, détournant son attention de cet espace indéfinissable, elle appela par son nom un jeune homme assis à l'écart, loin derrière les autres, et lui dit : « Mon fils, ta mère veut te voir. Rentre immédiatement chez toi. » Amma se tourna alors vers un autre dévot assis près d'elle et lui demanda :

« Mon fils, pars-tu maintenant ? » « Oui, Amma », répondit-il. « Dans ce cas, emmène ce fils avec toi et raccompagne-le chez lui en chemin. », lui dit-elle.

Pendant ce temps, le jeune homme à qui Amma avait demandé de rentrer chez lui s'était approché d'elle. Tout en le regardant, Amma désigna l'autre dévot et dit : « Ce fils a une voiture. Il va te raccompagner. Ne te fais pas de souci. Tout ira bien. » Les deux hommes se prosternèrent aux pieds d'Amma. Elle donna de la cendre sacrée au jeune homme qu'elle renvoyait chez lui, mais n'en donna pas à l'autre dévot. Le jeune homme semblait un peu anxieux en voyant le comportement étrange d'Amma à son égard. Amma lui sourit de nouveau et dit : « Tu as l'air soucieux, mon fils. Pourquoi avoir peur ? Amma est là pour toi, n'est-ce pas ? » Puis les deux dévots partirent.

Sans ajouter un mot, Amma entra en méditation pendant dix ou quinze minutes. Puis elle rouvrit les yeux, sourit aux dévots et leur dit : « La mère de ce fils est une malade cardiaque. Elle a eu une attaque soudaine. Son père est parti travailler et lui se trouvait ici. Il n'y a personne chez lui ; mais il n'y a plus rien à craindre, elle va bien maintenant. » Elle s'arrêta là, comme si elle ne voulait pas dévoiler la suite.

Ne pouvant contrôler son agitation, une dévote demanda d'une voix forte : « Mais, Amma, comment peux-tu savoir tout cela à leur sujet ? La maison de ce jeune homme se trouve à cinquante kilomètres d'ici et personne n'est venu de chez lui pour t'informer. » Amma rit et expliqua : « Amma a dû partir là-bas parce que sa prière était si innocente. C'est elle... » Amma s'arrêta brusquement et dit : « Bon, n'en parlons plus, maintenant. Tout arrive comme cela, simplement. Parlons d'autre chose. »

Il y eut un court silence, après lequel un *sadhak* (un chercheur spirituel) demanda :

« Amma, un vœu de silence est-il nécessaire pour un *sadhu* (moine errant) ?

Amma : Le silence est une bonne chose. *Maunam* (vœu de silence) nous vient spontanément lorsque nous tournons notre attention vers l'intérieur. Nous évitons ainsi de dissiper inutilement notre énergie. Nous perdons beaucoup d'énergie en parlant. La plupart du temps, le sujet de conversation est futile et inepte. Nous discutons d'une vedette de cinéma ou d'un film, d'un joueur de football ou de base-ball, ou bien nous nous souvenons d'une parure, d'un bijou que nous avons perdu deux ans auparavant, ou encore nous cancanons sur le voisin ou sur la femme que nous avons vue sur la route la semaine passée. Y a-t-il un sens à parler de choses aussi banales ? En voyant les fautes des autres et en les critiquant, nous perdons beaucoup d'énergie. En retirons-nous un quelconque bénéfice ?

Si vous voulez constater la différence, restez sans parler pendant plusieurs jours, disons cinq jours, puis parlez le sixième. Lorsque vous recommencerez à parler, vous sentirez de façon très claire que vous perdez quelque chose que vous aviez acquis. »

Question : « Amma, tu dis que garder le silence nous aide à conserver notre énergie. Mais qu'en est-il des pensées qui surgissent dans le mental ? »

Amma : « Il y a des vagues plus ou moins importantes à la surface de l'eau retenue dans un barrage. Mais l'eau ne peut pas s'échapper ; elle reste dans le barrage. Ainsi, des pensées surgissent dans le mental même quand nous observons un vœu de silence, mais comme nous ne les exprimons pas par des paroles ou par des actes, nous préservons la majeure partie de notre énergie. Cela signifie qu'il y a moins de dissipation d'énergie. Par conséquent, observer un vœu de silence est un bon exercice pour ceux qui veulent vraiment atteindre le but. »

Question : « Amma, pourrais-tu, s'il te plaît, nous donner quelques instructions sur la façon d'aborder cette pratique ? »

Amma : « Commencez d'abord par une heure de silence, puis deux, puis trois et essayez progressivement de passer à une demi-journée, puis à une journée entière. Vous pouvez ainsi augmenter lentement et régulièrement la durée jusqu'au nombre de jours que vous désirez. Tout dépend de votre résolution et de votre *lakshya bodha* (ardeur à réaliser le but). Si vous êtes vraiment décidé, vous pouvez même faire un vœu de silence de quarante et un jours. Toutefois, il vaut mieux ne pas le faire dès le début. Pour commencer, une journée entière ou quelques heures suffisent. Progressivement, vous pourrez augmenter jusqu'à quarante et un jours ou davantage si vous le voulez. Notre habitude est de parler ; par conséquent le mental essayera de nous tenter et de nous forcer à parler de choses inutiles. En fait, le véritable *mauna* consiste à parler modérément tout en restant maître du mental. Mais comme notre tendance naturelle est de bavarder inutilement sans exercer aucun contrôle, il faut garder un silence total pour donner au mental l'entraînement requis.

Si nous commençons tout de suite par un vœu de quarante jours, nous serons vite découragés. Il faut avancer en y prenant goût, en y trouvant de plus en plus de plaisir. Le mental devrait y être enclin et s'y prêter de lui-même. Ne le forcez pas, sauf peut-être au début, pendant deux ou trois jours. Mais par la suite, le vœu de silence devrait être fonction du goût que l'on y prend. Si nous gardons le silence pendant une journée, quand nous serons sur le point de parler le lendemain, le mental dira : « Silence, silence ! » *Abhyasa* (la pratique constante) vous guidera. De plus, pendant toute la durée de notre silence, nous pourrons réciter notre *mantra*.

Que tout arrive selon le dessein de Dieu. Mais nous devons suivre une *sadhana* (discipline spirituelle). Il est inutile et absurde de blâmer la destinée pour tout événement survenant dans notre vie. D'un certain point de vue, ce n'est que pure bêtise. Agissez correctement et, si quelque chose tourne mal, considérez que c'est le destin, le fruit de vos propres actions. Soyez donc en paix. Mettez-vous au travail maintenant pour bâtir un futur fait de bonheur et de béatitude.

Mes enfants, parlez moins et seulement si c'est indispensable. Quand vous avez à parler, faites-le avec beaucoup d'attention, car un chercheur spirituel ou un dévot ne devrait pas prononcer de paroles dénuées de sens, pas un seul mot. »

Question : « Amma, quelle attitude devons-nous cultiver ? »

Amma : « Si quelqu'un se met en colère, veillez attentivement à empêcher votre mental d'en être affecté ou ébranlé. Certains diront : « Je n'ai rien fait de mal et pourtant il m'a réprimandé. Je me suis donc mis en colère. » Vous devriez penser ainsi : « Ces reproches peuvent m'être adressés, même si je n'ai rien fait de mal. » Puis vous devriez prier : « Ô Seigneur, je T'en prie, quelles que soient les fautes que je commette, ôte-les sur-le-champ. Ô Seigneur, s'il Te plaît, montre-moi mes erreurs. Ô Seigneur, confie-moi Ton travail ; ne me laisse pas dans l'oisiveté. Ô Seigneur, fais que je puisse le voir comme Ton travail pour que, quel qu'il soit, je l'accomplisse en me souvenant de Toi. Ô Seigneur, puissent les autres me montrer mes fautes afin que me soit donnée la compréhension juste. Fais que je ne conçoive envers eux ni haine ni colère quelle que soit la manière, aimable ou blessante, dont ils me les montrent. » Telle devrait être la prière d'un dévot ou d'un chercheur sincère.

Nous nous exerçons à apprendre à voir Dieu, l'Essence pure, en toute chose et en tout être, même dans les êtres malfaisants, et non pas à voir en eux le démon. Si vous voyez le démon chez les autres, ces mêmes forces négatives vous engloutiront et en fin de compte, vous deviendrez un démon vous-même. Mes enfants, cette voie n'est pas la nôtre. Haïssez le mal, mais pas celui qui le fait. Si quelqu'un est égoïste ou égocentrique, haïssez l'égoïsme ou l'égocentrisme, mais pas la personne. Nous pouvons y parvenir si nous en faisons sincèrement l'effort. Si leur fils est un ivrogne ou un drogué, les parents haïssent son habitude de boire de l'alcool ou de prendre des drogues, mais ils continuent à aimer leur fils. En fait, ces enfants bénéficient souvent d'un amour spécial de la part de leurs parents. De la même façon, essayez d'aimer les autres même s'ils sont malfaisants. L'attitude correcte devant une situation particulière de la vie est d'avoir une compréhension juste, en faisant montre du discernement approprié, puis d'appliquer cette compréhension avec sagesse. »

Climatisez le mental

Amma : « N'allez pas vous plaindre à la ronde que des gens se sont mis en colère contre vous, qu'ils vous ont critiqué ou fait des reproches. Laissez-les faire leur discours pour dire du mal et se moquer de vous. Restez impassible. Tout ce qu'ils ont dit à votre sujet se retournera contre eux. Quand vous réagissez et vous vengez, cela signifie que vous avez admis leurs critiques ; ils fabriqueront alors davantage d'histoires contre vous et vous ferez de même envers eux. Ce genre de querelle ne peut jamais s'apaiser et le résultat final en est l'humiliation, la colère, la haine, la vengeance, et ce qui s'ensuit. Mon fils, pourquoi te fourvoyer dans de tels mécanismes d'autodestruction ? Garde le silence, reste tranquille. N'accepte pas ce que les autres disent à ton sujet. Ou si tu veux l'accepter, reçois-le comme un cadeau de Dieu. Si tu es inflexible et déterminé à ne l'admettre que comme un défi du diable, personne ne pourra te sauver du désastre final, pas même Dieu.

Imagine que quelqu'un te fasse cadeau d'une télévision. Que se passera-t-il si tu ne l'acceptes pas ? Certainement, il la reprendra et l'emportera chez lui. De même, si tu n'acceptes pas une parole ou une action dirigée contre toi par quelqu'un d'autre, il devra la reprendre. C'est aussi simple que cela.

La vie spirituelle est destinée à ceux qui renoncent à tout. Ils feront l'expérience et jouiront de la béatitude même s'ils vivent au milieu des ordures. C'est le mental qu'il faut climatiser et non pas le monde extérieur. Si une personne essaye de s'endormir dans une maison climatisée quand son mental est agité, trouve-t-elle le sommeil ? Non, elle n'y parvient pas. Combien de gens se suicident bien qu'ils vivent dans des maisons climatisées ? Ayant amassé suffisamment d'argent, ils s'allongent sur des lits somptueux dans des hôtels de grands luxe, mais ils ne peuvent trouver le sommeil que si leur mental est en paix. Donc, mes enfants, il est tout à fait clair que le confort et le bonheur ne viennent pas des objets extérieurs. Si c'était le cas, les gens très riches mèneraient une vie paisible. Mais il n'en est pas ainsi, ils sont en fait souvent ceux qui se tourmentent le plus. Quand ils veulent s'endormir, ils doivent prendre des comprimés ou se faire faire une piqûre. Même pour apprécier pleinement les plaisirs de la vie, il faut un mental tranquille. Par conséquent, mes enfants, c'est le mental qu'il faut climatiser. Une personne dont le mental est climatisé n'éprouvera que de la joie en tout temps et en tout lieu. C'est ce vers quoi nous devons tendre. Donc ni la richesse ni aucune autre chose ne nous donnera le bonheur. La véritable source de la béatitude est le mental. »

Pour éliminer la détresse mentale

Question : « Que doit-on faire pour éliminer la détresse mentale ? »

Amma : « Mes enfants, si notre mental est obsédé par des difficultés, il faut en parler à Dieu. Mais les gens n'agissent pas ainsi.

Au lieu de cela, une personne se plaint à une autre, qui à son tour lui confie ses problèmes. Une femme parle de ses états d'âmes à son mari et le mari discute des siens avec elle. Les enfants s'en remettent à leurs amis ou à leurs parents, les parents se confient à leurs enfants. Alors Dieu pense : « Très bien, ils se débarrassent de leurs difficultés en se les confiant mutuellement, n'est-ce pas ? Personne ne prend refuge en Moi. Pourquoi donc devrais-je m'occuper d'eux ? Ils se débrouillent très bien tous seuls. » Mais le fait est que notre fardeau redouble lorsque nous nous contentons de parler aux autres sans nous en remettre à Dieu.

Nous devrions nous adresser ainsi à Dieu : « Ô Seigneur, je T'en prie, accorde-moi de pouvoir agir en toutes circonstances avec l'intelligence et le discernement nécessaires. Fais que je ne T'oublie jamais quelle que soit la situation. Ô Seigneur, dans le bonheur comme dans la peine, accorde-moi la grâce de me souvenir de Toi sans faillir. » Ayons toujours une attitude positive par rapport à l'existence. L'optimisme est un facteur important pour supprimer la souffrance de notre vie.

Prenez par exemple la vie de Pumtanam (un grand dévot du Seigneur Krishna, qui vécut au Kérala il y a environ quatre cents ans). Sa dévotion pour le Seigneur Sri Krishna était très profonde. C'était un homme vertueux, sattvique (plein de bonté), simple et humble. Il dut cependant faire face à de nombreuses épreuves. Son unique enfant mourut. Sa femme, pensait qu'il était fou et s'opposait à lui. Il fut un jour attaqué par une bande de voleurs alors qu'il se rendait à Guruvayur (temple célèbre, dédié au Seigneur Krishna). Il se heurta à de nombreuses difficultés, mais sa dévotion restait inébranlable. Toutes ces épreuves étaient pour lui les tests du Seigneur. Savez-vous quel verset il récita lorsque son enfant unique mourut ? « Ai-je besoin d'un autre enfant quand Unnikrishna (Bébé Krishna) joue dans mon cœur ? » D'un point de vue ordinaire, sa vie fut une véritable tragédie, pourtant il était toujours heureux. Savez-vous comment et pourquoi ? La réponse est dans le verset dont nous avons parlé tout à l'heure et qu'il chantait lui-même : une fois que vous bâtissez en vous-même le temple du Seigneur, plus rien d'autre n'existe que la béatitude, non seulement à l'intérieur, mais à l'extérieur également. La béatitude véritable viendra à vous, et non pas son simple reflet (le soi-disant bonheur que nous obtenons des objets extérieurs n'est qu'un « reflet »). Mais pour atteindre cette béatitude, il faut renoncer à ce prétendu bonheur.

Ceci est vrai même d'un point de vue matérialiste. Pour avoir plus de plaisir, vous dépensez beaucoup d'argent pour acquérir une télévision. Une fois que vous l'avez achetée, vous renoncez automatiquement à votre poste de radio. Pourquoi ? Comme la télévision vous apporte maintenant davantage de joie et de confort, vous abandonnez la radio. De même, la joie de la béatitude spirituelle est la plus élevée, la seule durable. Elle coûte donc très cher et pour l'acquérir, il faut abandonner les choses inférieures qui procurent un plaisir moindre.

La peine et le bonheur sont des notions relatives. Quand la joie l'emporte sur la tristesse, nous disons que c'est une période heureuse, et que c'est une période triste quand le chagrin est plus fort que la joie. En fait, vous n'êtes pas complètement heureux car le chagrin reviendra. Tous les efforts pour éliminer la tristesse s'avèrent inutiles : elle est inévitable et inexorable. Par conséquent, prenez conscience que telle est la nature de la vie et acceptez-la. Essayez d'aller au-delà et d'accueillir la joie et la douleur de la même manière. »

Question : « Comment pouvons-nous dépasser ces notions quand nous sommes liés par toutes les relations et les objets de ce monde ? »

Amma : « Quel dommage ! Ces choses inertes, stupides et futiles, t'ont enchaîné. Mais en fait ce ne sont pas les objets qui ont créé les liens. Au contraire, c'est ton mental qui s'est placé dans cet esclavage. Les objets n'ont pas le pouvoir de t'attacher. Les êtres humains, supposés avoir le contrôle sur les objets, sont maintenant contrôlés par eux. C'est là la cause de tous nos problèmes.

Prenons encore une fois l'exemple de la vie de Pumtanam. Mes enfants, vous savez comment mourut son seul enfant, n'est-ce pas ? La mort survint alors qu'ils fêtaient son troisième anniversaire. C'était tard dans la nuit et tout le monde avait hâte d'aller se coucher. La maison était remplie de parents et d'invités. Tout à coup, un vent violent se mit à souffler et éteignit toutes les lampes à pétrole. Lorsqu'il se calma, on ralluma les lampes pour se rendre compte alors que l'enfant avait disparu. On le chercha partout mais en vain. Finalement, quelqu'un eut une intuition et entreprit d'enlever les tapis entassés dans un coin. L'enfant se trouvait là, mort. Une personne avait lancé par mégarde les tapis à l'endroit où l'enfant s'était endormi sans qu'on le remarque. Imaginez le drame !

Le dévot Pumtanam exprima sa profonde tristesse, mais il parvint à surmonter aisément cette épreuve. Pourquoi ? C'est ce que nous enseigne la spiritualité : comment affronter les situations douloureuses. Bien sûr, c'était une grande tragédie, peut-être la pire pour cette famille. Vous pouvez penser : « Mais c'était un enfant... Le pauvre petit. » Pourtant le dévot comprit clairement qu'il s'agissait seulement d'un jeu, le jeu de son bien-aimé Krishna. Krishna représente ici la Vérité ultime. Tôt ou tard, le corps doit mourir, qu'on le veuille ou non. C'est inévitable, inéluctable. Cela changera-t-il si nous nous lamentons ? Non, pas du tout. La nature de la rivière est de couler, celle du soleil de briller, celle du vent de souffler : de même, la naissance et la mort, le bonheur et la douleur, le succès et l'échec font partie de la nature de la vie. Mais le vrai Soi, Krishna ou Rama ou Jésus, ne meurt jamais. C'est lui qui anime ce corps. « Quand ce Soi universel joue et s'amuse en moi sous la forme de Krishna, pourquoi m'affligerais-je ? » Le Soi ne meurt jamais et ne prend jamais naissance. C'est ce que voulait dire le dévot Pumtanam quand il chantait ce verset.

L'océan est le Soi suprême, *satchidananda*. Les vagues sont les *jivas*, les âmes individuelles. L'océan n'est pas sujet aux changements; il demeure le substrat de toutes les vagues qui s'élèvent en lui. Qu'est-ce qu'une vague, après tout? Ce n'est que de l'eau. Une vague vient et disparaît. Une autre se forme et disparaît à son tour. Puis une autre encore, dans un autre endroit, sous une autre forme. Mais que sont donc ces vagues ? Elles sont simplement les eaux de l'océan sous différents aspects, différentes formes. Les vagues apparaissent et disparaissent, puis réapparaissent et disparaissent à nouveau, mais l'eau reste la même ; elle ne change jamais. Ainsi les vagues ne sont rien d'autre que la même eau sous différentes formes, en différents endroits. Pareil à l'océan, le Soi suprême se manifeste en tant que *jivas* sous différents aspects, différentes formes. Les formes et les aspects apparaissent et disparaissent mais le principe essentiel, le substrat, c'est-à-dire le Soi divin, reste à jamais immuable comme l'océan. »

Question : « Amma, c'est clair, maintenant. Donc Amma veut dire que la soumission totale à la Volonté suprême est la seule façon de supprimer toutes les difficultés de la vie ? »

Amma : C'est exact, mon fils. Essayons au moins de faire croître en nous le sentiment que tout ce qui arrive est Sa Volonté. À mesure que cette prise de conscience se renforce, notre attitude aussi change.

Si nous avons de l'amour-propre, des attachements ou des aversions, le Seigneur s'en apercevra. Il ne s'approchera pas s'il y a en nous la moindre trace d'égoïsme. Le Seigneur s'en ira au loin.

Prions toujours ainsi le Seigneur : « Ô Seigneur, je suis un ignorant. Bien que je sois Ton enfant, les *vasanas* (les tendances latentes) me tiennent éloigné de Toi. Ô Seigneur, aie la bonté d'enlever ces *vasanas*. Même si sur le plan de la Réalité suprême, ma nature véritable est Ton Soi, je reste dans ce monde empirique l'enfant de mes parents. Ô Seigneur, puisses-Tu m'enlever mon ignorance. Il est dit que je suis Ton enfant mais je n'en suis pas conscient. Libère Ton enfant de cette prison. » Nous devons supplier le Seigneur de cette manière, avec ferveur, et l'appeler en pleurant.

Pour vivre en paix, il faut se débarrasser de tous les conflits du mental et ne voir que le bien chez les autres. Nous nous affaiblissons si nous prêtons attention à leurs défauts. Quand nous voyons leurs qualités, nous nous élevons à un niveau supérieur. Lorsque nous disons d'une personne qu'elle est mauvaise, nous devenons mauvais nous-mêmes. Même si quelqu'un est mauvais à quatre-vingt dix-neuf pour cent, nous ne devons voir en lui que le un pour cent de bonté. Ainsi notre mental en sera élevé. Nous nous abaissons si nous voyons les mauvais côtés des autres. Notre prière devrait être : « Ô Seigneur, fais que mes yeux ne voient que le bien en tous. Donne-moi la force de servir le monde avec abnégation.» Seule cette attitude de don de soi nous procurera la paix intérieure. Il faut ainsi essayer de devenir peu à peu un bon serviteur du Divin.

Ce monde a besoin de serviteurs, et non de chefs. Chacun désire commander. Nous avons suffisamment de chefs qui ne sont pas de véritables chefs. Devenons plutôt un vrai serviteur. C'est la seule façon de devenir un vrai chef. »

Les traits caractéristiques d'un renonçant et d'un dévot

Question : « Comment faire pour garder présent à l'esprit le souvenir constant de Dieu ? »
Amma : « Mes enfants, Amma sait qu'il est difficile, en vivant au milieu des plaisirs matériels et en ayant des liens familiaux,

de se souvenir constamment de Dieu. Mais dès que vous prenez conscience que vous ne pensez pas à Lui, repentez-vous immédiatement : « Ô Seigneur, je T'ai oublié pendant tout ce temps. J'ai oublié de chanter Ton nom divin. Ô Seigneur je T'en prie, pardonne-moi. Je T'en supplie, accorde-moi la force mentale de chérir fidèlement et constamment Ta Forme en moi et Ton Nom sur mes lèvres. Ô Seigneur, ne me laisse pas perdre du temps comme cela. Que le désir de contempler Ta forme brûle en moi ! » Après avoir ainsi prié et vous être repenti, commencez tout de suite à répéter votre *mantra*. Il vous arrivera encore d'oublier, mais ne vous tourmentez pas : continuez à utiliser la même technique de repentir et de prière chaque fois que vous vous apercevez que vous êtes resté longtemps sans réciter votre *mantra*. Peu à peu, en temps voulu, se développera en vous la capacité de vous souvenir constamment du Seigneur.

Un chercheur véritable ou un dévot ayant dédié sa vie entière à la Réalisation du Soi devrait essayer constamment de fixer son mental sur le Soi ou sur un aspect de Dieu. Tout comme deux jeunes gens amoureux songent sans cesse l'un à l'autre, tout comme une femme chaste pense à son cher mari et comme un époux également vertueux pense à sa femme, ainsi devrions-nous penser à Dieu. L'esprit du jeune homme est toujours avec sa bien-aimée : « Est-elle à l'université maintenant ? Quel sari porte-t-elle aujourd'hui ? Elle doit être en classe à cette heure-ci. Bien que son corps physique se trouve là-bas, son cœur est ici, avec moi. Allons-nous nous marier et mener une vie de famille heureuse ? » Ayant de telles pensées en tête, il est toujours avec elle. Où qu'il soit, il est habité par un enthousiasme et une joie intérieures. Il trouve toujours une beauté et un bonheur particuliers à laisser son mental errer et se réjouir en pensant à elle. Il plonge de plus en plus profondément dans le monde des pensées qui la concernent.

Imaginons maintenant le cas d'un mari séparé de sa femme, dans un endroit très éloigné. Cette femme chérit son mari autant que sa propre vie. Quelle que soit l'activité dans laquelle elle est engagée, elle pense à lui. Un *sadhak* devrait être ainsi. Son mental devrait toujours demeurer dans le royaume de Dieu. Il accomplit les actions, c'est tout, mais son mental est fixé sur Dieu. S'il procède ainsi, il finira certainement par arriver au but. Au plus profond du cœur de chacun existe une nostalgie constante de réaliser Dieu. Le *sadhak* ne pleure que pour L'atteindre et pour se fondre en Lui. Rien moins que l'absorption complète dans le Seigneur ne peut le satisfaire. Se délectant dans l'univers de beauté qu'il découvre au-dedans de lui-même, c'est-à-dire la beauté incommensurable du Seigneur, il reste toujours tourné vers l'intérieur. Aucun objet au monde n'a d'attrait pour lui. Ces choses ne le séduisent pas, ne créent en lui aucune agitation. Un tel dévot pleure : « Ô Seigneur, quand viendras-Tu à moi ? Me feras-Tu la grâce de Ta vision et de l'union avec Toi, ou bien vas-Tu m'abandonner ? » Si cette personne suit la voie de la connaissance, ses prières seront : « Ô Soi qui brille à travers et à l'intérieur de chaque objet du monde, Ô Omniscient, Omnipotent et Omni-présent, quand me révèleras-Tu Ta gloire et Ta splendeur ? Quand vais-je réaliser mon propre Soi et m'unir à lui, rejetant toutes les limitations du corps, du mental et de l'intellect ? » C'est ainsi que prient les véritables *sadhaks*. Mes enfants, tels sont les signes caractéristiques d'un renonçant ou d'un dévot. »

La dévotion ne suffit pas ; l'amour véritable est essentiel

C'était un jeudi, jour de *bhava darshan*. À cinq heures de l'après-midi, Amma se leva et alla dans sa chambre. À cinq heures et demie, elle était de retour pour les *bhajans*. Comme toujours,

Amma atteignit les hauteurs de la dévotion suprême et les profondeurs de son Soi tandis qu'elle chantait :

Brahmarame Manasa

Toi le colibri de mon mental,
en recherchant le pur nectar,
tu erres et t'éreintes.

Le bocage des arbres en fleur, libre de tout chagrin,
se dresse dans la joie sur les rives de la rivière de la dévotion.
Ô mon mental, ne désespère pas, car un jour Ta Mère viendra
dans le cœur pur.

Ô Shakti, Tu es la source de l'intelligence pour le sage,
dissipant toute douleur par la Connaissance ;
je T'offre toutes mes douleurs, Toi en qui tout existe.

Quand se lèvera le jour, Ô Mère, où Tu viendras?
Viendras-Tu lorsque mon énergie sera épuisée?
Ô Mère, ne fais pas cela !
Ne me prodigueras-Tu Ta Grâce ?
Qui donc est mon unique support, en dehors de Toi?

29 février 1984

La nuit précédente, le Dévi *bhava darshan* s'était poursuivi jusqu'à trois heures et demie du matin. Comme à son habitude, Amma fit le tour de l'ashram pour s'assurer que chaque dévot avait une natte et un endroit pour dormir. Il était presque cinq heures quand elle alla se coucher.

À dix heures le matin, le jeune homme auquel Amma avait demandé la veille de rentrer chez lui sur-le-champ, se présenta à l'ashram en compagnie de sa mère, une femme d'âge moyen.

Quelques autres dévots étaient présents. La mère du jeune homme était déjà au bord des larmes en arrivant. Les voyant debout devant le temple, le *brahmachari* Balu s'approcha d'eux et demanda au jeune homme : « Que s'est-il passé hier? Amma n'a rien révélé mais nous avons tous pensé qu'il était arrivé quelque chose de mystérieux. Pourrais-tu s'il te plaît me dire ce que c'était? »

Le jeune homme sourit mais en même temps, il ne put contrôler son émotion. Sortant un mouchoir de sa poche, il essuya ses yeux pleins de larmes et expliqua d'une voix tendre et très douce : « Ce fut vraiment une expérience. En un mot, Amma a sauvé la vie de ma mère et lui a donné une deuxième naissance, ou peut-être pouvons-nous dire qu'Amma a prolongé la vie de ma mère. »

Le jeune homme sécha encore une fois ses larmes. Sa mère aussi pleurait. À travers ses pleurs, elle dit : « Mon enfant, je peux à peine croire le fait que je vis encore. Hier j'étais quasiment morte. (Parlant de son fils) Il était ici et mon mari était au travail. Je suis une malade cardiaque et suis supposée prendre tous les matins un comprimé prescrit par le docteur. Je savais qu'il n'en restait plus qu'un. Je pensais pouvoir demander à mon mari d'en acheter d'autres quand il rentrerait de son travail. Malheureusement, j'ai oublié de prendre mon médicament hier. Chaque fois que je m'en souvenais, j'avais un travail à faire. Après le déjeuner, fatiguée, j'ai dormi pendant environ une heure et demie. Il était trois heures lorsque je me suis réveillée et je suis allée à la cuisine afin de préparer une légère collation pour mon mari avant son retour. Il était trois heures et quart. Alors que je soufflais dans le four pour allumer le feu, j'ai senti une douleur fulgurante au niveau du cœur. Cette douleur était si violente que tout mon corps semblait parcouru d'éclairs et je pensais que mon cœur allait exploser. Je savais que j'allais mourir. Soudain, j'ai pensé à mon fils qui était ici à l'ashram à ce moment-là. J'ai adressé une prière à Amma : « Ô Amma, si je pouvais vivre encore quelques heures, je pourrais peut-être revoir mon fils avant de rendre mon dernier souffle. Amma, je t'en prie, pourrais-tu me le renvoyer ? » En quelques secondes, j'ai perdu conscience. Je ne sais combien de temps s'était écoulé lorsque j'ai lentement ouvert les yeux et regardé autour de moi : « Je suis toujours vivante, » ai-je pensé. Tout-à-coup j'ai senti l'odeur qui accompagne toujours Amma et c'est alors que j'ai observé une incroyable scène: Amma Elle-même était assise à mon côté, et me regardait intensément. Elle m'a souri avec douceur, et m'a frotté la poitrine en disant : « Ne t'inquiète pas, ma fille, tout va bien. » Puis j'ai vu encore une chose stupéfiante : Amma tenait dans la main droite un verre vide et dans la main gauche le flacon de comprimés, d'ordinaire enfermé dans un placard de notre chambre. Je ne pouvais pas en croire mes yeux. Voyant mon étonnement, Amma m'a caressé doucement le front et a dit : « Oui, ma fille, tu as pris le médicament ! Sois en paix ! Ton fils sera de retour dans une heure. » Ayant ainsi parlé, elle a posé le verre et le flacon par terre près de moi et a disparu après m'avoir souri encore une fois. Oui, c'était vrai, je pouvais sentir le goût du médicament dans ma bouche. J'étais toujours allongée. Je me suis levée d'un bond et j'ai couru dehors, me précipitant vers le portail de l'entrée. Aucune trace d'elle. Comme une folle, je me suis précipitée vers l'arrière-cour. Ne l'y trouvant pas, je suis retournée dans la maison et j'ai cherché dans chaque pièce en appelant « Amma ! Amma ! »

J'ai récupéré peu à peu mon état de conscience habituel et suis retournée à la cuisine pour m'assurer que le verre et le flacon de comprimés se trouvaient toujours là, car il aurait pu s'agir d'une hallucination. À mon grand étonnement, j'y ai trouvé aussi un pétale de lotus. Je me suis frotté les yeux et j'ai écarquillé les paupières pour m'assurer que ce que je voyais était bien vrai. Regardant à nouveau ces objets, j'ai senti le parfum familier qui entoure toujours Amma ; il se répandait dans toute la maison comme pour éclaircir mes doutes. Le parfum emplissait toutes les pièces. J'ai pris le verre, la bouteille de comprimés et le pétale de lotus, et me suis dirigée vers la chambre de prière. Là, j'ai posé le tout devant la photo d'Amma et me suis mise à pleurer, en tenant sa photo serrée contre ma poitrine. J'étais encore devant l'autel lorsque mon fils est arrivé.

Il paraissait très inquiet. D'une voie altérée, il m'a demandé : « Que t'est-il arrivé, maman ? Est-ce que tout va bien ? Où est papa ? Comment va-t-il ? » Maintenant, tout me paraissait clair. Avant de s'en aller, Amma m'avait dit que mon fils serait de retour dans une heure. Il est revenu plus tôt. J'ai commencé par le consoler, en lui assurant que tout allait bien. Quand il se fut rasséréné, je lui ai raconté ce qui s'était passé. Il a écouté toute l'histoire, les yeux écarquillés et la bouche grande ouverte. Mon récit terminé, il a parlé, mais d'une voix très douce, comme s'il s'adressait à lui-même plutôt qu'à moi : « Amma, c'était donc cela ! Maintenant, Amma, je sais pourquoi tu m'as demandé de rentrer à la maison. » L'instant d'après il a éclaté en sanglots en appelant : « Amma ! Amma ! »

La femme s'arrêta un moment ; puis elle ouvrit son porte-monnaie et en sortit avec précaution, révérence et dévotion, un pétale de lotus. Le montrant à Balu, elle dit : « Voici le pétale... », mais ne put terminer sa phrase, envahie par l'émotion.

Il était onze heures passées de quelques minutes. Levant les yeux vers la chambre d'Amma, ils l'aperçurent en train de descendre l'escalier. La mère et le fils coururent tous deux à sa rencontre et se jetèrent à ses pieds, versant des larmes de gratitude. Les relevant doucement, Amma les prit tous deux tendrement dans ses bras. Ils continuaient à pleurer comme de petits enfants. Amma les consola avec tout l'amour et l'attention d'une véritable mère, en leur caressant et leur tapotant le dos, et en leur murmurant à l'oreille « *Makkale, makkale* (mes enfants, mes enfants), ne pleurez pas. »

La veille, personne n'avait vraiment compris ce qui se passait lorsqu'Amma avait brusquement demandé au jeune homme de rentrer chez lui. Amma n'avait rien dévoilé. Rien d'étonnant à cela puisque sa nature est d'être toujours humble. Quand le mystère leur fut révélé, les dévots se réjouirent de ce miracle.

Vers onze heures et demie, le temps ensoleillé commençait à devenir chaud. Accompagnée de tous les dévots, Amma marcha jusqu'à la berge de la lagune où elle s'assit. Les cocotiers et autres arbres qui poussaient là procuraient assez d'ombre pour tout le monde et une brise douce apportait un peu de fraîcheur. Amma garda les yeux fixés sur l'eau pendant quelques secondes, observant avec plaisir les poissons qui y nageaient et s'amusaient. Puis elle se tourna et regarda les dévots, tous impatients de l'entendre parler. Se souvenant des jours qu'elle avait passés dans un état « d'intoxication divine », Amma révéla : « Ce terrain vague a été très utile à Amma pendant ces jours-là. Ah ! Le temps que j'ai passé à danser et à chanter dans la béatitude est incomparable. » Elle entra soudain en *samadhi*. Des larmes de béatitude coulaient le long de ses joues. Les yeux fixés quelque part dans une dimension sans limite, elle resta assise là longtemps, immobile comme une statue.

Revenant lentement à un niveau de conscience habituel, Amma reprit :

« Il m'est toujours difficile de me souvenir de ce temps-là ; ma conscience extérieure m'est alors dérobée. La douceur et la béatitude que procure une dévotion sans désir sont quelque chose d'unique. Bien que l'*advaïta* (l'État de la non-dualité) soit la Vérité ultime, Amma a parfois l'impression que cela ne fait aucun sens et elle aimerait toujours être comme un petit enfant devant Dieu. La philosophie de l'*advaïta* est prêchée par beaucoup de gens, mais elle n'est pas très utile pour progresser spirituellement, bien qu'elle nous donne effectivement une certaine compréhension intellectuelle. Pour que les gens puissent avoir un aperçu et un goût de la vie spirituelle, la dévotion et l'amour pour le Suprême sont absolument indispensables. La dévotion seule ne suffit pas, la présence de l'amour véritable est essentielle. »

Un dévot : « Amma, comment peut-on les différencier ? Qu'entends-tu par « simple dévotion » et qu'est « l'amour véritable » ?

Amma : « Mon fils, la dévotion peut parfois ressembler au seul accomplissement d'un devoir. Par exemple, on voit dans presque toutes les maisons, chaque jour au crépuscule, des gens psalmodier, chanter ou lire le *Bhagavatam* ou le *Ramayana* et autres livres sacrés, lorsqu'ils en ont le temps. Mais le font-ils avec un amour intense et le désir ardent de voir le Seigneur ? Nombre d'entre eux le font comme une obligation. Il ne s'agit pour eux que d'une coutume ou d'une règle établie par leur père ou leur grand-père. Pour la renommée de la famille, ils maintiennent cette habitude de chanter le Nom divin au crépuscule. Mais si nous allons voir à la cuisine, ou à l'arrière de la maison, nous les entendrons crier: « Hé femme ! prend ceci ! » ou « Emporte-ça là-bas ! » tout en chantant « *Hare Rama Hare Rama, Rama Rama Hare Hare, Hare Krishna Hare Krishna, Krishna Krishna Hare Hare.* » C'est le genre de *bhakti* (*dévotion*) que nous trouvons d'ordinaire. La plupart du temps, leur but est de satisfaire des désirs. Ces gens ont une certaine dévotion pour Dieu, mais ils Le considèrent comme un simple agent pour exaucer leurs désirs. Si leurs demandes ne sont pas comblées, ils pensent alors qu'il n'y a pas de Dieu ou que la divinité du temple n'a pas de pouvoir. Ils n'ont aucune idée du principe essentiel fondamental. Ils ne pensent pas que chercher Dieu, servir Dieu, d'aimer Dieu et éventuellement de se fondre en Lui soit très important. À cause de ce manque de compréhension, ils ignorent ce qu'est la véritable spiritualité et continuent donc leurs pratiques dévotionnelles à leur manière.

Mais la dévotion fondée sur un véritable amour pour Dieu est différente. C'est un autre genre d'amour, désintéressé et constant. Cet amour-là est un intense besoin de se fondre et de s'identifier totalement avec l'Amour. L'amour vrai est une soif inextinguible de devenir un avec le Bien-aimé. Dans cet amour, il y a une part de discernement qui nous fera dire, par exemple : « Pourquoi sommes-nous ici, dans ce monde ? Y a-t-il un Dieu ? S'il y en a un, je veux Le voir, je veux en faire l'expérience et m'unir à Lui. Je suis insatisfait de ce monde ; par conséquent, j'essaye de rechercher et de trouver la Source de tout, si elle existe. » Puis, armé de détermination, le chercheur commence immédiatement sa quête, sans plus attendre. Lorsque naît un tel amour, la connaissance s'éveille également. L'amour existe dans tout chemin. C'est pourquoi l'amour est connu aussi bien comme *jnana* (connaissance) que comme *bhakti* (dévotion). *Lakshya bodha* (la résolution d'atteindre le but) est nécessaire. « À qui s'adresse mon appel ? Dans quel dessein ? » Le souvenir constant du but est indispensable. C'est ce qu'on entend par *lakshya bodha*.

« Quel est l'objet de mes études ? Est-ce de devenir un ingénieur, un docteur, ou autre chose ? » Après avoir pris une décision concernant notre future profession, nous étudions avec détermination. Mais pendant les études, nous oublions le résultat final et nous nous concentrons entièrement sur le sujet de notre travail. C'est là la marque d'un étudiant sincère. Un étudiant peut-il apprendre quoi que ce soit sans s'absorber sérieusement dans ses études ? S'il agissait ainsi en négligeant l'attention, il ne serait pas un bon étudiant. Réfléchissez tout d'abord et décidez de votre objectif ; ensuite, étudiez pour y parvenir. La connaissance (*jnana*) est nécessaire pour agir. La conscience de « ce vers quoi je tends » devrait également être là. De cette façon l'amour, la connaissance, la dévotion et la détermination (*lakshya bodha*) peuvent naître. L'étudiant travaille et quand lui vient le désir d'être le premier du classement, il y consacre tout son temps. Se consacrer à une tâche implique l'amour.

De la même façon, un dévot ou un chercheur véritable s'en remet entièrement à Dieu et s'absorbe complètement en Lui. En agissant ainsi, il se rend digne d'atteindre son but. Nous travaillons avec sincérité lorsque nous choisissons l'attitude : « Je dois atteindre Dieu. » Jouer la comédie, faire semblant devant les autres, tel n'est pas le genre de dévotion que nous souhaitons avoir. Travaillons avec détermination jusqu'à l'accomplissement de notre objectif. Le but, c'est le fruit, c'est la Réalisation du Soi. Pour y parvenir, il faut oublier le fruit pendant que nous travaillons : sinon, notre concentration sera divisée et nous ne pourrons en retirer un réel bénéfice. Pour cela, l'amour est nécessaire.

Le Seigneur dit qu'il faut agir sans rien désirer. Mes enfants, c'est seulement ainsi que viendra la concentration. Concentrons-nous totalement quand nous appelons Dieu. Conversons avec Dieu en Lui demandant : « Ô Krishna ! » ou « Ô Dévi ! Arrête-Toi là. Écoute-moi avant de partir. Où allais-Tu ainsi en me laissant seul ? Essayes-tu de Te débarrasser de moi ? Non, je ne Te laisserai pas partir», et ainsi de suite. Voilà comment il faut Lui parler. Comme nous posons des questions à un ami, demandons-Lui : « Où étais-Tu passé ? Kanna (Krishna), pourquoi ne t'approches-Tu pas de moi ? Pourquoi ne dis-Tu rien ? N'es-Tu qu'une simple statue ? Non, ce n'est pas ce que j'ai entendu dire de Toi. C'est Toi qui nous donnes la puissance, n'est-ce pas ? Pourquoi restes-Tu là, sans bouger ? Emmène-moi. » Imaginez ainsi que vous dialoguez avec votre divinité bien-aimée.

Vairagya (le détachement)

Question : « Comment trouve-t-on la paix et la sérénité ? »
Amma : « Pour atteindre la paix et la sérénité, il s'agit d'abord de modifier notre façon de penser erronée. Actuellement, nous croyons que la paix vient « du dehors ». Cette conception incorrecte nous fait rechercher la paix à l'extérieur, dans les objets du monde. Mais en fait, la paix véritable vient de l'intérieur. La fontaine éternelle de la paix est au-dedans de vous. Comprenez cette vérité ; vous vous mettrez ensuite à l'œuvre pour l'atteindre.

Pour acquérir cette paix, accordons quelque solitude à notre mental. Il ne s'agit pas simplement de s'asseoir seul dans un bel endroit isolé, au milieu de la nature. Un tel environnement ne nous aide que d'une façon minime à parvenir à la véritable solitude. La solitude réelle est la solitude du mental, c'est-à-dire la concentration du mental sur un seul point. Même un bel endroit ne vous apportera pas la paix si votre mental est agité. Essayons donc d'apaiser progressivement le mental en le contrôlant, en l'empêchant de courir après tout et n'importe quoi. Au début, il faut faire un effort délibéré pour le maîtriser ; par la suite, en temps voulu, la concentration viendra d'elle-même.

Ne vous mêlez pas trop aux gens. Les êtres humains ont tendance à s'attacher stupidement à une autre personne, surtout s'ils restent quelque temps avec elle et qu'ils l'aiment. Vous rencontrez un inconnu à un arrêt de bus ou dans une gare. Il s'approche de vous et dit : « Je ne sais pas pourquoi, mais je ressens pour vous une attirance spontanée. Vous êtes vraiment un être spécial », ou quelque autre flatterie de ce style. Non seulement notre ego se gonfle, mais en plus un attachement pour cette personne s'éveille en nous. Vous l'« aimez ». Pourquoi ? Parce qu'elle vous flatte. Puis un jour, pour une raison quelconque, elle vous critique,. À partir de ce moment-là, vous vous retournez contre elle, vous la haïssez, vous vous mettez en colère et parfois même, vous voulez la tuer. L'amour est parti, remplacé par la haine. La paix a maintenant disparu et la tranquillité s'est depuis longtemps envolée. Pourquoi ? À cause de l'agitation du mental.

Il en va de même avec les « objets de plaisir ». Vous voyez un objet et un attachement pour lui se développe. Vous voulez l'acquérir, d'une façon ou d'une autre : vous travaillez dur et gagnez suffisamment d'argent pour pouvoir vous l'offrir. Mais au dernier moment, l'argent que vous avez eu tant de mal à gagner est dérobé par un voleur. La déception et la colère surgissent car vous n'avez pu satisfaire votre désir, qui a été entravé. Vous n'avez pu vous procurer l'objet auquel vous étiez déjà attaché. Vous vous mettez en colère contre votre femme, vos enfants, et tous ceux que vous rencontrez. Encore une fois, votre paix a disparu. Ainsi cette paix va et vient, sans jamais rester avec vous. Pourquoi ? À cause de l'attraction et de la répulsion. Par conséquent, essayez de rester détachés, gardez suffisamment de distance entre votre mental et les choses qui voudraient s'y précipiter.

Quelle que soit votre souffrance, prenez refuge en Dieu. Dites-Lui : « Ô Seigneur ! Quelqu'un m'a réprimandé sans raison ; je suis très triste. » N'en parlez à personne d'autre. Dites plutôt à Dieu : « Ô Seigneur, est-ce le fait d'une erreur que j'ai commise ? » ou « Seigneur, est-ce Toi qui l'a fait agir de la sorte ? S'il en est ainsi, je n'ai pas de problème car je ne peux me mettre en colère que si je suis attaché, n'est-ce pas ? Non, je ne le suis pas. Je n'éprouve aucun attachement pour les pensées et les paroles des autres. Tu es la véritable nature de mon Soi. Lorsque j'entre en relation avec d'autres personnes, je dois dépendre uniquement de Toi et non des autres, n'est-ce pas ? »

Est-ce que nous nous retournons pour aboyer après un chien qui aboie contre nous sur le bord de la route ? Non, bien sûr. Si nous le faisions, nous serions alors comme ce chien, n'est-ce pas ? Nous avons notre propre monde, avec une culture et un comportement qui conviennent à des êtres humains. De la même façon, chaque chose, chaque personne a sa nature propre. Nous émettons une très haute opinion à propos d'une chose ou d'une personne avant de l'avoir correctement examinée. Ensuite, nous déclarons : « Hélas ! Je suis ruiné. Je n'aurais pas dû acheter cela ! » ou « Diable ! Il s'est conduit de manière si odieuse ! » Nous avions nous-mêmes donné à cet objet ou à cette personne un « certificat », une appréciation très favorable, et par la suite nous découvrons avec regret sa véritable nature. Le résultat est que nous finissons par haïr ou condamner ce qui avait tout d'abord provoqué notre admiration. Suivons notre chemin, en acceptant les autres et en considérant comme qu'ils ont leur propre nature, sans leur demander d'être différents. Ne vous arrêtez pas en cours de route pour mettre en question ou critiquer leur conduite. Nous sommes encore plus un chien qu'un vrai chien si nous nous retournons pour questionner sans comprendre la véritable nature des choses. »

Question : « Mais c'est difficile. Comment peut-on faire pour ne rien dire ? »

Amma : Ceux qui sont déterminés à atteindre le but (*lakshya bodha*) restent silencieux. Ils sont toujours en alerte et vigilants. Certains étudiants continuent à étudier même dans un bus. Ils ne jouent pas au football et ne vont pas au cinéma. On ne les voit pas en train de gaspiller leur temps à bavarder ou faire des commérages. Quand ils se couchent, ils mettent le réveil à sonner avant de s'endormir ; ils se réveillent tôt le matin et étudient leurs leçons. Un *sadhak* n'a besoin que du millième du zèle et de la concentration d'un étudiant travaillant pour obtenir le premier rang de sa classe pour être sauvé.

Nous faisons de gros efforts pendant dix ou vingt ans rien que pour obtenir ensuite un emploi. Deux ans à la maternelle, dix ou douze à l'école, encore cinq ans à l'université et après cela quelques mois ou même quelques années à la recherche d'un emploi qui corresponde à notre niveau d'éducation. Nous notre temps et nos efforts aux études et à la recherche d'un emploi, et pourtant les chances d'obtenir un travail intéressant sont faibles. Utilisez la centième fraction de ce temps pour Dieu et le monde entier tombera à vos pieds. Oui, c'est possible grâce à la concentration du mental.

Mes enfants, la concentration d'un mental dépourvu d'ego est le pont qui mène à Dieu. Le *samsara* (l'océan de la transmigration) est un vaste océan. Ses vagues (*les vasanas*) sont énormes, gigantesques. Le pont de la concentration est le seul moyen de traverser cet océan. Et ce n'est qu'en posant le pied sur le pont et en le traversant que l'on atteint Dieu. Il n'y a pas de pont extérieur pour parvenir jusqu'à Dieu. Il faut construire soi-même un pont intérieur de concentration et le traverser. C'est la grâce de Dieu, ou celle du guru, qui nous soutient toujours et nous empêche de tomber pendant cette traversée « transocéanique ».

Comment Hanuman (*le Dieu-singe, dévoué serviteur du Seigneur Sri Rama*) a-t-il construit le pont ? Hanuman a atteint l'autre rive grâce à sa résolution mentale. Si l'ego se met en avant pendant qu'on traverse, le pont s'effondre. Le chemin vers Dieu est la concentration qui s'éveille dans un état sans ego. Il ne s'agit pas d'un pont fait de pierres, de briques et de ciment. L'amour sans tache, désintéressé et pur, est le pont qui mène à Dieu. Si l'ego intervient, soyez sur vos gardes : vous allez tomber. »

La concentration et l'amour

Question : « Amma, tu as dit que la concentration était le pont. Tu as dit aussi que l'amour était le pont. Lequel des deux est correct ? »

Amma : « Les deux. La concentration et l'amour sont un, comme les deux côtés d'une pièce de monnaie. L'amour doit être présent. Il est impossible de les concevoir séparément. Ils sont indissociables, comme la longueur et la largeur d'un objet.

Quand nous aimons quelque chose, un flot incessant et ininterrompu de pensées s'écoule vers cet objet. Les pensées ne concernent que cet objet. Donc pour aimer vraiment, nous avons besoin de concentration, et pour nous concentrer vraiment, nous avons besoin d'aimer cet objet, quel qu'il soit. L'un ne peut exister sans l'autre. Un savant qui fait des expériences dans son laboratoire a besoin de beaucoup de concentration. D'où lui vient-elle ? De l'intérêt intense et profond qu'il porte à son sujet. D'où vient cet intérêt profond ? Il est le résultat de l'amour intense porté au sujet ou au domaine particulier de son étude. Inversement, si nous nous concentrons intensément sur un sujet donné, l'amour pour lui se développe.

Au-delà du goût, nous faisons l'expérience de l'absence de goût. Qu'est-ce qui nous fait sentir ce goût et cette absence de goût ? Ces impressions sont créées par nos propres actions. Nous les ressentons à cause de nos *vasanas* héritées de notre père et de nos aïeux. Nous tournons le dos à la quête de la béatitude spirituelle éternelle lorsque nous courons après les plaisirs du monde. Ayant abandonné le pudding sucré, nous nous précipitons sur la fiente de corbeau. Le souvenir de Dieu et la répétition du *mantra* sont nécessaires pour échapper à l'esclavage des plaisirs matériels. Quand nous marchons, essayons de réciter le *mantra* une fois à chaque pas, le répétant ainsi indéfiniment, pas après pas. De cette façon, tout en marchant, nous nous souvenons de Dieu en récitant Son Nom sacré.

Répétez votre *mantra* même dans votre lit. Serrant l'oreiller contre vous, imaginez qu'il s'agit de Dieu. Ayez la foi et la conviction fermes que Dieu est toujours avec vous et qu'Il vous apparaîtra certainement si vous L'appelez avec un intense désir de Le voir. Essayez de ne pas commettre de faute et de ne vous mettre en colère contre personne. Dès que vous vous levez le matin, pensez à Dieu et priez : « Ô mental, tu dois te diriger uniquement vers le bon chemin. Tourne-toi vers le monde de Dieu. Ne regarde pas dans la direction du plan empirique. »

Prosternez-vous devant toute chose et devant tout être

Amma continua :
« Mes enfants, prenez l'habitude de vous prosterner devant toute chose et devant tout être. Gardez l'assiette en face de vous et prosternez-vous devant elle après votre repas. La tendance à se prosterner devant toute chose à tout moment doit se développer. De cette façon s'éveillera la conscience de « la raison pour laquelle je fais cela ». Nous nous façonnons ainsi un bon caractère. Prosternez-vous devant les vêtements que vous allez porter. Inclinez-vous devant l'eau avec laquelle vous allez prendre une douche. Dans ces occasions où vous vous prosternez, ayez la pure résolution de voir la même conscience en toute chose, avec ou sans forme. Ce faisant, vous vous souviendrez de Dieu. Quand vous prenez une douche, imaginez que vous le faites avec le Seigneur. Même dans les toilettes, imaginez que vous Lui parlez. Ne gaspillez pas votre temps. Faites-le, tout simplement. Le souvenir constant de Dieu, quel que soit le moment et le lieu, c'est la véritable dévotion. Si vous prenez l'habitude d'agir ainsi, Il viendra : Il *doit* venir. Dieu viendra et jouera avec vous. Imaginez que vous Lui parlez quand vous êtes engagé dans une action, quelle qu'elle soit.

Ainsi, à mesure que s'affermissent votre imagination et votre résolution, vous sentirez peu à peu Sa présence, en vous-même et en dehors. La présence vaguement ressentie au début culminera en temps voulu en une expérience constante, grâce à votre pratique ininterrompue. »

Question : « Amma, que signifie l'expression : « Dieu est le serviteur de tous ? »

Amma : « Il n'est pas le Serviteur des orgueilleux mais celui des humbles. L'humilité est la nature de Dieu. Il est le Serviteur de tous. En fait, Il est le Serviteur universel. Mais il est un peu difficile d'attraper ce Serviteur. Pour L'attraper, il faut éconduire les nombreux maîtres que sont le désir, la cupidité, la colère et les autres tendances négatives dont vous êtes à présent l'esclave. Ce grand Serviteur, le Seigneur, n'aime servir qu'un seul maître et sera un grand maître celui qui remportera la victoire sur tous ces demi-maîtres. De celui-là, le Seigneur se fera le Serviteur.

De nos jours, tout le monde veut devenir un chef. Personne ne veut être un serviteur. En vérité, le monde a grand besoin de serviteurs et non de chefs. Un vrai serviteur est un vrai chef. Un vrai chef est celui qui sert les gens sans ego et sans désir égoïste. En effet, la grandeur n'est pas dans l'habit, pas plus que la noblesse dans l'acquisition de richesses. La grandeur véritable réside dans l'humilité et la simplicité.

L'amitié de Dieu, le Serviteur, ne peut être obtenue que quand l'ego et la vanité ont disparu. À présent, nous nous comportons avec la fierté d'un capitaine. Notre attitude devrait devenir celle d'un serviteur, celle d'une humilité à toute épreuve. Extirpons l'ego, et Dieu accourra vers nous. Il n'y a pas d'autre moyen pour L'atteindre. L'agonie causée par l'intense désir de voir Dieu n'est pas une souffrance : c'est la béatitude. L'état auquel nous parvenons en appelant Dieu et en pleurant vers Lui est comparable à la béatitude dont le *yogi* fait l'expérience en *samadhi*. Certains diront que de pleurer pour Dieu est une faiblesse mentale. Laissez-les dire. Pleurer pour Dieu, c'est obtenir ce qu'il y a de plus élevé. En tous cas, ces pleurs sont bien supérieurs à ceux versés pour les plaisirs insignifiants et fugitifs du monde. La joie que nous procurent les objets du monde ne dure que quelques secondes, alors que le bonheur qui nous vient de Dieu et du souvenir de Lui dure à jamais. Cette « faiblesse »-là suffit. »

Amma est un exemple vivant du Serviteur pour tous ceux qui viennent à elle. Établie pour toujours dans la Vérité, elle vient vivre parmi nous, sur le plan physique, afin de nous guider dans notre croissance spirituelle. Il Lui est parfois difficile, cependant, de se maintenir dans ce plan inférieur d'existence.

Elle entra soudain dans un état d'extase. Sa main droite forma d'elle-même un *mudra* divin. Tout en faisant tourner en l'air les doigts de sa main droite, Amma prononça son mantra favori : « Shiva... Shiva... » Elle resta encore assise, immobile, pendant quelque temps. Les dévots gardaient les yeux rivés sur elle et attendaient en silence qu'elle regagne le plan habituel de conscience.

Une dévote commença à chanter le Sri Lalitambike :

Ô Mère, sans doute cette âme a-t-elle traversé
Plusieurs centaines d'autres corps
Avant de s'incarner maintenant.
Cette fois-ci, par Ta Grâce,
J'ai une forme humaine.
Ô Mère, laisse-moi offrir
À Tes Pieds de Lotus Sacrés
Cette naissance humaine qu'il est très rare d'obtenir.

Amma prononça encore une fois le mantra divin : « Shiva... Shiva...» et ouvrit lentement les yeux.

La dévotion, le commencement et la fin

Un dévot : « Amma, certains prétendent que la dévotion est seulement le premier pas. Qu'en dis-tu ? »

Amma : « Mon fils, les gros livres savants ne sont-ils pas écrits avec le même alphabet que nous utilisions quand nous commencions à apprendre à écrire ? Sans connaître les voyelles, comment peut-on apprendre les consonnes ? (En malayalam, les enfants apprennent d'abord les voyelles, puis les consonnes.) Comment peut-on écrire de gros livres savants si on n'a pas appris « *ka, kha* » (les premières consonnes de l'alphabet malayalam) ? Toutes les grandes œuvres utilisent ces consonnes, « *ka, kha* ». Ces lettres sont importantes si nous voulons écrire. L'alphabet est la base de l'écriture. Un bâtiment construit sans fondations solides s'écroule. Celles-ci sont nécessaires jusqu'à la fin, même après avoir atteint Cela. Sans alphabet, il est impossible d'écrire. C'est la même chose dans la spiritualité. La dévotion n'est pas une faiblesse mentale, elle n'est pas non plus seulement le premier pas, mais en quelque sorte le support pour atteindre le but. La victoire est à nous si nous sommes imprégnés de *bhakti*. Elle est à la fois le commencement et la fin. »

La gloire des temples

Question : « Amma, est-il nécessaire d'aller dans les temples et d'y donner de l'argent ? »

Amma : « Mes enfants, les êtres humains vivent sur le plan physique. Ils n'ont pas le temps de concentrer et d'unifier leurs pensées. Ils sont toujours agités. Il y a forcément des problèmes dans un village qui ne compte pas au moins un temple. On dit qu'il ne faut pas passer la nuit dans un village où il n'y a pas de temple. À cause du manque de foi et de crainte en un Pouvoir suprême ou en un Gouverneur, les habitants d'un village sans temple font des choses nuisibles. Là où existe un temple, les gens y prennent refuge. Les prières concentrées et l'adoration qu'on y pratique créent un sentiment de divinité et de paix dans l'atmosphère du village. Le pouvoir de la concentration reste toujours présent. En retour, les villageois trouvent eux-mêmes la paix et la tranquillité. Tout cela a été mis en place par les *rishis* (voyants, sages) avec beaucoup de prévoyance. Encore une fois, Mes enfants, à cause du manque de soumission et d'obéissance à un principe supérieur, le chaos et la confusion règnent sans cesse dans un village sans temple.

Nous allumons des lampes dans les temples et y faisons éclater des pétards pendant les festivals. Toutes ces choses ont leurs avantages, ne dites pas que ces rites sont superflus. Que les êtres humains offrent au moins dix *paise* (environ 30 centimes) au temple au nom de Dieu afin de ne pas dépenser toute leur richesse à manger et à excréter comme des animaux. Combien d'argent gaspillons-nous en cinéma et autres choses futiles ?

Les gens pensent que c'est une honte d'aller au temple. « Ne leur donnez aucun argent. Si nous disons quelque chose à l'intérieur d'un temple, Dieu l'entend-Il ? » Telles sont les questions qu'ils posent. Et alors ? La société a dégénéré à cause de cette absence de foi et de cette arrogance. Ceci se reflète dans toute notre vie.

Mes enfants, Dieu n'a pas besoin d'argent. Toute la richesse de ce monde Lui appartient. Que pourrions-nous Lui donner ?

Nous sommes toujours égoïstes. Que se passera-t-il si nous essayons d'enseigner au monde avant d'avoir nous-mêmes appris ? Mes enfants, si nous ne sommes pas capables de faire face aux problèmes de la vie, n'allons-nous pas devenir faibles et instables ? Nous pouvons au moins diminuer un peu notre égoïsme en allant au temple pour offrir et dédier nos attachements à un principe plus élevé.

L'atmosphère se purifie quand nous brûlons du camphre, allumons des lampes à huile ou autres actes semblables. La forme extérieure de l'adoration est aussi utile à cela. En même temps, ce que Dieu préfère est *manasa puja* (adoration mentale). Parmi ceux qui viennent à l'ashram, nombreux sont ceux qui pratiquent l'adoration mentale chez eux.

Nous obtenons davantage de concentration en pratiquant l'adoration mentale que dans la forme extérieure d'adoration. En réalité, notre propre cœur est le temple, mais nous n'en avons pas encore pris conscience. C'est pourquoi nous avons besoin d'un temple extérieur, pour nous souvenir du temple intérieur. »

Question : « Amma, est-il nécessaire d'adorer les arbres, les serpents et autres choses de ce genre ? »

Amma : « Tout, dans la création de Dieu, a une raison d'être. Toute chose a son utilité, que ce soit un chien, un chat ou une poule. Qu'il s'agisse d'un animal ou d'une plante, il y a une intention qui préside à sa création. Ce qui n'a pas d'utilité pour les êtres humains en a pour d'autres créatures. L'harmonie de la Nature dépend de toutes les choses créées. Prenez par exemple les changements climatiques qui se sont maintenant produits. Parce que nous avons inutilement coupé des arbres, nous ne recevons plus assez de pluie pendant les moussons. De plus, la température a augmenté, n'est-ce pas ? Ce sont les arbres qui purifient l'atmosphère, absorbant l'air impur exhalé par les êtres humains. Est-il mauvais de vénérer mentalement les choses qui nous sont bénéfiques ? Par exemple, certaines choses sont considérées sacrées, alors nous les honorons avec le respect nécessaire, c'est tout. Le Seigneur Krishna a dit à Arjuna : « Parmi les montagnes, je suis l'Himalaya, parmi les arbres, le grand pipal et parmi les animaux, le lion. » Quand tout est imprégné de Dieu, y a-t-il quelque chose qu'il ne faut pas vénérer ? »

Question : « Est-il juste de sacrifier des animaux pendant les rituels ? »

Amma (*riant*) : « Maintenant, ce sont ceux qui mangent de la viande et boivent tous les jours qui protestent contre les sacrifices d'animaux dans les rituels. Est-ce vraiment la non-violence qu'ils proclament ? Est-ce vraiment contre la tuerie qu'ils objectent ? Sont-ils vraiment sincères ? Ont-ils aucun amour, aucune compassion pour les animaux?

Le sacrifice véritable est le sacrifice de nos tendances animales. C'est cela qu'il faut offrir dans le feu de la connaissance. L'ayant mal interprété, les gens sacrifient des animaux.

On ne devrait pas tuer délibérément. Il n'y a pas de problème ou de conséquences si on peut le faire avec l'attitude : « Je ne tue pas. » Dans ce cas il n'y a pas de faute. La faute existe si on le fait avec la pleine conscience qu'on est en train de tuer. En d'autres termes, tout dépend du degré d'attachement et de détachement que nous avons au moment d'accomplir l'acte de tuer. Il est difficile pour un être humain ordinaire d'être détaché en faisant une telle action.

Les soldats tuent beaucoup de gens au cours d'une guerre, n'est-ce pas ? Pourtant ils ne commettent aucune faute car en le faisant, ils s'acquittent simplement de leur devoir. Ils l'accomplissent avec la pensée et la conscience que c'est pour le bien de la nation et du peuple. Par conséquent, ils ne sont pas coupables.

La faute ou l'absence de faute dépendent de la pureté de l'intention et du but que l'on veut atteindre. Pour accomplir de grandes choses, il faut en sacrifier de plus petites. Pour planter des tecks, nous détruisons de nombreuses petites plantes et herbes quand nous préparons et labourons le champ. Mais cela nous est indifférent. Sans pitié, nous arrachons ces plantes et les brûlons. Pourquoi ? Parce que du point de vue de la société, les tecks ont une valeur bien plus considérable et sont plus utiles. Par conséquent, nous accordons plus d'importance aux tecks et beaucoup moins aux autres plantes. Nous pensons qu'il s'agit d'une bonne cause, d'une cause supérieure. De la même manière, le renoncement à des choses de moindre importance est indispensable si l'on veut atteindre un but plus élevé.

Pour le simple plaisir du goût, pour apaiser leur faim, pour remplir leur ventre, les gens tuent chaque jour des milliers d'animaux. Quelle compassion ! Amma n'est pas en train de justifier ou de prendre le parti des sacrifices d'animaux. Quelle que soit la façon dont on le considère, il n'est pas bon de tuer des animaux au nom de la religion. Mais les gens qui protestent contre les sacrifices d'animaux devraient au moins s'abstenir d'en tuer et de manger de la viande pour donner l'exemple.

Il est tout à fait certain que l'atmosphère est purifiée si l'on accomplit des *homas* (rites, sacrifices). A certaines périodes, l'atmosphère et la Nature sont polluées et disharmonieuses. Il est dit que des *yagnas* (sacrifices) et *homas* doivent être effectués durant ces périodes. Ces sacrifices contribueront à remettre la Nature sur le bon chemin et à purifier l'atmosphère. Le devoir des êtres humains est de servir la Nature et d'en prendre soin et à son tour, elle nous fournira tout ce dont nous avons besoin.

Foi et sadhana

Amma se leva et se dirigea vers la cuisine. Les visites d'Amma à la cuisine étaient toujours inattendues. Quelquefois, les *brahmacharinis* et les dévotes responsables de la cuisine et autres tâches ménagères ne prenaient pas la peine de bien ranger les ustensiles ou les divers ingrédients, comme les épices. Aujourd'hui était un de ces jours de visite impromptue d'Amma. Elle entra dans la cuisine à l'improviste et trouva sur une étagère du riz enveloppé dans du papier journal. La *brahmacharini* qui avait préparé le déjeuner avait posé le riz sur le journal par inadvertance, oubliant de le remettre dans le sac de riz après avoir versé la quantité voulue dans la marmite. Amma la fit immédiatement venir et dit :

Amma : « Est-ce là la façon de faire les choses ? Ce sont l'attention et la discipline extérieures qui conduisent à la vigilance intérieure. Un chercheur spirituel devrait apprendre à faire les choses d'une façon ordonnée. A présent, le mental est en complet désordre. Il faut tout d'abord regagner et rétablir l'ordre et l'harmonie perdus de notre mental. Une fois cela rétabli, le mental devient un canal pour la contemplation du Suprême. Pour atteindre cette harmonie intérieure, il faut commencer par l'ordre et la propreté extérieurs.

Mes enfants, ne considérez rien comme insignifiant ou sans importance. Même une aiguille a sa place. Développons la vision appropriée et un mental capable de mettre chaque objet là où il doit être. Ni une place plus élevée, ni une place plus basse ne devrait lui être assignée. Voilà l'attitude d'un vrai chercheur. La négligence et l'étourderie ne sont pas des attributs qui conviennent à un aspirant spirituel. »

Amma prit alors elle-même le riz de l'étagère et le remit dans le sac. Elle jeta encore un regard à la ronde, puis sortit de la cuisine.

C'était l'heure des *bhajans* du soir et Amma se dirigea vers le porche du temple où ils avaient lieu. Elle gagna sa place et les chants commencèrent quelques instants plus tard. Amma chanta

Shiva Shiva Hara Hara

Ô Toi le dieu propice,
Toi le Destructeur dont le pagne est fait de nuages,
Toi le Magnifique jouant du damaru (petit tambour),
Toi qui tiens le trident dans Tes mains,
Qui accordes l'intrépidité et exauces les vœux,
Toi qui portes la cendre sur Tes membres

Et as les cheveux emmêlés,
Tu portes le croissant de lune sur Ton front,
Tes yeux sont emplis de compassion,
Toi qui portes des serpents comme guirlande,
Un collier de crânes autour du cou,
Ô Toi le Bénéfique, le Grand Dieu.

Les dévots, répondant à Amma qui conduisait le *bhajan*, étaient profondément inspirés par la mélodie puissante de ce chant dédié au Seigneur Shiva, personnification de la Conscience suprême. Suivit l'air obsédant de *Kasturi tilakam*, ce qui les enchanta particulièrement car les dévots identifient souvent leur dévotion pour Amma à celle des *gopis* (laitières) pour le Seigneur Krishna.

Kasturi Tilakam

Krishna met sur son front la marque vermillon,
Et porte sur sa poitrine la gemme Kaustubha.
La main de Krishna est ornée d'un anneau de perle,
Avec autour de Ses poignets des bracelets.

Il tient une flûte dans ses mains,
La pâte de santal orne tous ses membres,
Et un collier de perles est accroché autour de son cou.
Victoire à Krishna,
Qui est entouré des laitières,
Et est le plus beau des pâtres !

Concernant les chants dévotionnels, Amma dit : « Quand des Êtres réalisés chantent, ils émettent une quantité d'énergie considérable. Ils font oublier aux gens le monde et les liens matériels. Leur simple présence remplit les cœurs d'amour et de dévotion pour Dieu. La paix et la tranquillité remplacent l'agitation et les autres tendances négatives. La concentration vient spontanément, sans effort. Même si les gens n'essayent pas consciemment d'acquérir l'énergie spirituelle, ils l'obtiennent du fait de cette présence. Par exemple, supposons que nous visitions un endroit où l'on fabrique du parfum. Même si nous nous promenons, simplement, sans rien faire d'autre, nous sentirons encore l'odeur sur notre corps un fois rentrés chez nous. De même, la présence d'un *mahatma* (une grande âme) transmet de l'énergie spirituelle à ceux qui viennent à lui.

Ces paroles d'Amma décrivent ce que ressentent les dévots lorsqu'elle chante. Un spectateur verra des gens éclater en sanglots, ou glisser spontanément dans la méditation, savourant la félicité inconditionnelle de la dévotion suprême pendant qu'Amma chante.

Les *bhajans* se poursuivirent jusqu'à huit heures et demie. Après l'*arati* (où l'on fait tourner du camphre enflammé devant la divinité pour conclure l'adoration), les *brahmacharis* allèrent méditer dans la salle de méditation. Amma se promena quelques temps dans la cocoteraie. Elle était en extase à la fin des *bhajans* et désirait peut-être rester seule. Ayant baigné un moment dans la félicité de son propre plan de conscience, Amma revint et s'assit sur le sable du côté sud du temple. Quelqu'un essaya d'étendre une natte pour qu'elle puisse s'asseoir, mais elle déclara en souriant : « Une natte ! Pour cette folle de Kali qui se couchait dans la boue et la poussière. Étendez la natte pour vous-mêmes, mes enfants. »

À ce moment, quelques dévots assis çà et là s'approchèrent d'Amma. L'un d'eux demanda :

Question : « Amma, un dévot a dit que la *sadhana* n'est pas très importante et qu'il suffit d'avoir foi en Amma. »

Amma : « Mon fils, une personne qui a foi en Amma accomplit sa *sadhana* selon les instructions d'Amma. Une telle personne vit sans commettre la moindre erreur. Votre maladie va-t-elle guérir si vous avez foi en votre médecin mais ne prenez pas de médicament ? Non seulement cela, mais la foi ne gagnera en force et en stabilité que si la *sadhana* conduit à l'expérience. Sinon, la foi laissera la place au doute. Vous ne pouvez pas faire de progrès sans *sadhana*. Même des *jivanmuktas* (ceux qui ont atteint la libération tout en restant dans un corps) pratiquent la méditation et le *japa* (répétition du mantra) pour montrer l'exemple. Il ne verra en lui aucun progrès, celui qui reste assis simplement, disant: «La foi me sauvera», sans rien faire d'autre. L'obéissance absolue, c'est ce que l'on entend par foi et dévotion. Quoi que dise le guru, il faut obéir inconditionnellement. Ne posez aucune question. Ne doutez pas du guru. Obéissez au guru sans réserve, quoi qu'il dise, qu'il s'agisse de servir le guru, de servir la société, de faire *japa*, *dhyana* (méditation), ou n'importe quoi d'autre. Le *satguru* donne à chacun les instructions qui lui conviennent.

14 mars 1984

Kanvashrama

Kanvashrama est un très beau terrain, un ashram, dans un endroit appelé Varkala, près de Kollam. On raconte qu'un grand sage nommé Kanva y aurait pratiqué des austérités pendant longtemps, d'où le nom de Kanvashrama. On peut y ressentir une sainteté et une paix extraordinaires.

Le propriétaire de cet endroit est un dévot hollandais appelé De Reede, connu sous son nom spirituel, Hamsa. Très dévoué à Amma, Hamsa l'invite souvent. Comme c'est un endroit propice à la *sadhana*, Amma accepta d'y venir passer quelques jours avec ses enfants.

Amma décida de se rendre à Kanvashrama pour un voyage de trois jours à compter d'aujourd'hui, le 14 mars 1984, jusqu'au 17. Tout le monde se préparait à partir. Comme à l'accoutumée, on emportait tout le nécessaire pour passer les trois jours à Kan-vashrama, y compris les réserves de nourriture et les ustensiles de cuisine. C'est ainsi qu'on procédait chaque fois qu'Amma se rendait là-bas. Les *brahmacharis* devaient préparer eux-mêmes leur repas. De plus, Amma ne leur permettait pas de prendre leur nourriture ou leur boisson dans des cafés ou des restaurants. **Amma** : « Au début, un *sadhak* ne doit rien consommer dans les cafés ou les restaurants. En se servant de chaque ingrédient, la seule pensée du commerçant est de faire davantage de profit. Lorsqu'il prépare le thé, il pense : « Est-il nécessaire de mettre autant de feuilles de thé? Faut-il vraiment tout ce lait? Pourquoi ne pas réduire la quantité de sucre?» Ainsi il ne pense qu'à dimi-nuer les quantités utilisées afin d'augmenter ses bénéfices. Les vibrations de ces pensées affectent le *sadhak*.

Il y avait un *sannyasi* (renonçant) qui n'était pas du tout inté-ressé par la lecture des journaux. Un jour, un intense désir de lire le journal surgit en lui. Il commença alors à rêver de journaux et de nouvelles. Après enquête, on découvrit que son serviteur lisait le journal pendant qu'il préparait les repas. Son attention se por-tait non pas sur ce qu'il cuisinait mais sur la lecture du journal. Les vibrations des pensées du cuisinier affectaient le *sannyasi*. »

Le minibus qui devait conduire Amma et les *brahmacharis* à Kanvashrama arriva par la route nouvellement construite le long de la mer. Un par un, les *brahmacharis* s'y engouffrèrent, portant chacun un sac de toile sur l'épaule et un récipient ou quelque autre paquet dans les mains. Amma transportait elle aussi une grande marmite en aluminium. Bien que les dévots lui aient demandé de ne pas la porter, elle refusa de les écouter. Elle raconta: « Votre Amma portait de nombreux pots sur la tête, remplis de *kanji* (gruau de riz), sur de longues distances aller et retour. Amma a l'habitude. » Puis, comme un petit enfant, elle dit : « Je ne la donnerai à personne même si on me le demande. Elle est à moi. »

Le véhicule était plein. Il y avait près de vingt-cinq personnes. Amma prenait toujours grand soin d'emporter tout le nécessaire à chaque voyage. Lors de telles occasions, elle se comportait exactement comme une mère prenant soin de sa nombreuse famille, veillant aux besoins de chacun. Avant le départ du véhicule, Amma demanda: « Mes enfants, avez-vous emporté tout ce qu'il faut, comme Amma l'a demandé ? » « Oui, Amma », répondit Gayatri.

Vers treize heures, le minibus prit lentement la route en direction du sud, en longeant la mer. L'état d'esprit d'Amma changea une fois encore pour devenir celui d'un enfant innocent. Désignant du doigt les différents endroits et les choses variées qu'elle apercevait au bord de l'océan, Amma expliqua ce qu'ils étaient et comment elle les connaissait.

Parfois, elle regardait fixement la mer et restait assise en silence, comme un être perdu pour ce monde. Au bout de quelques minutes, Amma entonna d'une voix forte :

Sundarini vayo

S'il Te plaît, viens, Ô Toi la magnifique,
Parèdre de Shiva, je T'en prie, viens,
Ô l'auspicieuse, s'il Te plaît, viens,
Je T'en prie, viens, Ô Toi l'infinie.

Ô Vamakshi, Parèdre du Seigneur Shiva,
Ô Kamakshi, qui partout irradies Ta lumière,
Pour ceux qui Te considèrent
Comme leur proche parent, Tu leur appartiens.

Ô Mère, je T'en prie,
Demeure la source de mon inspiration.
Étant à la fois une et de multiples formes,
Tu es la lumière de l'Absolu.

Ne connais-Tu pas bien mon cœur ?
N'apparaîtras-Tu pas devant moi,
Même si je Te le demande ?

Amma paraissait vouloir chanter seule. Ses enfants ne reprirent donc pas le chant. Ils avaient l'impression qu'il n'aurait pas été approprié de mêler leurs voix à la sienne.

Des larmes de béatitude roulèrent le long des joues d'Amma et elle fut peu à peu transportée dans un autre monde. En observant sa forme radieuse, un professeur d'université murmura à l'oreille du *brahmachari* Balu : « Regarde-la ! Quelle personnalité merveilleuse et mystérieuse ! Quelques minutes plus tôt, elle était comme une enfant, et regarde-la maintenant ! Quelle vaste différence ! Tout est sa *lila* (son jeu). Nous autres êtres humains mortels ne pouvons pas comprendre de telles personnalités divines avec notre intellect limité, et par conséquent nous portons sur elles un jugement incorrect. Par sa grâce seule pouvons-nous la comprendre. Il n'y a pas d'autre moyen. L'effort humain ne peut nous emmener que jusqu'à un certain point ; au-delà, la grâce seule est la lumière et le véhicule qui vient à nous. » A ce moment précis, une phrase en anglais s'échappa accidentellement de la bouche d'un *brahmachari* instruit. Il disait : « Onze garçons fait une équipe de football. (*Eleven boys makes a football team.*) » A peine eut-il fini sa phrase qu'Amma dit : « Ce devrait être « garçons font (*boys make*). » Les *brahmacharis* et les dévots se regardèrent les uns les autres avec stupéfaction. Extérieurement, Amma n'a étudié que jusqu'au niveau du cours moyen. Mais les occasions ne sont pas rares où elle dévoile un peu de son omniscience. Le fait qu'Amma observe attentivement les erreurs même les plus minimes et en apparence insignifiantes de ses enfants est tout à fait évident à en juger par cet incident.

Un jour, en 1982, un dévot d'Occident vint rendre visite à Amma. Il s'appelait Ralph M. Dickson. Cet Américain devint un dévot fervent d'Amma dès la première rencontre. Il voulait éclaircir quelques-uns de ses doutes en posant des questions pendant le Dévi *bhava*. Mais malheureusement, lorsqu'il arriva près d'Amma, aucun interprète ne se trouvait auprès d'elle. Pourtant, grâce à sa foi et à son enthousiasme, Ralph présenta à Amma les questions qu'il voulait lui poser. Plus tard, au cours d'une conversation avec Nealu, Ralph s'exclama : « J'ai entendu dire qu'Amma avait arrêté ses études après le cours moyen et qu'elle ne parlait pas du tout l'anglais, mais elle m'a parlé en anglais ! Je n'ai eu aucun problème pour parler avec elle. Elle a compris tout ce que je disais, et inversement. » Lorsque nous interrogeâmes Amma à ce sujet, elle répondit : « Cela s'est produit à cause de la foi et de la dévotion de ce fils. »

Le minibus continuait son voyage sur la belle route le long de l'océan. Tout à coup, Amma dit d'une voix forte : « Oh ! J'ai soif ! Donnez-moi du thé ! » Elle ressemblait à un nourrisson qui pleure pour avoir son lait. Le véhicule s'arrêta devant un petit café. Amma déclara calmement : « Ceux qui veulent du thé peuvent en boire maintenant. » Presque tous les dévots chefs de famille prirent du thé ou du café ; quelques *brahmacharis* en burent également. Mais lorsque quelqu'un apporta un verre à Amma, elle dit : « Amma n'a pas soif maintenant. Amma n'en veut pas. » Elle en prit cependant un peu, puis le minibus repartit.

Amma et son groupe arrivèrent à Kanvashrama à quinze heures. L'atmosphère et les alentours donnaient l'impression d'un ancien ermitage où des saints et des sages d'autrefois avec leurs disciples s'étaient soumis à de sévères austérités. Le terrain s'étendait sur une large superficie et comprenait une forêt pleine d'anacardiers et de divers autres sortes d'arbres, de buissons, de plantes et de lianes. Il y avait plusieurs collines, grandes et petites, sur cette terre isolée. En contrebas, à la pointe sud du terrain, se trouvait un bel étang avec, à l'Est, une forêt dense grouillante de serpents venimeux et de chacals. Vers le Sud s'étendaient des rizières. Ici et là, au milieu des arbres et des buissons, on pouvait voir de petits ermitages, simples, construits en bambou et feuilles de cocotiers. Ils étaient destinés aux aspirants spirituels désirant suivre une intense *sadhana*. Amma conseillait parfois à l'un de ses enfants d'aller faire sa *sadhana* dans un des ermitages.

Comme Hamsa était en voyage, tous les habitants de l'ashram avec Markus à leur tête — un dévot allemand responsable en son absence— vinrent accueillir Amma à l'entrée. Après être allés au temple, Amma et tous les dévots se réunirent sous une tente en feuilles de cocotiers ouverte sur les quatre côtés. Markus offrit tout d'abord à Amma un verre d'eau de noix de coco, puis les résidents de l'ashram vinrent la saluer. Elle but quelques gorgées et reposa le verre. « Comment vas-tu, Amma ? » demanda Markus. Avec un sourire, Amma répondit en anglais : « Bien, très bien. » (*Tout le monde rit joyeusement.*)

Markus : « Cela fait plaisir d'entendre Amma parler anglais. Si elle l'apprend rapidement, nous n'aurons plus besoin d'interprètes. Amma peut le faire, si elle le veut. Les Écritures disent que les *mahatmas* peuvent tout apprendre, s'ils le veulent, dans n'importe quel domaine. N'en est-il pas ainsi, Amma ? »

Amma : « C'est juste. Ils n'ont qu'à se concentrer sur un sujet ou un objet particulier pour en comprendre et en assimiler l'essence. Toute connaissance se trouve sous le contrôle d'une telle personne. Un roi a toutes les richesses de son pays et les sujets sont sous son contrôle. Il n'a qu'à claquer des doigts, et ce qu'il désire arrive devant lui. Mais un roi bon et sage n'abuse jamais de son pouvoir. Il ne s'en sert que lorsque les circonstances l'exigent. De la même façon, les *mahatmas*, établis dans l'état suprême de la pure Conscience, sont les empereurs de l'univers. Tout est à leurs ordres et leur regard suffit pour faire agir les autres suivant leur désir et leur volonté. Mais comme celles d'un roi juste et sage, leurs actions ne vont jamais à l'encontre des lois préétablies de la nature, à moins que ce soit une nécessité absolue. »

Un brahmachari : « Amma, pourquoi certains endroits ont-ils une vibration spéciale, tandis que d'autres en ont une étrange et différente ? »

Amma : « Les pensées, les paroles et les actions de chaque personne jouent un rôle important dans les différences de vibrations. Les lieux où existe une vibration agréable et spirituelle sont des endroits où un *sadhak* sincère, un saint ou une personne ayant accompli de nombreuses actions bonnes et désintéressées a sans doute vécu. Par exemple, quand vous visitez certaines maisons, vous avez une impression très positive de l'atmosphère qui y règne et aussi des membres de la famille, dès votre première visite. C'est le résultat de l'état d'esprit des membres de cette famille et des pratiques dévotionnelles et autres bonnes actions qu'ils accomplissent. Par contre dans d'autres maisons, nous ressentons une vibration tout à fait différente. Nous éprouvons même peut-être le besoin de quitter cette maison au plus vite. Cela vient également des vibrations des pensées des gens qui y vivent. Cette différence peut se faire sentir non seulement à cause des gens qui habitent là actuellement, mais aussi de ceux qui y ont vécu il y a très longtemps. L'intensité des vibrations et le temps pendant lequel elles subsistent dans un endroit ou dans une maison varie en fonction de l'intensité des pensées et des actions accomplies des gens qui y ont vécu ou qui ont été associés avec cet endroit. C'est là le secret qui explique la sensation d'un besoin de méditer et d'une présence divine dans des lieux où un *mahatma* est entré en *mahasamadhi* (où une grande âme a quitté son corps.)

Les vibrations d'un bureau sont totalement différentes de celles d'une maison, celles d'un marché de celles d'un bureau, et celles d'un temple ou d'un ashram diffèrent complètement de celles de tous les autres endroits. Tandis que l'atmosphère d'un marché ou d'un débit de boissons nous plonge dans la confusion, le chaos et la tension, l'atmosphère d'un temple nous apporte la paix, la sérénité et le calme. Les vibrations d'un temple nous élèvent et sont plus réconfortantes et paisibles que celles d'un bureau, d'une maison ou d'un débit de boissons. Pourquoi ? Tout simplement à cause des pensées pures et de l'attitude intérieure des gens qui vont dans ces lieux. »

Le bonheur de chanter des bhajans

Amma se leva et, après être sortie de la hutte, elle appela à voix haute : « Shiva... Eh ! Shiva ! » en levant les mains et regardant vers le ciel. Elle se dirigea vers sa chambre près de la hutte. Les *brahmacharis* et les dévots prirent leur lait chaud coupé d'eau et se reposèrent quelque temps. Il était cinq heures du soir.

Des *bhajans* avaient été prévus dans le célèbre temple Janardanaswami à Varkala, à dix-neuf heures trente, avant un spectacle de danse traditionnelle. Après un bain rafraîchissant dans les eaux froides et revigorantes de l'étang en contrebas du terrain, chacun médita pendant une heure dans l'atmosphère calme et sereine de l'ashram. Certains méditèrent sur les bords du Vishnu Tirtha, un étang aux eaux peu profondes, que l'on considérait comme sacré. D'autres étaient allés s'asseoir sous les arbres. Quelques-uns méditaient de l'autre côté de l'étang, près de la forêt.

À dix-neuf heures quinze, tous se dirigèrent vers le temple où ils arrivèrent quelques minutes avant dix-neuf heures trente. Amma était venue, mais elle resta dans la voiture, garée à cinq cents mètres du temple. Gayatri, un *brahmachari* et un couple de dévots d'Amma venant de la même ville restaient avec elle. Comme la mise en place de l'estrade n'avait pas été terminée à temps, les *bhajans* ne commencèrent qu'à vingt heures. Selon l'affiche du programme, les résidents de l'ashram devaient chanter pendant deux heures. Il était maintenant vingt-deux heures et le groupe de danseurs voulait commencer son spectacle sans plus tarder. Ils demandèrent aux *brahmacharis* d'arrêter leurs chants. Les *bhajans* touchaient d'ailleurs à leur fin, mais l'assistance commença à s'agiter ; certains se levèrent et crièrent : « Nous voulons entendre davantage de *bhajans*. Continuez les *bhajans*. Pas de danse ! » Certains s'énervèrent même et scandèrent des slogans : « Troupe de danse, partez ! Nous voulons seulement entendre des bhajans. » Les danseurs se retirèrent sans bruit de l'estrade et se cachèrent dans une pièce jusqu'à la fin des chants.

Ce fut ce soir-là une scène étonnante et merveilleuse. Les milliers de personnes s'étaient au départ réunies dans le temple pour jouir du spectacle de danse ; elles avaient d'abord réagi par de l'irritation quand on avait annoncé les *bhajans* du Mata Amritanandamayi Math. Mais maintenant, cette même foule ne voulait pas que les *bhajans* s'arrêtent. Ce jour-là, les gens firent vraiment l'expérience de la béatitude du Nom divin,. Quel facteur autre que la grâce du guru peut opérer une telle transformation dans l'esprit des gens ?

Après que tout le monde eut regagné Kanvashrama, Amma raconta :

Amma : « Quand Amma a entendu le tumulte, elle a cru que les gens protestaient contre ses enfants parce qu'ils chantaient trop longtemps. Mais l'instant d'après, Amma a été rassurée, pensant que cela ne pouvait se produire puisque les chants dévotionnels sont la musique spontanée de l'âme. Personne ne peut résister à la force d'inspiration qui pénètre dans le cœur lorsqu'on chante avec concentration et dévotion. C'est cette attraction naturelle qui a été prouvée aujourd'hui.

Il était presque minuit quand Amma se retira dans sa chambre. Avant d'aller se coucher, les *brahmacharis* méditèrent encore un moment dans le profond silence de la nuit.

15 mars 1984

Les *brahmacharis* et les dévots se levèrent aux premières heures du jour et récitèrent comme d'habitude les Mille Noms de Dévi, puis s'adonnèrent à la méditation et aux autres pratiques matinales. L'aube à Kanvashrama était très belle. Sur les rives du Vishnu Tirtha, on pouvait voir le soleil se lever à l'Orient.

A sept heures, Amma arriva et s'assit sous le banian au sud du Vishnu Tirtha. Ses cheveux étaient rassemblés en chignon. Les rayons dorés du soleil levant se reflétaient sur son visage, en soulignant encore davantage la gloire et la splendeur, et le sourire de béatitude qui l'éclairait paraissait plus lumineux que le soleil. Fixé sur l'infini, son regard était intense et immobile, sans le moindre clignement de paupières.

Amma resta assise là longtemps. A neuf heures, elle était toujours assise sous le banian. Vers dix heures, quelques dévots s'approchèrent pour avoir son darshan. Ils se prosternèrent puis prirent place devant elle en demi-cercle.

Parmi les nouveaux venus se trouvait une jeune fille du nom de « Mademoiselle D. » (un nom fictif). Elle était venue avec son père et son oncle. Mademoiselle D. étudiait pour sa licence en Philosophie. Habitée d'un ardent désir de connaître Dieu, Mademoiselle D. était très attirée par Amma. Elle ne cessait de fixer des yeux le visage d'Amma, ne prêtant aucune attention à ce qui se passait autour d'elle. Se rendant compte de l'intensité de son aspiration, Amma remarqua : « Mademoiselle D. *mol* veut avaler Amma ! » (*mol* signifie fille en malayalam.) Sans la moindre trace de timidité, elle répondit : « Oui, si c'est possible ! » Amma rit aux éclats. Tout le monde se joignit au rire d'Amma, y compris le père et l'oncle de la jeune fille, bien qu'il y eut sur leur visage une légère trace de peur, en voyant et en entendant la forte inclination de leur fille pour la spiritualité. Ils craignaient qu'elle n'abandonne la vie dans le monde pour se consacrer à une vie spirituelle.

Amma reçut l'un après l'autre tous ceux qui venaient. Comme il était presque midi, Amma invita tout le monde à prendre le déjeuner. Les dévots prirent congé un par un, tandis qu'Amma quittait sa place et se dirigeait vers sa hutte. En hésitant, Mademoiselle D. partit elle aussi, avec son père et son oncle, après s'être prosternée devant Amma.

Répondant à l'invitation de la famille d'un dévot, Amma se rendit chez eux ce soir-là. Elle y chanta quelques *bhajans* et fit une *puja* dans la chambre de prière familiale. Après les chants et la *puja*, Amma, débordant de compassion et d'amour, échangea quelques mots avec chaque membre de la famille, y compris les serviteurs.

À vingt-deux heures, tout le monde était de retour. En arrivant à Kanvashrama, Amma dit : « Il est trop tôt pour qu'Amma aille se coucher. » C'était là une annonce inattendue. Les dévots n'étaient que trop heureux d'entendre qu'ils pouvaient encore passer quelque temps avec elle. Ils s'assirent tous autour d'Amma dans la hutte à côté de la sienne. Elle regarda chacun de leurs visages et sourit. Il y eut encore une pause. Amma dit : « Amma voulait simplement voir tous les visages de ses enfants. »

Un dévot chef de famille : « Quand le Brahmanda entier est en toi (l'univers avec chacun des objets qu'il contient), pourquoi veux-tu voir nos visages extérieurs ? »

Amma : « Pour votre satisfaction. Qu'allez-vous devenir si Amma reste assise en disant : « L'univers entier, avec chacun d'entre vous, est en Moi. Par conséquent, je ne veux pas vous voir extérieurement » ? Aucun de vous ne serait ici. Une personne possédant un sens du détachement très fort et une intense détermination à atteindre le but n'a peut-être pas besoin d'attention extérieure. Mais Amma sait que vous, mes enfants, en avez besoin. Vous y attachez beaucoup d'importance, n'est-ce pas ? Sachez qu'Amma fait toutes choses, quelles qu'elles soient, à dessein. Une caresse, un mot, un regard, un sourire ou une petite tape sur l'épaule suffit parfois à remplir de force, de courage et de paix le cœur et l'âme de ses enfants. A présent, la source de leur inspiration dépend entièrement de la présence physique d'Amma. En progressant spirituellement, vous pourrez la voir à l'intérieur. »

Puis Amma poursuivit :

« Mais parfois, cela lui fait mal de voir ses enfants agir sans discernement. (*D'un ton très sérieux*) Par exemple hier, sur la route pour venir ici, Amma a dit que ceux qui voulaient boire du thé pouvaient le faire. A part quelques-uns, tout le monde en a bu. En fait, Amma voulait tester votre discernement, mais la plupart d'entre vous ont échoué. Amma a ressenti un peu de peine en voyant ses enfants agir ainsi.

Mes enfants, pour tester la force mentale et le discernement du disciple, un guru peut lui demander beaucoup de choses, même des choses qui vont à l'encontre de la vie spirituelle. Quelquefois, le guru lui-même suscite la tentation ou crée les circonstances. Un disciple véritable discerne correctement ; il n'accepter que les choses dont il a besoin et rejette impitoyablement tout le reste. Les choses nécessaires sont les circonstances et les objets qui l'aident à progresser spirituellement. Son sens aigu du discernement lui permet de surmonter tous les obstacles qui se présentent sur son chemin. Accepter sans réserve les paroles et les actes du guru, lui obéir en mettant ses enseignements en pratique, voilà ce qui lui donne le plus de joie. Ceci est en vérité le *guru-dakshina* (don) le plus précieux que vous puissiez offrir au guru.

Vous avez développé toutes sortes d'habitudes, qui doivent disparaître. Il peut sembler difficile de les extirper sur une courte période ; pourtant vous devez tenter de vous en débarrasser avec détermination. Au minimum, il faut avoir la volonté de vous en défaire.

Les mauvaises habitudes constituent les obstacles principaux sur notre chemin. Nos propres actions en sont responsables. La pratique assidue d'actions vertueuses ou divines permettra de remplacer les habitudes anciennes, néfastes, par de nouvelles, bénéfiques. Cela exige une attention constante.

Le thé et le café contiennent des substances toxiques. Ils détruisent certains éléments qui contribuent à purifier les organes des sens. Ils éveillent les désirs sensuels. Ils sont aussi nocifs pour le corps. »

Les *brahmacharis* et les autres dévots qui faisaient partie du voyage et avaient pris du thé sur la route de Kanvashrama, se rendirent compte soudain de quelle façon habile et imprévisible Amma leur avait tendu ce piège. Se sentant coupables, ils gardèrent le silence.

Un autre dévot : « Amma pourquoi accordes-tu tant d'importance au contrôle de la nourriture ? »

Amma : « Mes enfants, le corps est fait de nourriture. Un mental pur avec des pensées pures ne s'éveille que dans un corps pur. Pour obtenir un corps pur, la nourriture doit être pure et *sattvique*. Le corps et le mental sont interdépendants. Tout ce qui arrive au corps influence le mental, et vice versa. Par-dessus tout, pour maîtriser le mental, un bon contrôle de la nourriture que nous mangeons est absolument nécessaire. Les sceptiques et les non-croyants peuvent qualifier cela de non-sens ou d'illogisme. Le « non-sens » et « l'illogisme » sont leur explication ou leur interprétation pour les choses ou les phénomènes qu'ils ne comprennent pas. Ils considèrent la science spirituelle toute entière avec une attitude négative. Ils ne croient que ce qu'ils pensent pouvoir prouver par l'expérimentation scientifique. Alors pourquoi n'essayent-ils pas de tester cette science ? Les sceptiques déclarent qu'ils croient en la science moderne, mais les scientifiques eux-mêmes, en fin de compte, croient en la spiritualité. Quelle contradiction ! On dirait que leur seul but est de proférer des affirmations illogiques et vides de sens. Comment de telles personnes peuvent-elles appréhender quoi que ce soit de cette véritable science ? »

Il était vingt-trois heures trente. Les mains jointes, Amma s'adressa à tout le monde : « Amma demande pardon à tous ses enfants pour les avoir réprimandés. Amma perçoit tous ses enfants comme n'étant pas différents d'elle, c'est pourquoi elle parle ainsi. Mes enfants, ne le prenez pas autrement. C'est uniquement pour votre bien. » En disant cela, Amma se leva et se dirigea vers sa chambre. Après s'être prosterné, chacun regagna son logement.

16 mars 1984

Comme d'habitude, les *brahmacharis* et les dévots chefs de famille se levèrent à quatre heures et demie du matin et récitèrent le *Lalita Sahasranama*. Quand les premiers rayons du soleil effleurèrent la terre, ils s'assirent autour du Vishnu Tirtha pour méditer. Quelques-uns prirent place sous le banian. C'était un spectacle très exaltant. Ils ressemblaient à de jeunes yogis profondément absorbés en méditation. Les alentours paisibles et la sérénité de l'atmosphère ajoutaient au caractère sacré de cette scène. Les rayons dorés étincelants du soleil levant, la douce et fraîche brise matinale les caressaient.

La méditation se poursuivit jusqu'à huit heures trente. A neuf heures trente, Amma sortit et vint s'asseoir sous le banian pour donner son darshan aux dévots. Un groupe de personnes intéressées par la spiritualité l'y attendait. Elles organisaient et participaient régulièrement à des *satsangs* et autres activités spirituelles. Elles posèrent à Amma différentes questions. Il s'avère généralement que les personnes qui ont le plus lu et étudié sont celles qui ont le plus de doutes.

Question : « Amma, mon mental s'égare et vagabonde quand j'essaye de me concentrer. »

Amma : « Mon fils, la nature du mental est de vagabonder, il ne peut pas rester tranquille. Quand nous essayons de calmer le mental en nous concentrant sur un objet de méditation, nous le voyons vagabonder encore plus. Davantage de pensées nous envahissent. Il arrive que les débutants soient effrayés et parfois découragés par les pensées innombrables qui s'élèvent pendant la méditation. Ces pensées et autres tendances du mental ont toujours été là, mais comme nous étions engagés dans diverses activités, nous n'en avions pas conscience. Ces pensées et autres *vasanas* ne se manifestent que lorsque nous essayons de retirer le mental de toutes les activités extérieures et de le concentrer sur un seul point. La pratique constante alliée à la détermination est le seul moyen de dominer le mental. Par conséquent, à de tels moments, n'ayez pas peur et ne vous découragez pas. Continuez vos pratiques spirituelles avec détermination.

Jusqu'à présent, nous avons vécu dans la conscience d'être le corps. Nous avons voyagé longtemps dans ce monde de pluralité. Toutes les impressions recueillies lors des expériences passées sont là, dans le mental, certaines dans le mental de surface, mais la majeure partie se trouvent dans le mental subconscient. Elles sont à l'état dormant, comme un arbre latent dans la graine. Extirper ces tendances latentes du mental requiert une longue pratique et de la patience. »

Un autre homme : « Le *raja yoga* est-il la meilleure voie ? »
Amma : « Mes enfants, il est difficile de dire que « telle ou telle voie » est bonne et que « telle ou telle voie » ne l'est pas. Tous les chemins sont également bons s'ils sont pratiqués correctement, avec la compréhension juste. De toutes façons, une voie unique ne peut être conseillée pour tous car les gens sont différents mentalement, physiquement et intellectuellement. Les dispositions spirituelles héritées de la naissance précédente sont le critère qui détermine quel chemin convient à un chercheur. Bien que toutes

les voies soient également bonnes, chacune opère différemment selon les individus. Chaque personne ressentira un lien spontané ou une inclination pour une voie particulière et cela sera le chemin correct pour elle. En tous cas, pour plus de sûreté, il est préférable d'approcher un *satguru* pour connaître votre voie, déterminer la direction à prendre, découvrir quelle est votre divinité d'élection et obtenir des conseils pour votre évolution spirituelle.

Mes enfants, selon Amma, la voie de la dévotion est la meilleure et la plus facile car la plupart des gens ont une nature principalement émotionnelle. De plus, *bhakti marga* (la voie de la dévotion) ne comporte pas les difficultés des autres voies. Il n'y a pas de techniques dangereuses ni de complications dans l'amour. Aimez simplement le Seigneur. L'amour n'est pas agressif ; c'est un flot constant.

Il est toujours dangereux de pratiquer une *sadhana* d'après la lecture de livres. Ceux qui écrivent les livres et font des discours ne sont pas tous des gurus, sachez-le bien. Essayez de suivre les pas de ceux qui ont vraiment fait l'expérience de ce qu'ils écrivent ou enseignent. »

Question : « La *kundalini* s'éveille par la pratique du *hatha yoga*, n'est-ce pas ? »

Amma : « Pourquoi penser à toutes ces méthodes compliquées alors qu'il y en a de plus simples ? Le *hatha yoga* doit être pratiqué sous la direction stricte d'un Maître réalisé. Vous ne pouvez pas simplement adopter une méthode qui vous plaît. Chacun suit le chemin déjà emprunté dans sa vie précédente. Ce n'est qu'en continuant sur ce chemin qu'il progresse dans sa pratique.

Si nous étudions le *hatha yoga* par nous-mêmes, nous risquons de devenir davantage conscient du corps et donc de gonfler l'ego, alors que le but de toute pratique spirituelle est de se débarrasser de cette conscience du corps. Quelle que soit la voie, il suffit d'obtenir la concentration. Le concept de la *kundalini* qui s'éveille est une *bhavana* (imagination créative). Nous pouvons aussi bien avoir ce concept au sujet de Dieu, c'est la même idée. Que vous suiviez la voie de la *bhakti* (la dévotion), du *karma* (le service), ou de *jnana* (la connaissance), cet éveil de la *kundalini* se produira. La différence, c'est qu'un dévot appelle cette même *kundalini shakti* Krishna, Rama, Dévi, Jésus ou Bouddha. Mes enfants, faites votre *sadhana* correctement et sincèrement. Ne perdez pas votre énergie et votre temps à penser : « Quand la *kundalini* va-t-elle s'éveiller ? S'élèvera-t-elle si je suis cette voici, ou ce chemin-là est-il meilleur ? »

Question : « Dévi et les autres formes ne sont-elles pas un simple *sankalpa* ? »

Amma : « Ne dis pas cela. Pour un dévot, la forme de sa divinité d'élection, Dévi, Krishna ou Rama, est réelle. Si vous n'aimez pas le pudding sucré, pourquoi dire que c'est mauvais et inutile ? Beaucoup de gens l'apprécient et s'en font un plaisir. Vous préférez peut-être autre chose, qu'une autre personne n'aime pas.

Tous les noms et toutes les formes, quels qu'ils soient, ne sont que des créations du mental pour celui qui a dépassé le mental, mais ce n'est pas le cas tant que l'on n'a pas atteint l'état de Perfection. On peut bien dire que les formes et les noms sont irréels et que seul Brahman est vrai et réel. Toutefois, si l'on n'a pas fait l'expérience de la Perfection, il est insensé de se promener partout en déclarant que les formes sont irréelles.

Même ceux qui ont atteint la Perfection donnent l'exemple en adorant, en chantant et en récitant les différents noms, en glorifiant les différentes formes des dieux et des déesses. Ils sont les seuls à vraiment faire l'expérience du monde comme illusoire et irréel. Pourtant, ils continuent à adorer et à rendre un culte à ce que les formes symbolisent parce qu'ils savent que nous, enfants ignorants, ne pouvons pas nous élever jusqu'à leur niveau de compréhension et que nous avons donc besoin d'un nom ou d'une forme pour nous aider dans notre évolution spirituelle.

Pour prétendre que nous savons tout et faire étalage de notre fierté (qui est en fait de la vanité), nous déclarons que Dévi est un *sankalpa*, que les noms et les formes des dieux et des déesses ne sont qu'une vue de l'esprit et n'ont donc aucune réalité. Quelle autorité avons-nous pour affirmer de telles choses ? On peut dire que les saints et les sages l'ont déclaré dans les Écritures. Mais ils ont réalisé l'irréalité ultime de toutes formes à travers leur propre expérience. L'avez-vous réalisée ? Alors, taisez-vous. S'il vous plaît, ne corrompez pas et ne gâchez pas la foi des gens par vos discours. Les *rishis* craignaient de souiller cette Vérité par leurs paroles. C'est pourquoi ils disaient toujours : « Ô Seigneur, que ma parole soit établie dans mon mental, que mon mental soit établi dans ma parole. »

Question : « Amma, je ne comprends pas. Quelle crainte ? Où se trouve la crainte dans cette prière ? Je n'en vois pas la pertinence. »

Amma : « Mon fils, ici « Que ma parole soit établie dans mon mental » signifie « Que chaque mot que je prononce pour décrire cette Vérité soit fondée sur mon expérience. » Le *rishi* prie le Soi suprême pour qu'Il lui accorde la grâce que son discours reflète son expérience intérieure de l'*atman*. Il craint de prononcer des paroles erronées car dès qu'interviennent les mots surgit le risque que le discours donne lieu à une interprétation nouvelle. Le discours est aussi un produit de l'ego. L'ego est la cause du discours, qui est l'effet. L'ego est illusoire ; en conséquence, la nature trompeuse de l'ego se reflète dans l'effet, dans le discours. Le *rishi* veut maintenir la pureté de l'*atman* jusque dans son discours. C'est pourquoi il prie pour que son discours reflète son expérience intérieure de la Vérité. »

Les dévots et les *brahmacharis* restaient assis là, fascinés ; ils regardaient le visage d'Amma et s'émerveillaient de la profondeur de sa vision, quel que soit le sujet spirituel qu'elle aborde. Un dévot fit ce commentaire : « Comme les explications d'Amma sont simples, à propos des vérités philosophiques les plus complexes et les plus subtiles ! » Amma rit comme un enfant innocent et répliqua : « Hé ! Ne fais pas l'éloge de cette folle de Kali ! Les enfants de Kali la Folle sont tous fous eux aussi ! »

Question : « Amma considère-t-elle les différents noms et formes des dieux et des déesses comme réels ? »

Amma : « Mes enfants, quelqu'un qui n'aurait jamais existé ou n'aurait jamais pris naissance ne serait pas vénéré et adoré par des millions de gens. Personne ne penserait à célébrer l'anniversaire d'une personne qui n'est pas née, mais nous célébrons bien les anniversaires de Rama, de Krishna, de Jésus et d'autres grandes âmes.

Selon Amma, les noms et les formes sont nécessaires pour des gens comme nous, avec la constitution mentale qui prévaut aujourd'hui. Ils nous aident dans notre croissance spirituelle. Ne dites pas que notre voie est la meilleure et que toutes les autres sont mauvaises. Si une personne apprécie le thé, qu'elle s'en régale, c'est très bien. Que ceux qui n'aiment pas le thé boivent du café, du jus de citron ou de l'eau pure. Pourquoi s'encombrer la tête à propos des préférences personnelles des gens ? Pourquoi dire que seul le thé est bon et que toutes les autres boissons sont mauvaises ? Le but est d'étancher la soif. Aussi, que l'on médite sur le Suprême avec attributs ou sur le Suprême sans attributs, le but est d'obtenir la paix intérieure parfaite en toutes circonstances. Abandonnez ces doutes à propos des dieux et des déesses et faites votre *sadhana*.

Toutefois, même lorsque vous méditez sur le Sans-Forme, une claire résolution mentale est indispensable.

Les jouets sont nécessaires pour que les enfants s'amusent et pour eux, les jouets sont réels. Les adultes n'ont pas besoin de jouets ; ils savent que ces choses sont illusoires et sans vie. Mais les adultes ne peuvent pas pour autant déclarer que les enfants ne doivent pas avoir de jouets, simplement parce qu'ils sont imaginaires.

Chacun a un niveau mental et une capacité de compréhension qui lui sont propres. Que chacun parte de là où il en est. Ne forcez pas les autres à accepter vos idées, n'essayez pas de leur imposer vos opinions. »

Question : « Comment Dieu peut-Il être à la fois avec et sans forme ? »

Amma : « Tout simplement parce qu'Il peut devenir tout ce qu'Il veut au moment où Il le veut. Dieu est au-delà de l'espace et du temps. Il n'est pas lié par de telles limites. Il peut donc être à la fois personnel et impersonnel. Il peut assumer une forme, mais Il n'est pas la forme, c'est-à-dire qu'Il n'est pas attaché à la forme. Lorsqu'on met de l'eau dans plusieurs récipients de formes différentes, elle assume la forme de chaque récipient. L'eau reste de l'eau et ne se transforme pas en quelque chose d'autre même si les formes des récipients diffèrent. Elle ne subit aucun changement, quelle que soient la formes du récipient. De même, quel que soit l'aspect, la forme ou le nom qu'Il empreinte, Dieu reste Dieu. Que ceux qui ont besoin de *sakara* (Dieu avec une forme) Le voient ainsi. Combien sont capables de méditer sur le Sans-Forme ? Ce n'est pas possible pour tous. »

Question : « Amma, le *raja yoga* peut-il nuire ? »

Amma : « De nos jours, de nombreux livres sont publiés sur le *raja yoga*. Plusieurs jeunes gens ont perdu l'équilibre mental en lisant ces livres, en inspirant et en expirant de façon irrégulière. Il n'y a aucun danger si ces pratiques sont faites sous la direction d'un Maître authentique.

Par contre, il est bon de lire des livres qui retracent la vie et les enseignements de dévots sincères. Lisez-en autant que vous le pouvez, vous ne courez aucun risque. Les égarements de ceux dont le mental est dérangé disparaîtront s'ils lisent de tels livres. Ils contiennent de la « colle forte », qui nous « collera » à Dieu. Vous ne vous tromperez jamais, vous ne chuterez jamais. »

Question : « Il suffit donc d'avoir de la dévotion ? »

Amma : « La *bhakti* seule n'est pas suffisante. L'amour est nécessaire. Alors seulement le mental pourra s'absorber. »

Question : « A la lumière de ce que tu viens de dire, il me semble que la dévotion (*bhakti*) et l'amour (*prema*) sont deux choses différentes. »

Amma : « Mon fils, écoute, on peut les différencier ainsi : la dévotion consiste à prier et à supplier Dieu uniquement dans le but de satisfaire des motifs et des désirs égoïstes. Les personnes qui la pratiquent s'accrochent généralement aux temples. Même si elles vont voir un *mahatma*, elles s'empressent de lui soumettre leurs problèmes. Elles ont de la dévotion, mais la part de l'amour pur y est infime. Elles font des suggestions ou donnent des instructions à Dieu ou au *mahatma*, par exemple : « Seigneur, tel est mon désir. Je T'en prie, exauce-le », ou encore : « Je ne veux pas que cela arrive. Fais que cela n'arrive pas ! » Ils veulent qu'Il agisse selon leurs propres souhaits et leur propre volonté. Ils pensent savoir mieux que Lui. La compréhension qu'ils ont de Dieu ou du *mahatma* est très inférieure à celle d'un dévot rempli d'amour pur, qui aime Dieu ou le guru pour la simple joie d'aimer. Une personne dotée d'un tel amour ne veut rien, pas même la Libération. Tout ce à quoi elle aspire, c'est d'aimer Dieu ou le guru quoi qu'il arrive. Son bonheur, c'est de L'aimer. Elle veut se défaire de tous ses désirs, sauf du désir de L'aimer.

Ainsi, la *bhakti* (dévotion) dotée de *prema* (l'amour) est *prema bhakti*. *Bhakti* dépourvue de *prema* est de la dévotion simple. Une personne dotée de *prema bhakti* et celle qui a *bhakti* seule aiment toutes deux le guru ou Dieu, mais celle qui a *prema bhakti* donne toute l'importance à Dieu ou au guru : elle n'a pas de choix, de souhait ou de volonté propre. Son guru est tout pour elle. Elle désire uniquement l'aimer, se soumettre à lui, et oublier tout le reste. Elle veut être consumée par la flamme de l'amour pour son guru ou sa divinité bien-aimée.

Tandis que celui qui possède *bhakti* seule se donne la priorité à lui-même. Il veut d'abord satisfaire ses désirs, puis il pense à Dieu. En ce qui le concerne, Dieu ou le guru est un agent qui permet de combler ses désirs. »

Question : « Amma, tu as dit que la compréhension qu'un dévot ordinaire a de son guru est très inférieure à celle d'un dévot rempli d'amour pur. Que veux-tu dire par compréhension ? »

Amma : « Il ne s'agit pas simplement de la compréhension intellectuelle mais de la compréhension accompagnée d'une soif inextinguible de la mettre en pratique, c'est-à-dire de la compréhension ou de la connaissance que le Seigneur est en toutes choses et de la soumission à Sa Volonté suprême. La volonté personnelle et limitée du dévot se dissout et disparaît dans la volonté sans limite du Seigneur. Il n'existe alors plus de « lui », mais seulement « Lui ». Il n'y a que l'acceptation et pas de rejet, que l'amour et pas de haine, que la plénitude et pas de désir. Tous les désirs fondent et disparaissent, sauf celui d'aimer en toutes circonstances son Bien-aimé. Il accepte pleinement l'Omniscience, l'Omnipotence et l'Omniprésence de Dieu ou du guru, et il se comporte en conséquence. Ainsi, ce n'est pas lui qui agit, mais le Seigneur qui agit à travers lui. C'est cela, la véritable compréhension. Un vrai dévot doit avoir cette connaissance. »

Dix heures et demie du matin. Personne ne pensait même à prendre le petit déjeuner, bien que des rafraîchissements eussent été mis à disposition. Amma avait elle-même enjoint aux dévots d'aller prendre un peu de nourriture ou quelque chose à boire, mais tous préféraient rester auprès d'elle. A ce moment arriva une famille, le père, la mère et deux enfants, qui venaient voir Amma.

C'était leur première visite. Ils avaient d'abord été à Vallickavu, mais en apprenant qu'Amma était à Kanvashrama, ils étaient venus l'y retrouver. Ils s'approchèrent tous et saluèrent Amma, puis s'assirent près d'elle. Amma leur demanda très affectueusement d'où ils venaient et s'ils avaient déjà déjeuné. Elle appela Gayatri et lui dit de leur apporter quelque chose à boire. Puis Amma se tourna vers leurs enfants et les pria de s'approcher ; elle leur demanda comment ils s'appelaient et dans quelle classe ils étudiaient à l'école. Amma regarda ensuite le père et lui dit très spontanément :

« Mon fils, la voie de la connaissance n'est pas la tienne. Ta voie est celle de la dévotion et ta divinité d'élection est Durga. Si tu abandonnes cette voie pour suivre celle de la connaissance, en écoutant les conseils de cet érudit dont le savoir n'est que livresque, ta croissance spirituelle en sera entravée. »

L'homme resta muet d'étonnement. Il semblait vouloir dire quelque chose mais pendant un court instant, il en fut incapable. Il regardait Amma fixement, la bouche grande ouverte. Puis au bout de quelque temps, quand il eut regagné son aplomb, il pleura silencieusement en prenant dans ses mains les pieds d'Amma. Amma le releva doucement et sécha ses larmes de ses propres mains. Cette marque d'amour et d'affection le fit à nouveau fondre en larmes. Il essaya encore une fois de contrôler ses pleurs et quand il y parvint, il demanda à Amma :

L'homme : « Amma, je savais que cela n'avait pu se produire sans que tu le saches, pourtant, je n'étais pas convaincu, c'est pourquoi je suis venu te voir. Je voulais l'entendre directement de ta bouche et tu m'as répété la même chose, avant même que je t'en dise un seul mot. Tu m'as béni, et par ta grâce, je tâcherai de ne plus dévier de mon chemin et de m'en tenir à tes conseils du mieux que je pourrai. Aussi, Amma, pardonne-moi de t'avoir testée. C'est à cause de mon ignorance que je voulais cette preuve. »

Amma sourit simplement et garda le silence. Pendant ce temps, Gayatri avait apporté du thé pour eux tous. Amma prit elle-même les verres du plateau et en donna un à chacun, après avoir bu une gorgée de trois des verres. Elle le fit pour le mari et les enfants, mais pas pour la femme. Tout le monde avait remarqué cette manœuvre étrange d'Amma et certains pensaient peut-être qu'Amma agissait de façon très partiale. Mais à la surprise générale, le mari éclata de rire et dit : « Amma, je t'en prie, pardonne-moi de rire ainsi devant toi. » Quand il eut fini de rire, il reprit :

L'homme : « Cela ne me dérange pas de révéler devant tous ceux qui sont présents ces choses concernant ma femme. Je présume que vous êtes tous des dévots d'Amma et il n'y a donc pas de mal à vous le raconter. Ma femme était très sceptique au sujet d'Amma, elle ne voulait même pas m'accompagner. Elle n'est venue qu'à cause de mon insistance. Ce n'est pas sa faute car elle a été élevée dans une famille très incroyante. Sur la route pour venir à Kanvashrama, elle s'est même moquée de moi en disant que j'étais trop émotif, que j'étais stupide de venir voir cette dame qui, pensait-elle, était une personne ordinaire sans aucun pouvoir, que tout n'était que le produit de mes hallucinations. Elle m'a même défié : « Si ta Mère est omnisciente, qu'elle me donne un signe de son omniscience. Si elle le fait, certainement je croirai en elle. » Maintenant, Amma a répondu à son mental sceptique. Elle a pris une gorgée de chaque verre sauf du sien, lui faisant ainsi comprendre qu'Amma pouvait lire clairement dans son mental. C'était la réponse exacte à toutes ses questions. »

L'homme était ravi, ému et inspiré par le fait qu'Amma ait révélé son omniscience. Amma consola la femme en souriant et dit :

« Ma fille, ne t'en fais pas. Ce n'est pas parce qu'Amma sait tout, mais parce qu'elle ne sait rien qu'elle a agi de la sorte. Si elle savait tout, elle ne t'aurait pas ainsi de la peinée. »

La femme était devenue humble. Elle dit :

La femme : « Non, Amma, non. Ne dis pas cela. Tu m'as donné une bonne leçon. Une éducation trop poussée a gâté mon cœur. Maintenant, je comprends qu'il n'est pas bon d'avoir des préjugés. Je sais qu'ils continueront à me tracasser, mais si je m'abandonne à toi, tu les détruiras. S'il te plaît, donne-moi la force et le courage de mettre ma vie entre tes mains. »

Puis elle pleura sans bruit. Amma la prit dans ses bras et lui donna de petites tapes, comme une mère le fait avec son enfant. Ils restèrent encore quelque temps en compagnie d'Amma puis prirent congé après s'être prosternés devant elle. Avant de quitter l'ashram, le mari, appelé Karunakaran, raconta à l'un des *brahmacharis* la suite d'événements qui l'avaient incité à venir voir Amma.

Il avait eu deux nuits plus tôt un rêve dans lequel Amma lui était apparue et lui avait dit clairement d'abandonner la pratique spirituelle que lui avait conseillée l'érudit qui lui enseignait les Écritures. Il avait entendu parler d'Amma et attendait une occasion de la rencontrer. Comme il étudiait les Écritures avec l'érudit qui lui avait recommandé de faire la cette *sadhana*, le rêve fut pour lui plein de signification. En même temps, il aimait et respectait cet érudit, et ne voulait donc pas accorder trop d'importance au rêve. Mais Amma lui apparut à nouveau la nuit suivante. Elle ajouta cette fois-ci quelques détails supplémentaires aux instructions données en disant : « Mon fils, je t'ai dit d'abandonner la pratique spirituelle que tu suis en ce moment. La voie de la connaissance n'est pas celle qui te convient. Ta voie est celle de la dévotion et ta divinité d'élection est Durga. Si tu abandonnes cette voie et suis celle de la connaissance sur les conseils de cet homme, dont les connaissances ne sont que livresques, cela entravera ta croissance spirituelle. »

Karunakaran poursuivit : « Ce conseil donné par Amma dans le rêve était très clair, et le rêve était tout à fait réel. J'avais été le dévot de Mère Durga pendant des années. Je la vénérais toujours mais, sous l'influence de cet érudit, j'avais abandonné ce chemin pour suivre la voie de la connaissance. Cet amour me manquait cependant et mes pratiques spirituelles me laissaient insatisfait. En même temps, je ne voulais pas lui déplaire. En fait, j'ai pour lui un certain attachement, mais j'avais le désir intense de me placer sous la direction d'un vrai Maître. Après avoir entendu parler d'Amma, j'ai eu ces rêves. Les rêves, tout particulièrement le second, eurent un tel effet sur moi que je voulus rencontrer Amma dès le lendemain. Par ailleurs, malgré ma foi en Amma, je voulais pour convaincre mon ego qu'elle me parle directement quand je la rencontrerais. Elle l'a fait également. Vous connaissez la suite : sans que je lui dise rien à propos des rêves, de ma *sadhana* ou de ma dévotion pour Mère Durga, elle a répété exactement les mots qu'elle m'avait adressés en rêve. Maintenant je suis heureux, plein de bonheur et de félicité, non seulement parce qu'elle a répondu à mes prières, mais aussi à cause de la compassion dont elle a fait preuve envers ma femme en lui retirant son scepticisme, qui nous a toujours perturbés, aussi bien elle que moi. »

Amma désirait chanter des *bhajans*. Elle demanda à Shrikumar d'apporter l'harmonium, et il partit le chercher. Il était maintenant onze heures et demie du matin et Amma était toujours assise sous le banian. L'atmosphère était très calme et paisible. Amma gardait les yeux fixés sur le Vishnu Tirtha ; l'eau était immobile et Amma semblait apprécier le spectacle. Son visage empreint de béatitude brillait d'un merveilleux éclat.

Shrikumar apporta l'harmonium. Amma chanta quelques *bhajans*, en commençant par *Kodanukoti,* puis *Oru Nimishamenkilum.*

Kodanukoti

Ô Vérité éternelle
L'humanité Te cherche

Depuis des millions d'années.

Les anciens sages, renonçant à tout,
Accomplirent de longues années d'austérités
Afin de se laisser emporter
Par le courant divin de Ton amour.

Inaccessible à tous, Ta flamme infinie,
Dont l'éclat est semblable à celui du soleil,
Reste immobile, sans danser,
Même au milieu du cyclone le plus furieux.

Les grimpants fleuris,
Les lieux sacrés et les temples,
Tous T'ont attendue pendant des âges et des âges
Pourtant Tu restes inaccessiblement distante.

Oru Nimishamenkilum

Ô Homme, sans comprendre
Les principes réels et essentiels de la vie,
Leurré par l'ombre de maya,
Tu périras, comme un papillon de nuit dans la flamme.

Dans le processus évolutif,
Tu es passé par différents corps :
Des insectes, des vers, de nombreux reptiles,
De multiples oiseaux et animaux.

Ainsi, tu as évolué
À travers différents corps, jusqu'à ce qu'enfin
Tu émerges dans un corps humain.

Ô homme, pense et discrimine ;

Quel est le but véritable de cette naissance humaine.
Non, Ô homme, cette naissance humaine

Ne doit pas être gaspillée
Pour des plaisirs matériels stupides et insignifiants.
Souviens-toi, elle a un but qui lui est propre.

Ô Homme, si tu n'abandonnes pas ta vanité,
Ton besoin d'acquérir et de posséder,
Ton désir de jouir et de te satisfaire,
Si tu n'atteins pas cet état de Brahman suprême,
Tu ne peux parvenir à la paix ou à la félicité.

Ces chants intenses, chargés de sens philosophique, pénétraient directement dans le cœur des dévots. Ils étaient tous absorbés dans une méditation profonde. Amma restait assise les yeux fixés sur le vaste ciel bleu et ne cessait de se balancer de droite à gauche. Il était maintenant midi. Tout à coup Amma dit: « Shivane ! Aucun de mes enfants n'a pris son petit déjeuner. Quelle mère cruelle je suis ! J'ai oublié de donner à manger à mes enfants. Allons, vous tous, mangeons. » Elle prit à part quelques *brahmacharis* et leur demanda de faire le nécessaire pour donner à manger à tout le monde. Tandis qu'ils partaient en courant, Amma cria : « Dépêchez-vous! Faites vite. Ne perdez plus de temps ! »

Amma elle-même servit à manger à chacun. Le cœur des dévots exultait. Le repas terminé, ils partirent un à un, après avoir salué Amma, qui se retira elle aussi dans sa chambre.

À quinze heures trente, un groupe de lycéens vint voir Amma. Ils voulaient la rencontrer et lui poser certaines questions. Ils avaient tous entre quinze et vingt ans. Amma sortit de sa chambre vers seize heures et parut très heureuse de voir les jeunes garçons. Ils eurent quant à eux l'air un peu surpris quand ils virent Amma, mais elle s'approcha d'eux et, comme quelqu'un qui les aurait connus depuis longtemps, les invita à venir s'asseoir dans la hutte.

Amma demanda tout d'abord à chacun son nom, et l'endroit d'où il venait. Ils répondirent poliment à sa requête. Le naturel inné d'Amma impressionna beaucoup les étudiants et ils commencèrent peu à peu à se détendre.

Un garçon qui semblait plus âgé que les autres dit fièrement : « Nous avons entendu parler de toi et avons eu le désir de te rencontrer ; nous sommes donc venus ensemble. Pour être franc, nous ne sommes pas tous croyants. Certains le sont, d'autres sont curieux et quelques-uns sont très sceptiques. » Il s'arrêta. Amma les regarda et sourit. Puis elle prononça son mantra favori : « Shiva, Shiva ! » à plusieurs reprises tandis que ses doigts se formaient en un *mudra* divin. Amma leur sourit une fois encore puis, tout en regardant le garçon qui les avait présentés, elle demanda : « Mon fils, à quelle catégorie appartiens-tu ? » Le garçon rougit en entendant la question directe d'Amma. Elle était assez inattendue. Il resta interdit pendant quelque temps, puis il dit doucement : « Amma, mes parents sont tes dévots. Je ne suis jamais venu te voir auparavant mais pourtant j'ai foi en toi. Je n'avais encore jamais eu l'occasion de te connaître directement ; c'est pourquoi je suis venu maintenant avec mes amis. » Le garçon plus âgé avait été un peu fier quand il avait parlé la première fois, mais maintenant il paraissait très humble.

Amma : « Mon fils, tu as déclaré que vous n'étiez pas tous croyants, que certains étaient curieux et que d'autres étaient très sceptiques. En disant cela, tu n'as rien dit de nouveau. C'est la nature du monde. Tout le monde ne peut pas être croyant, et tout le monde ne peut pas être sceptique. Même si tout le monde devient croyant, là encore chacun aura son point de vue et ses conceptions. Nous ne pouvons pas faire de chaque individu un croyant. Ces différences sont simplement dans la nature du monde. Deux feuilles d'un même arbre ne sont pas semblables. La Réalité est infinie et infinies sont ses manifestations. Cela n'a pas vraiment d'importance que tu sois croyant, non-croyant ou sceptique. Tu peux être non-croyant et en même temps mener une vie heureuse et réussie si tu as foi en *toi*. Tu n'as pas besoin de croire en Amma ou en un Dieu qui siège là-haut dans le ciel sur un trône doré. Il suffit que tu aies foi en *toi*. Si tu n'as pas foi en toi, alors il n'y a pas grand-chose à gagner même si tu crois en Dieu. La foi en Dieu sert à renforcer ta foi en *toi*, la foi en ton propre Soi. Sans elle, tu ne peux pas réussir dans la vie, quel que soit ton champ d'activité. La confiance en soi n'est rien d'autre que l'équilibre mental, le courage et le contrôle de son propre mental pour affronter les problèmes de la vie. Il est impossible d'y échapper ; ils sont inévitables, inéluctables. Comment vas-tu leur faire face si tu n'as pas foi en toi-même ? Tu ne le peux pas.

Un sceptique est celui qui a des doutes, qui met tout en question. Cela veut dire qu'il doute même de son propre Soi, de sa propre existence. Une telle personne n'a pas foi en elle-même. Elle ira partout argumenter, discuter, réfuter, créant ainsi encore plus de doutes dans son mental et dans celui des autres. Sa vie entière est un échec complet. Elle ne peut rien créer, elle détruit. Comment une telle personne, n'ayant aucun contrôle sur son propre mental, peut-elle apporter des bienfaits à la société ? Sa propre vie n'est qu'un gâchis. La spiritualité et les maîtres spirituels nous enseignent comment édifier cette foi et ce contrôle de soi, qui sont les facteurs essentiels pour mener une vie heureuse. Quoi qu'il en soit, Amma vous aime parce que vous êtes venus vous-mêmes apprendre et vous renseigner. La majorité des gens ne le font pas. Ils se contentent de critiquer et d'interpréter de loin, sans s'approcher pour étudier correctement les choses. »

Amma marqua une pause. Les étudiants restaient assis, sans prononcer une parole. Ils ne savaient que dire ni par où commencer. Ils semblaient chercher leurs mots. Pendant tout ce temps, Amma les regardait avec un beau sourire qui illuminait son visage toujours radieux. Enfin, un garçon rompit le silence. Il parla, mais d'une voix faible, sur un ton très doux et plein de respect : « Amma, tu as en fait répondu à toutes nos questions. » Et comme pour prouver son innocence, il poursuivit :

Question : « Je ne suis pas venu pour t'interroger. Je ne suis ni sceptique, ni incroyant. En fait, je voudrais en savoir davantage sur la vie spirituelle. Amma, je me suis toujours demandé quelle était la place de la raison dans la spiritualité. Tu as dit que la foi était tout ; mais la raison est elle aussi nécessaire, n'est-ce pas ? »

Amma : « Voilà une question bien pensée. Amma aime cela. Mon fils, la raison a très peu de place dans la spiritualité. Il faut l'abandonner. Après tout, qu'est-ce que la raison ? C'est le produit de votre intellect. Qu'est-ce que l'intellect ? C'est le produit de l'ego. L'ego doit être déraciné — c'est le but de toutes les pratiques spirituelles —, donc la raison, étant un produit de l'ego, doit disparaître. Sur le chemin de la Réalisation du Soi, l'intellect, ou la raison, est un grand obstacle car il doute toujours. Le doute n'est pas ce dont nous avons besoin dans la spiritualité. Ici, tout repose sur la foi, la foi en Dieu ou en le guru, la foi dans les Écritures ou dans les paroles du guru. La foi dans le guru vous élève, mais douter du guru est destructeur. La foi unifie vos diverses personnalités et vous aide à voir l'Un en tout, tandis que le doute découpe les choses en petits morceaux. Le doute vous divise encore plus ; la foi vous rend entier et unifié.

Le problème aujourd'hui, c'est qu'on raisonne trop. Les gens pensent que l'intellect est tout mais c'est faux, et le monde en souffre. Les gens n'ont aucune foi. Ils veulent questionner, critiquer et protester contre tout. Ils ne veulent pas croire et se soumettre. Ils ne cessent de se remplir la tête et laissent leur cœur dépérir. Les têtes enflent et les cœurs se dessèchent.

La science a besoin de la raison. La base même de la science et des inventions scientifiques n'est rien d'autre que la raison et le doute. Mais la science moderne découpe tout en morceaux et ne tente jamais de réunir. C'est ainsi qu'elle devient destructrice. La science devrait être bénéfique pour l'espèce humaine, mais ceci n'est possible que si on l'utilise pour unir les gens avec leur mental. »

Question : « Amma, veux-tu dire que la raison est inutile ? »

Amma : « Non, mon fils, elle n'est pas inutile. On a besoin de l'intellect. La raison doit être flexible. Elle doit être utilisée pour soutenir le cœur, la foi, l'amour, la compassion et les autres grands idéaux qui sont en nous. Cela implique un bon équilibre. Trop de foi ou trop de raison, l'un à l'exclusion de l'autre, sont tous deux dangereux. Par exemple, un dévot a la foi, une foi totale, en son bien-aimé Seigneur. Pourtant, derrière cette foi, la raison est là. Il y a la compréhension subtile que toutes les expériences matérielles, tous les événements qui se produisent autour de lui, négatifs ou positifs, bons ou mauvais, sont momentanés et que ces choses ne font que passer. Le dévot ne s'accroche pas au monde ni aux relations du monde parce qu'il sait qu'elles sont toutes en perpétuel changement. Il ne donne pas plus d'importance qu'il n'en faut aux événements. Il n'a jamais le désir intense d'acquérir et de posséder. Il ne court pas après la renommée et la célébrité. Il accueille avec un égal sourire les moments heureux ou malheureux, en sachant qu'ils sont inévitables et que telle est la nature de la vie. Tout cela nécessite une compréhension intellectuelle. Mais l'intellect du dévot est très subtil, et il l'utilise pour rejeter ce qui n'est pas nécessaire et pour accepter ce qui l'est. En bref, sa raison l'aide à pénétrer la nature réelle des objets, la nature changeante qui est la leur et la nature immuable de son propre Soi. Sa raison l'aide à renforcer sa foi dans le Suprême, jamais à l'affaiblir. »

La concentration

Question : « Amma, quel est le chemin pour parvenir à la concentration ? »

Amma : *Sraddha* (la vigilance, la foi) est nécessaire. Nous n'allons pas dans un endroit si nous savons qu'il est dangereux. Nous procédons avec vigilance. Nous ne mangeons pas un aliment que nous savons toxique. Si nous découvrons qu'un lieu est plein d'épines, nous n'irons pas nous y promener. Notre vigilance nous garde du danger. De même, par une contemplation constante, le mental se concentre sur Dieu quand nous parvenons à distinguer ce qui n'est pas éternel de Ce qui l'est, ce qui nous attache de Ce qui nous libère. Alors progressivement, le mental cesse de vagabonder. Lorsque nous réalisons qu'un objet ne nous apporte pas le bénéfice que nous en attendions, nous cessons de dépendre de lui, n'est-ce pas ? Lorsque nous ne sommes plus tributaire des objets, le mental se fixe et se concentre sur le Soi. Mes enfants, essayons de toutes nos forces. Aucun objet matériel ne nous apporte de bienfait, même si nous le croyons. Prenons conscience de leur nature empoisonnée. Pour ceux qui pensent que le corps est éternel, il est difficile d'atteindre la concentration ; quand nous voulons faire marche arrière et réaliser que seul l'*atman* est éternel, une pratique constante est nécessaire. Vous n'y parviendrez pas complètement en un jour ou deux, en un mois ou même en une année. Pourtant vous y arriverez, petit à petit vous progressez. Vous n'en êtes peut-être pas conscients, mais ne vous arrêtez pas. Essayez et continuez.

Lorsque nous voyageons en avion, il nous semble peut-être que l'appareil ne bouge pas mais en fait, il avance. Lorsque nous arrivons à destination, nous nous rendons compte que l'avion a volé pendant tout ce temps. De même, durant la période de *sadhana*, vous avez peut-être l'impression de ne faire aucun progrès, mais vous en faites. Vous le saurez lorsque vous atteindrez Cela. Il est possible que vous ne soyez pas conscients de vos progrès subtils, par conséquent, n'arrêtez pas. Ne perdez pas votre enthousiasme, gardez votre courage. Continuez patiemment et attendez que vienne la grâce du guru ou de Dieu. »

Question : « Qu'est-ce que la grâce ? »

Amma : « Mes enfants, la grâce est un facteur mystérieux. Personne ne sait quand, comment et où elle sera accordée. Les êtres humains n'en ont pas le contrôle. Vous devez fournir l'effort, c'est absolument nécessaire. Puis attendez. Le facteur décisif est la grâce. Elle se trouve entre les mains du guru, entre les mains de Dieu. L'expérience montre que beaucoup de choses pour lesquelles nous fournissons un gros effort ne se matérialisent pas. C'est parce que la grâce fait défaut. Nous savons également que beaucoup de choses se produisent simplement, sans aucun effort. C'est parce que la grâce est présente.

Un pilote peut s'efforcer d'amener son avion à destination, mais qu'il y parvienne ou non, cela dépend de la grâce. Après tout, c'est une machine : n'importe quoi peut se produire à tout moment. N'importe quel élément peut s'arrêter de fonctionner. Le pilote n'en a pas le contrôle. Les autorités de l'aéroport et les ingénieurs vérifient tout avant le départ et disent : « Prêt à partir. » Mais qui donne la garantie ? Personne ne le peut. Le pilote peut être un expert, mais il n'a pas le contrôle de tout l'appareil, ni de chacune des pièces. C'est donc la grâce qui nous conduit à destination et non le pilote. Bien sûr, celui-ci joue un rôle important, mais le facteur décisif est la grâce. Nous avons tous entendu de nombreuses histoires d'avions qui ont mystérieusement échappé à un terrible accident bien que le pilote ait perdu tout contrôle de l'appareil. Il y a aussi des histoires d'avions qui se sont écrasés alors que le pilote en avait bien le contrôle et que tout paraissait en ordre. Encore une fois, la grâce est le facteur déterminant. Par conséquent, faites les efforts nécessaires, puis attendez patiemment.

S'abandonner à un guru est le meilleur moyen d'atteindre cette grâce. L'obéissance au guru et la foi en ses paroles nous rendront suffisamment aptes à recevoir cette grâce.

Supposons que nous ne connaissions pas le malayalam (*la langue du Kérala*). Cela veut dire qu'en ce qui concerne cette langue, nous sommes un enfant, n'est-ce pas ? Pour l'apprendre, il faut se soumettre et obéir aux instructions du professeur en acceptant le fait que dans ce domaine, nous sommes un enfant. Alors seulement, nous pourrons apprendre. De la même façon, ceux qui sont ignorants en matière de spiritualité devraient approcher un guru comme un enfant, en acceptant le fait qu'ils ne connaissent rien à la spiritualité. L'attitude erronée qui consiste à dire : « je sais », entrave le flux de la connaissance spirituelle et de la grâce émanant de Dieu. Sans acceptation et sans abandon de soi, on ne peut atteindre la perfection. C'est comme un enfant qui dirait : « Je sais cela; tu n'as pas besoin de me l'apprendre. » Il rejette ainsi la vraie connaissance que donne le professeur. Il se ferme à ce savoir. Son préjugé l'empêche d'être réceptif. En présence d'un Maître authentique, il faut accepter son ignorance et s'abandonner complètement. »

Question : « Amma, pourquoi y a-t-il tant de différence entre les temps anciens et l'époque actuelle ? »
Amma : « Dans le passé, les gens étaient désintéressés, et maintenant ils sont complètement égoïstes. Voilà la raison.

Mes enfants, autrefois les gens avaient les mêmes besoins qu'aujourd'hui. Ils avaient besoin de nourriture, de vêtements et d'un abri. Ils recevaient également une éducation. Ils pratiquaient des jeux, des arts et des sports. Leur civilisation était développée. Eux aussi menaient une vie de famille et élevaient des enfants. La différence est que leur mode de vie n'était pas centré exclusivement sur le monde extérieur, mais aussi sur le monde intérieur. Ils ne vivaient pas seulement pour acquérir et posséder des richesses mais aussi pour connaître Dieu. Ils avaient la maîtrise d'eux-mêmes et une discipline intérieure. Ils s'efforçaient en permanence de développer de bonnes qualités comme l'honnêteté, la compassion, l'amour, le renoncement et la patience. Ils se préoccupaient non seulement de leur propre famille mais aussi de la société. Chacun sentait réellement qu'il (ou elle) avait un devoir envers la société et s'en acquittait sincèrement et de bon cœur. Mais le monde d'aujourd'hui est exactement à l'opposé. A cause de leur nature égoïste et égocentrique, les gens ont fait de ce monde un enfer. Avant, c'était un paradis. Nous nous montrons maintenant tous du doigt. Nous critiquons et mettons en cause l'arrogance et l'égocentrisme des autres. Nous ne pouvons pas supporter l'ego d'une autre personne. Mes enfants, qu'en est-il du nôtre ? Nous n'y pensons jamais. Nous pensons que notre ego n'est pas un problème, mais que c'est l'ego de l'autre qui crée des difficultés. Quelle attitude étrange ! En réalité, c'est notre propre ego qui crée les problèmes dans notre vie, pas celui d'une autre personne. Notre ego devrait devenir un fardeau ; alors seulement, nous essayerons de nous en libérer. A présent, nous le tenons pour une parure. Cette impression nous incite à le garder comme une chose précieuse. Vous ressentez l'ego des autres comme insupportable, et votre ego est tout aussi insupportable pour autrui. Essayez par conséquent de l'éliminer.

Autrefois, les gens considéraient leur travail, quel qu'il fût, comme un moyen d'atténuer leurs *vasanas* ; même la vie de famille avait ce but. Aujourd'hui, les gens augmentent les *vasanas* existantes en agissant avec arrogance et égoïsme.

On dit que le mental humain devient sec et étroit à mesure qu'augmente son engagement dans le monde. Une personne s'élève et évolue lorsque son mental devient expansif. Mais quand le mental devient étroit, la nature physique est elle aussi affectée par l'attitude égoïste, le laisser-aller et le manque de retenue de la personne. La taille des êtres humains diminue rapidement par rapport aux temps anciens. Autrefois, les gens avaient une stature magnifique et étaient solides, mentalement et physiquement. Dans le passé, comme les étudiants du niveau de la classe de seconde actuelle étaient grands ! Mais aujourd'hui, même les étudiants en licence ou en maîtrise sont petits ! À l'avenir la taille humaine va diminuer ; il n'y a aucune largeur d'esprit, seulement de l'étroitesse et de l'égoïsme, qui conduit à une désagrégation tant mentale que physique.

Amma s'arrêta là. Il était dix-sept heures. Les étudiants semblaient très heureux. Chacun d'eux était maintenant captivé. Le plus âgé reprit la parole : « Amma, pardonne-nous si nous t'avons parlé avec arrogance. Je t'en prie, pardonne notre ignorance. »

Un autre garçon dit : « Amma, je reconnais que je suis venu te voir par simple curiosité, mais tu m'as ouvert les yeux. J'essaierai de garder cet état d'esprit. » Un autre étudiant dit encore: « Amma, je n'avais vraiment aucune foi dans les personnes et la vie spirituelles. J'étais très critique à leur égard. Mais maintenant tu as éveillé l'intérêt en moi. Je n'oublierai jamais les instructions que tu as données aujourd'hui. »

Amma alla vers eux et caressa le front de chacun avec beaucoup d'amour et d'affection. Elle dit : « Mes enfants, Amma est très heureuse de vous voir tous. Venez quand vous voulez. Vous êtes les fleurs parfumées de demain. Développez un bon caractère et essayez de faire quelque chose de bénéfique pour la société. » Ils se prosternèrent tous devant Amma et partirent.

Amma descendit la colline jusqu'à l'étang et marcha çà et là, seule. Au bout de quelques minutes, sa voix mélodieuse emplit l'atmosphère avec un chant en l'honneur de Krishna,

Nilakadambukale

Ô arbre Kadamba bleu,
As-tu aussi vu mon Kanna
Dont le teint est bleu sombre.

Elle était en extase. Gayatri et quelques autres personnes descendirent et observèrent Amma de loin. Aucun d'eux ne s'approcha. Les pas d'Amma étaient chancelants, ce qui n'était pas le cas de sa voix sonore, tandis qu'elle continuait avec le deuxième couplet :

Ô les eaux sur les rives
De la rivière Yamuna, avez-vous entendu
La note mélodieuse et enchanteresse
De la flûte de mon Krishna bien-aimé ?
Ô animaux et oiseaux,
Pourquoi regardez-vous alentour
Comme à la recherche de quelqu'un ?

Recherchez-vous comme moi
Le Bien-aimé des gopis ?
Êtes-vous aussi dans le feu brûlant
De l'atroce douleur de la séparation
D'avec Lui, le voleur de cœurs ?

Le chant se termina et Amma s'allongea sur l'herbe. Elle perdit totalement conscience de ce qui l'entourait. Gayatri et *brahmachari* Shrikumar s'approchèrent. Elle était dans un autre monde. Son corps était immobile et ses yeux mi-clos, et son visage rayonnait d'une béatitude infinie.

Le chant qu'elle venait de chanter semblait faire écho dans l'atmosphère, et éveillait une mélancolie profonde dans le cœur de ceux qui l'avaient entendu. Il était près de dix-sept heures trente et le soleil plongeait doucement à l'Occident. Un glorieux mélange de nuages jaune d'or et rouge peignait le ciel de couleurs éclatantes. Leur reflet dans l'eau de l'étang créait un jeu de lumières et d'ombres dansantes. Le doux chant d'un rossignol venant de la forêt voisine accentuait encore le calme et la sérénité de la scène. Une brise légère soufflait de l'ouest, comme pour réveiller Amma du *samadhi*, et caressa doucement son corps. De petites mèches de sa sombre chevelure bouclée tombaient sur son front et dansaient dans la brise.

Quelques minutes s'écoulèrent encore : il était presque dix-huit heures. Elle restait allongée, regardant fixement le ciel. Puis, elle tendit les mains et fit signe à Gayatri de l'aider à se relever. Elle resta assise là un moment puis se leva et se mit à gravir la colline.

Il y eut comme d'habitude les *bhajans* à dix-huit heures trente. Amma participait également. A vingt-deux heures, Elle emmena encore une fois tout le monde au Vishnu Tirtha pour y méditer pendant près d'une heure. Peu après vingt-trois heures, Amma et tout le groupe prirent le chemin du retour et chacun se retira dans sa chambre.

17 mars 1984

La nuit précédente, avant d'aller se coucher, Amma avait demandé à chacun de venir méditer près du Vishnu Tirtha le lendemain matin. Tous les membres du groupe se réunirent donc là avant le lever du soleil. Amma était déjà près du lac, assise sous le banian. Les *brahmacharis* et les dévots s'assirent autour du Vishnu Tirtha pour méditer. Le soleil se levait lentement à l'Orient. La méditation se poursuivit pendant près d'une heure et demie. Ensuite tout le monde vint s'asseoir autour d'Amma, toujours assise sous le banian. Près d'Amma se trouvaient quelques bananes et elle les distribua aux *brahmacharis* et aux dévots. L'un d'eux fit ce commentaire : « Ce qu'Amma donne est le fruit de la connaissance. »

Un autre ajouta : « Le fruit de notre méditation nous est accordé dès qu'elle est terminée. »

Amma : « Arrêtez de parler ainsi. Vous gaspillez ce que vous avez gagné en faisant des commentaires inutiles. Gardez le silence quelques minutes. »

Après cela, personne ne dit mot pendant un moment.

Vers huit heures, des dévots venant de l'extérieur de Kanvashrama arrivèrent pour rendre visite à Amma. L'intensité des rayons du soleil allait en augmentant. A ce moment-là, un jeune garçon d'environ quinze ans arriva, un gros cahier dans les mains. Il avait été envoyé par une institution spirituelle du voisinage qui dirigeait un orphelinat. Lors de la visite d'Amma, ils avaient omis de lui demander d'écrire quelques mots dans leur livre d'or : c'est pourquoi ils l'avaient envoyé ce jour, afin qu'elle y inscrive un message.

Comme une mère avec son enfant, Amma manifesta de l'amour et de l'affection envers le jeune garçon pendant qu'elle conversait avec lui. Elle lui demanda son âge et quelle classe il fréquentait. Amma dit : « Tu as l'air d'être espiègle. Quel sera le résultat final de toutes ces espiègleries ? Tu finiras par avoir des problèmes, n'est-ce pas ? Par conséquent, mon enfant, tu devrais étudier avec application et devenir un bon garçon. D'accord ? »

Le garçon hocha la tête avec enthousiasme, pour montrer son accord avec ce qu'avait dit Amma.

Le garçon : « Amma, j'aimerais avoir ton adresse. »

Amma : « Amma n'a rien de tel qu'une adresse. »

Amma prit le registre des mains du garçon et écrivit sur l'une des pages :

« Mes enfants chéris,

Votre bonheur est la santé d'Amma. Que l'attitude de service désintéressé des enfants dure pour toujours. La compassion que nous manifestons envers les pauvres et les nécessiteux est le vrai devoir envers Dieu. C'est le véritable service. Dieu n'a besoin de rien. Que pourrions-nous donner à l'Un qui est plénitude éternelle ? L'Univers entier Lui appartient. Le soleil n'a pas besoin d'une bougie. Une ampoule électrique n'a pas besoin d'une lampe à pétrole. Ces petits orphelins sont l'égal de Dieu. Dieu réside en ceux qui ont l'attitude : « Je n'ai personne d'autre. » Éternellement bénis et bienheureux sont ceux qui s'occupent d'eux avec désintéressement. Mes enfants chéris, que le service désintéressé des enfants soit éternel ! »

Un dévot nota sur un papier l'adresse de l'ashram et le tendit au garçon en disant : « Voilà l'adresse d'Amma. »

Un dévot : « L'écriture d'Amma est-elle assez claire ? »

Un autre dévot : « Il suffit que nous comprenions clairement la signification de ce qu'Amma a écrit. »

Amma : « Il ne suffit pas de lire avec l'intellect les mots qu'Amma a écrit. Il faut s'efforcer de lire avec le cœur aussi. »

Un dévot voulait prendre Amma en photo. Il lui demanda la permission. Amma lui dit :

Amma : « Un *sadhak* ne doit pas permettre aux autres de le prendre en photo. A chaque photo prise, un peu de notre pouvoir est perdu, comme le fœtus est affecté si on fait des radiographies à une femme enceinte. Si Amma t'autorise à la prendre en photo, les enfants (les *brahmacharis*) feront de même à l'avenir. C'est pourquoi Amma n'autorise pas les gens à la prendre inutilement en photo. En ce qui la concerne, Amma n'a rien à perdre ou à gagner. »

Question : « Amma, qu'attends-tu de tes enfants ? »

Amma : « Rien. Amma n'attend rien. Si tu as l'impression qu'Amma attend quelque chose, c'est pour t'emmener au-delà de toute attente. C'est pour toi, pas pour moi. Un père ou une mère accepte tout ce que lui donne son enfant, même s'il s'agit d'une chose insignifiante comme une pierre, un jouet ou un ballon. Ce faisant, le père et la mère ne gagnent rien ; ils n'attendent rien. Cependant ils acceptent tout ce que l'enfant donne, même si c'est petit et insignifiant, pour la satisfaction de l'enfant, et non pas parce qu'ils souhaitaient que l'enfant donne le jouet ou le ballon. Lorsqu'en toute innocence l'enfant donne le ballon au père, celui-ci l'accepte, simplement parce qu'il ne peut pas le rejeter. Lorsque l'enfant offre à la mère le morceau de biscuit avec lequel il a longtemps joué et qui est maintenant plein de sable et de poussière, la mère en croque un morceau, car elle ne peut pas rejeter l'expression de l'amour de l'enfant. Ce geste exprime son amour pour sa mère. Elle n'attend rien de l'enfant ; en fait, elle n'a aucune envie de manger le biscuit sale ; pourtant elle l'accepte. L'amour vrai ne peut être rejeté. L'amour d'un enfant est vrai parce qu'il a l'innocence. Il n'y a aucune attente dans l'amour vrai. Il s'écoule, simplement, comme une rivière. De la même façon, quand vous offrez quelque chose à Amma, vous le faites pour exprimer votre amour, n'est-ce pas ? Amma accepte votre amour, votre cœur. Non pas qu'elle l'attende, mais simplement parce qu'elle ne peut pas le rejeter. Quand vous offrez quelque chose de tout votre cœur, Amma ne peut pas dire non. Mais elle ne l'attend pas. Quelle que soit la nature de ce que vous offrez, ce qu'Amma accepte est votre cœur.

Supposez qu'un de ses enfants prépare pour Amma un dessert particulier. Tout en le préparant, il ou elle pense tout le temps à Amma, rêvant à la façon dont Amma aimera ce plat spécial, comment elle le mangera, etc. Et quand cette personne apporte à Amma ce mets délicat, elle ne peut pas le rejeter, parce qu'il est cuisiné avec l'amour de la personne. C'est son cœur qui est offert. Qui peut rejeter l'amour pur et innocent ? Qu'on l'accepte ou non, l'amour pur continue de s'écouler.

Amma fait ce qu'elle fait parce qu'elle ne peut pas faire autrement. Aimer est sa nature, servir est sa nature. Elle n'attend rien en retour. Mais ton sentiment qu'Amma attend quelque chose de toi t'encouragera à faire de bonnes choses dans la vie et à progresser spirituellement.

Krishna n'attendait rien des Pandavas. Il fit tout pour eux, car Il ne pouvait pas faire autrement. C'était Sa nature. Il essaya de corriger les Kauravas, Il essaya d'éviter la bataille. Il fit tout ce qui était en Son pouvoir pour l'arrêter, mais les Kauravas Le rejetèrent. Les Pandavas L'acceptèrent, c'est pourquoi Il était du côté des Pandavas. Les Kauravas Le rejetèrent, Il ne pouvait donc pas être avec eux.

Amma se leva pour marcher jusqu'en bas de la colline, en direction de l'ermitage où elle habitait. En chemin, elle rencontra quelques autres dévots qui venaient d'arriver et parmi eux se trouvaient Mademoiselle D. avec son père et son oncle. Amma s'arrêta, appela affectueusement chacun d'eux pour leur donner son darshan. Elle descendit la colline, suivie de tous les dévots. Elle aperçut un oiseau *chakora* (perdrix grecque) posé sur l'une des branches d'un anacardier. Amma s'arrêta brusquement et tendant les bras vers l'oiseau, elle appela : « Oh, oh, oh, Amma, Amma, Amma ! » tout en émettant des sons inhabituels. Puis elle ferma les yeux et resta immobile quelques secondes, exécutant un *mudra* divin avec les doigts de la main droite. Elle fit à plusieurs reprises un mouvement circulaire avec l'index et murmura le mantra familier : « Shiva, Shiva !».

Parvenue à la hutte, Amma pénétra dans sa chambre. Encore ravis de leur marche aux côtés d'Amma, les dévots restèrent quelque temps devant son ermitage, avant de se disperser pour regagner leurs chambres.

Hamsa, qui dirigeait Kanvashrama, était à Madras et avait donc confié à Markus la charge de l'ashram. Markus était très dévoué à Amma. Extrêmement heureux de sa visite à Kanvashrama, il allait partout avec grand enthousiasme pour s'enquérir si les dévots ne manquaient de rien.

Ce matin-là, tout le monde prit le petit déjeuner à neuf heures trente. Amma sortit de nouveau à onze heures. Elle se promena ici et là sur les collines suivie de tout le groupe, chantant des *bhajans* de temps à autre, entrant parfois en *bhava samadhi*, parlant, riant et posant des questions comme une enfant innocente : « Comment les ailes de ce papillon deviennent-elles si colorées ? », ou « Pouvez-vous me dire comment le bouton devient fleur ? » Elle appelait parfois à haute voix « Shiva ! » ou « Amma » tandis qu'elle regardait fixement le ciel tout en marchant, ou qu'elle s'arrêtait pour observer une fleur ou un papillon. Parfois, elle faisait halte pour se reposer. Elle fit ainsi marcher tout le monde, non seulement dans les collines mais aussi dans les rêveries de leur mental, leur permettant d'oublier le monde extérieur et tous leurs problèmes.

A douze heures trente, Amma et les dévots étaient de retour. Elle demanda aux *brahmacharis* de servir le déjeuner. Après la récitation habituelle de la *Bhagavad Gita*, ils commencèrent à manger. Comme une mère nourrit ses petits enfants, Amma mit de ses propres mains une boule de riz dans la bouche de chacun. Puis elle se retira dans sa chambre.

Après les trois jours passés à Kanvashrama, le groupe retournait aujourd'hui à Vallickavu. Chacun fit ses bagages et se tint prêt à partir. Ils se réunirent vers quinze heures devant la hutte d'Amma.

C'était le printemps. Les arbres et les plantes étaient chargés de magnifiques fleurs odorantes, aux couleurs variées. La journée était claire et ensoleillée, mais il ne faisait pas trop chaud. La jeune étudiante mademoiselle D. paraissait très pensive et triste. Elle était assise dans un coin du porche devant la hutte d'Amma. La jeune fille était assise seule, le menton posé dans la paume de la main. Elle fut sortie de sa torpeur par la voix de son oncle: « Mademoiselle D., lève-toi. Allons nous prosterner devant Amma et prendre congé d'elle dès qu'elle sortira. »

Elle se leva et resta debout au côté de son père, fixant des yeux la porte de la hutte d'Amma. Peu après quinze heures, Amma annonça qu'elle aimerait nager dans l'étang avant de partir. Elle appela les *brahmacharinis* et leur demanda de venir avec elle. Leur bonheur était sans bornes, car une telle occasion de nager avec Amma était certainement un plaisir très rare.

Tout à coup, la jeune Mademoiselle D. fit un bond en avant et enserra fortement Amma dans ses bras. Amma répondit à son étreinte et demanda affectueusement : « Ma fille, que s'est-il passé ? »

A travers ses larmes, Mademoiselle D. répondit : « Amma, je ne veux pas rentrer à la maison. Je ne peux rester loin de toi, même une seconde. Je t'en prie, Amma, ne m'abandonne pas. » Le père et l'oncle étaient choqués, comme s'ils avaient été frappés par la foudre. Ils étaient stupéfaits et pâlirent. Il leur fallut quelques instants pour réaliser la gravité de la situation.

En souriant, Amma caressa le front de la jeune fille et dit d'une voix très douce : « Ma fille, va maintenant avec ton père et ton oncle. Ne les plonge pas dans un dilemme. »

Mademoiselle D. déclara d'un ton très déterminé : « Non, je n'irai pas. Je veux venir avec toi. » La jeune fille ne laissait pas Amma faire un geste. Elle ne desserrait pas son étreinte d'un centimètre. Le père et l'oncle étaient très embarrassés. Ils voulaient reprendre leur fille, mais en même temps, leur dévotion pour Amma les empêchait de le faire de force. Le père dit d'une voix très calme et douce : « Nous irons voir Amma plus tard à l'ashram de Vallickavu. Rentrons à la maison maintenant. » Mademoiselle D. répondit durement : « Non ! » « Ne sois pas têtue, dit son oncle. Pense à ta mère à la maison. Qu'allons-nous lui dire ? » Mademoiselle D. était inébranlable : « Je ne partirai pas. Ma mère est ici. » Il n'était pas possible de la faire changer d'avis. Elle refusait de s'éloigner un tant soit peu d'Amma. Le père et l'oncle regardaient Amma d'un air désemparé. Ils ne pouvaient ni ramener Mademoiselle D. de force chez elle, ni partir sans elle.

Finalement, Amma emmena Mademoiselle D. à l'étang. Le père et l'oncle attendirent dans l'espoir qu'Amma lui parlerait et la convaincrait. En quelques minutes, l'atmosphère changea complètement. Les dévots pouvaient entendre le bruit des éclaboussements d'eau et à travers eux, le rire bienheureux d'Amma. Puis la voix d'Amma s'éleva et les filles reprirent en chœur :

Srishtiyum niye

Tu es la Création et le Créateur,
Tu es l'Énergie et la Vérité,
Ô Déesse ! Ô Déesse ! Ô Déesse !

Tu es le Créateur du Cosmos,
Tu es le commencement et la Fin.
Tu es l'essence de l'Âme individuelle,
Tu es aussi les cinq éléments.

Quelques dévots semblaient un peu tristes. L'un d'eux dit: « Quel dommage ! J'aimerais tant être une femme. Je me sens malheureux et exclu. »

Kanvashrama résonnait de la voix divine d'Amma. De nombreux dévots, hommes et femmes, étaient assis plus haut, de l'autre côté de la colline. Leur entière attention était concentrée sur la voix d'Amma, qui s'élevait de l'étang en contrebas. Aucun bruit ne venait troubler l'air ambiant. Le gazouillis des oiseaux et les chants poignants d'Amma étaient les seuls sons qui donnaient vie à l'atmosphère de l'ashram. Tout le monde était joyeux et heureux ! Tout le monde, sauf le père et l'oncle de Mademoiselle D.

Après le bain, Amma s'assit sur les marches en béton au bord de l'étang et parla à Mademoiselle D., disant : « Ma fille, tu dois réfléchir encore davantage avant de prendre une décision finale.

Ce n'est pas une voie facile. Ne sois pas impatiente. Rentre chez toi et réfléchis patiemment. Regarde, ton père et ton oncle sont dans l'embarras. Tu leur donnes du souci. Ils ne peuvent pas rentrer à la maison sans toi. Ta mère sera elle aussi très triste. Dans quel état sera-t-elle quand elle apprendra que tu es partie ? Et surtout, si tu quittes ta maison en tournant le dos à tes parents, cela fera une mauvaise réputation à Amma et à l'ashram. Tu peux venir voir Amma à l'ashram avec tes parents. Alors, maintenant, tu vas rentrer chez toi. »

Mademoiselle D. répondit : « Non, je n'irai pas. Je veux être avec toi. » Elle ne dit rien de plus, puis resta tranquille. Elle semblait déterminée et ferme. Elle n'était pas émue le moins du monde et ne laissait paraître aucune excitation. Elle était détendue et paisible.

Simplement pour jouer son rôle avec justesse et sincérité, Amma essaya encore d'autres moyens. Elle appela quelques-uns des plus anciens *brahmacharis* afin qu'ils lui parlent. On fit aussi venir son père et son oncle. Une longue discussion s'ensuivit, chacun essayant d'exposer à Mademoiselle D. les différents aspects du problème. Elle restait tranquillement assise, impassible, comme si cette discussion ne la concernait pas. De temps en temps, elle se tournait vers Amma et disait avec douceur : « Non, je ne partirai pas. »

Il se faisait tard. Amma devait regagner l'ashram de Vallickavu le jour même. L'heure prévue pour le départ était passée. Le problème de mademoiselle D. n'était toujours pas résolu. Elle semblait être assez « dure à cuire ». Finalement, Amma dit au père et à l'oncle : « Ne vous en faites pas; rentrez chez vous. Avant de retourner à l'ashram, Amma viendra chez vous avec Mademoiselle D. »

Le père et l'oncle partirent tous les deux.

La suite apporta de nombreux éclaircissements au sujet de Mademoiselle D. Elle était habitée d'une très grande dévotion et l'avait été dès son plus jeune âge. Elle n'avait lu que des livres spirituels et pratiquait régulièrement le *japa* et *dhyana* lorsqu'elle était chez elle. Elle avait dit plusieurs fois à ses parents : « Je prendrai *sannyasa*. Je ne vous permettrai pas de me donner en mariage. »

Suivant sa propre inclination et sa propre volonté, mademoiselle D. choisit la philosophie comme sujet principal pour sa licence. Lorsque deux jours plus tôt, elle avait rencontré Amma pour la première fois à Kanvashrama, elle avait été irrésistiblement attirée par elle et avait décidé de quitter le monde en acceptant Amma comme guru. Elle avait le sentiment très fort qu'Amma était l'incarnation de Kali, la Mère divine. Ayant compris son état d'esprit, Amma n'avait pas donné à Mademoiselle D. la moindre chance de lui parler. Amma remarqua également que cette jeune fille était dotée d'une très bonne disposition spirituelle. Elle dit : « Amma l'a su dès le premier jour. Une fille avec de très bonnes tendances spirituelles ! Amma savait que cela arriverait ; c'est pourquoi elle a volontairement évité que la jeune fille ait une occasion de lui parler. »

Après sa première visite à Amma, mademoiselle D., de retour chez elle, se prépara à quitter sa maison et sa famille afin de prendre *sannyasa*. Le dix-sept au matin, elle quitta la maison disant qu'elle allait à l'université. Elle retira tous ses bijoux en or et les laissa dans la maison, n'emportant que les vêtements qu'elle avait sur elle. Mademoiselle D. n'alla pas à l'université mais se dirigea vers Kanvashrama. C'est à ce moment qu'elle se retrouva nez à nez avec son père et son oncle qui arrivaient par un autre côté, en route eux aussi vers Kanvashrama pour recevoir à nouveau le darshan d'Amma. Ils furent surpris de la voir et quand ils apprirent qu'elle aussi voulait voir Amma, ils poursuivirent tous trois leur route ensemble vers Kanvashrama. Le père et l'oncle de mademoiselle D. avaient eux-mêmes un penchant spirituel et n'étaient donc pas opposés à son souhait de voir Amma. En effet, son père avait l'habitude de l'emmener écouter des discours traitant de spiritualité. S'ils avaient su que les choses prendraient un tournant aussi abrupt vers ce qu'ils considéraient comme le pire, ils ne l'auraient pas emmenée voir Amma. Cette fois-ci, Amma s'adressa à Mademoiselle D.

Amma : « Ma fille, l'éducation et la connaissance du monde qui nous entoure sont également nécessaires. Tu pourras venir te joindre à l'ashram quand tu auras terminé tes études. Par ailleurs, ton père est quelqu'un d'instruit en matière de textes religieux. Sa dévotion n'est pas aveugle. Il connaît les principes essentiels de la religion. Par conséquent, il ne t'empêchera pas de mener une vie spirituelle. Mais ta mère est-elle ainsi ? Non. Elle va crier et faire du vacarme dans la maison, aggravant ainsi les choses. On dit que quand le grand Sukha renonça à tout et devint *sannyasi*, Vyasa, qui était lui-même une grande âme, courut derrière lui en pleurant et en hurlant : « Mon fils ! » Tel est le pouvoir de *maya*. Quelle sera donc la réaction de personnes ordinaires ? Aucun père, même s'il est lui-même *sannyasi*, ne permettra à son fils de devenir moine. Ta mère est celle qui t'a donné naissance, n'est-ce pas ? Elle ne pourra pas supporter ton départ. »

Un dévot (*à l'intention d'Amma*) : « La mère qui a donné naissance est assise là, juste devant nous. » (*Tous rient, y compris Amma.*)

Enfin, le véhicule transportant Amma et ses enfants prit la direction du nord. La galerie sur le toit était remplie de bagages. Les passants et les gens sur le bord de la route regardaient d'un air intrigué cet énorme tas sur le toit du véhicule. Quand il avait démarré, Amma avait rit et dit en plaisantant : « C'est un voyage avec poêles et casseroles. Nous sommes des mendiants. » (*Rires.*)

Pendant tout ce temps, mademoiselle D. restait assise près d'Amma, qui était très calme et parfaitement détendue, comme si rien ne s'était passé. Les autres se demandaient ce qui se produirait lorsqu'ils arriveraient chez mademoiselle D. La jeune fille semblait déterminée, mais quelle serait la réaction de la famille?

Le véhicule s'immobilisa devant la maison. Ici, tout le monde était maintenant au courant de l'incident, puisque le père et l'oncle avaient pris de l'avance sur la voiture d'Amma. Un petit groupe de gens étaient réunis devant la maison. La plupart d'entre eux étaient des parents, d'autres des voisins ou des passants curieux. La mère de Mademoiselle D. pleurait, criait et se frappait la poitrine. Elle courut hors de la maison et se rua vers le véhicule en hurlant et en se lamentant. Elle cria à l'intention de sa fille qui restait assise à l'intérieur : « Toi, ma fille, tu ne partiras pas avant de m'avoir tuée ! » Le père, l'oncle et d'autres parents essayèrent même de forcer physiquement la jeune fille à sortir du véhicule. Peu importait ce qui lui était dit ou qui essayait de la tirer, celle-ci ne bougeait pas.

Amma : « L'ashram est une institution spirituelle. Amma n'acceptera pas cette enfant sans l'autorisation de ses parents. »

Mademoiselle D. : « Amma, est-ce que tu m'abandonnes ? »

Amma : Non, ma fille, jamais. Tu appartiens à Amma. Mais le public ne croira pas que tu as choisi d'embrasser la vie spirituelle de ta propre volonté. Ils diront autre chose et inventeront même des histoires. Il vaut donc mieux que tu viennes à l'ashram plus tard, avec la permission de ton père et de ta mère. »

Mademoiselle D. restait assise dans le véhicule, impassible. Finalement, Amma en descendit. Elle demanda à mademoiselle D. de sortir avec elle et la jeune fille obéit. Amma lui attrapa la main et l'entraîna dans la maison. A l'intérieur, Amma dit à voix haute : « Tous ces gens iront raconter des tas d choses si je l'emmène aujourd'hui. Si elle est suffisamment déterminée et si elle est destinée à devenir une *sannyasini*, cela se fera. » Puis Amma expliqua à mademoiselle D. le genre d'affirmations ou de commentaires que feraient les gens sur elle et sur sa famille si Amma l'emmenait maintenant. Les membres de la famille furent ahuris et frappés de stupeur en entendant ce qu'Amma disait : elle répétait exactement ce qu'ils avaient eux-mêmes proféré à son encontre, sans en oublier un seul mot. (Nous en fûmes informés plus tard par un dévot qui se trouvait là.)

Tandis qu'Amma sortait de la maison, quelqu'un commenta : « Quelle merveille, cette Amma. Elle sait tout. Ne l'avez-vous pas entendue répéter tout ce que nous avions dit ici, sans en oublier le moindre mot ? »

Le véhicule repartit vers le nord, laissant Mademoiselle D. chez elle. Un dévot demanda : « Est-ce qu'ils vont la battre ou lui faire du mal ? » « Non ! Ils ne la toucheront pas », répondit Amma d'une voix pleine de détermination.

Tandis que le voyage se poursuivait vers le nord, l'atmosphère changea et chacun devint joyeux et plein d'enthousiasme. Amma elle-même s'élança vers les sommets de la béatitude quand, en état d'extase, Elle chanta

Maname nara jivitam makum

Ô mental, cette naissance humaine
Est comme un champ.
S'il n'est pas cultivé proprement,
Il devient sec et stérile.

Tu ne sais ni semer les graines correctement,
Ni les faire bien pousser,
Et n'as pas non plus le désir de savoir.

En enlevant les mauvaises herbes et en fertilisant,
En donnant des soins appropriés,

Tu peux avoir une bonne récolte.

La première partie de la vie
Se passe en pleurs impuissants,
Et la jeunesse dans des attachements sensuels.

Tandis qu'approche le grand âge,
Ta force t'est retirée,
Tu deviens comme un ver désemparé,
Oisif, passant ton temps
À n'attendre que la tombe.

Amma chanta encore quelques *bhajans* auxquels tout le monde répondit en chœur. Ils semblaient avoir oublié qu'ils voyageaient dans un van, tant étaient grandes leur joie et leur gaieté, chacun prenant part au flot abondant de béatitude spirituelle.

À la fin des *bhajans*, Amma dit en riant : « Alors que sa mère créait un tel vacarme en criant et en se lamentant quand elle venait vers le véhicule, savez-vous ce que Mademoiselle D. a dit à Amma à voix basse ? « Amma, ce n'est qu'une comédie qu'elle joue devant toi. Cela ne durera pas longtemps. » Mademoiselle D. n'est pas une femme, mais un homme. Elle restait impassible même quand sa mère était en pleurs. »

Tandis qu'Amma parlait, le véhicule s'arrêta devant la demeure d'un autre dévot. Amma y passa quelques minutes. Amma se rendit d'abord dans la chambre de prières familiale et y fit une petite puja. Le fils, qui préparait son doctorat en Médecine, ne voulait plus continuer ses études. Il désirait prendre *sannyasa* (renoncer au monde), mais ses parents s'y opposaient. Sa sœur avait aussi des inclinations semblables. Elle ne lisait que des livres spirituels. Les parents étaient très préoccupés de ce qui allait advenir de leurs enfants. Amma consola chacun et remonta de nouveau dans le véhicule. Elle remarqua :

Amma : « C'est vraiment étrange de voir les gens se comporter ainsi. Ils donneraient plutôt leurs enfants au dieu de la Mort qu'au *sannyasa*. Quelle pitié ! Le *kali yuga* à son apogée. Que dire de plus ? »

Un autre programme était prévu en cours de route à la maison d'un dévot. Celle-ci ne se trouvait pas sur la route principale et le minibus dut faire un détour de quelques kilomètres en empruntant de petites routes secondaires. A neuf heures, le groupe d'Amma arriva à destination, dans un village. Les *brahmacharis* devaient y donner un programme de bhajans et Amma demeura donc dans le véhicule. Gayatri et quelques dévots chefs de famille restèrent près d'elle. Le dévot chez qui les *bhajans* avaient lieu apprit qu'Amma se trouvait dans le minibus ; il s'y précipita et la pria de venir sanctifier sa maison par sa présence. Ne pouvant rester indifférente à la prière du dévot, Amma entra dans la maison où il la reçut avec un grand respect, puis la conduisit vers la chambre de prières. Un prêtre y accomplissait une puja et Amma s'assit, observant simplement ce qu'il faisait.

Il était près de onze heures du soir lorsque, après les *bhajans*, nous eûmes fini de dîner. Au moment de quitter la maison, nous vîmes un moine en train de discourir dans la cour. Tandis qu'il en arrivait à la conclusion, il devint clair qu'il suivait la voie de la connaissance.

Un dévot dit à Amma : « On dirait que le swami n'avait pas beaucoup d'estime pour la voie de la dévotion. »

Amma répondit : « Non, non, ne croyez pas cela. Écoutez ce qu'il a dit. » Et Amma répéta tous les points que le swami avait abordés, dans le même ordre, depuis le début. Le dévot, qui avait écouté avec intérêt le discours du swami, fut émerveillé. Ni lui ni personne n'avait vu Amma y prêter attention pendant tout le temps où ils avaient été présents. Il leur avait semblé qu'elle observait attentivement la puja.

Il était minuit lorsqu'Amma et son groupe parvinrent à Vallickavu. Dès qu'elle descendit du véhicule, elle dit à haute voix : « Shiva, Il n'y a de l'eau nulle part, ici. » Personne ne pouvait comprendre pourquoi elle avait dit cela et tous restèrent perplexes. L'un des *brahmacharis*, ne pouvant contenir sa curiosité, demanda : « Amma, pourquoi dis-tu cela ? Comment le sais-tu ? Nous n'avons pas encore atteint l'ashram. » Amma se borna à sourire et dit : « Rien. La folie, quoi d'autre ? »

Mais ils purent se rendre compte de la signification de ses paroles quand ils arrivèrent à l'ashram : ils se dirigèrent vers les robinets pour se laver le visage et les pieds, mais il n'y avait pas une seule goutte d'eau. Pas d'eau non plus dans la citerne. Il n'y avait pas eu d'électricité depuis deux jours. On alluma des bougies pour que chacun puisse regagner sa chambre et se coucher. Vers minuit et demi, Amma se rendit elle aussi dans sa chambre.

18 mars 1984

Amma apparut sur les marches près du seuil de sa chambre le matin à sept heures et demie. Sa chevelure noire et bouclée était dénouée et tombait en cascade sur son dos, évoquant les cheveux de Kali, la Mère divine. Quelques résidents et dévots chefs de famille se tenaient sur les marches. La discussion portait sur l'admission possible de femmes à l'ashram en tant que chercheuses spirituelles. Certains n'étaient pas favorables à cette idée.

Amma : « Afin d'éviter les éventuels obstacles dans la *sadhana*, on dit que les hommes et les femmes ne devraient pas vivre dans le même ashram. Le problème est plus simple s'il s'agit de filles dotées de *vairagya*. Mais même alors, on doit toujours rester vigilant. Comme l'attraction entre hommes et femmes est naturelle, des pièges se présenteront si on ne fait pas très attention. Les femmes aspirantes doivent avoir un caractère viril. Avant, Amma n'aimait pas être une femme. Elle demandait aux voisins : « Quand vais-je

devenir un homme ? » Pour ce qui est de l'ashram, Amma est
là pour s'en occuper. Il n'est donc pas nécessaire de s'inquiéter. »

Pendant que se poursuivait la conversation, Suresh, le frère
d'Amma, était arrivé et avait entrepris de lui couper les ongles qui
étaient devenus très longs. Amma ne s'en souciait pas. Elle n'était
pas le moins du monde concernée par son corps. Quelquefois,
Gayatri devait lui rappeler de prendre une douche, de manger ou
de boire au moment voulu, ou d'aller se coucher. Amma était très
négligente en ce qui concernait sa personne et surtout la nourriture
et le sommeil, prenant très peu de l'un comme de l'autre.

Tandis que Suresh continuait de lui couper soigneusement les
ongles, Amma dit :

Amma : « Les *mahatmas* font des règles pour les autres. Mais ils
ne s'y conforment pas eux-mêmes. Ils sont au-delà de toutes règles
et de toutes conventions. Rien ne les lie. »

Un dévot : « Dans la rue, parfois, j'ai envie de chanter le Nom
divin à haute voix. »

Amma : « Il faut n'avoir aucune timidité, aucune honte ni fausse
modestie pour chanter le Nom divin. Appelle à haute voix au
moment où tu en as l'envie, ne la réprime pas. Laisse ton cœur
s'ouvrir et s'écouler vers Lui sans aucune gêne. De tels appels
spontanés t'aideront sûrement à ouvrir ton cœur.

Amma leva les yeux et vit quelques enfants transportant des
briques pour l'ashram. Shivan, le fils de Kasturi, la sœur aînée
d'Amma, était parmi eux. Amma éleva la voix et lui dit : « Shivan,
porte les briques en chantant Aum... Aum... Aum... » Puis elle
parla de l'éducation des jeunes enfants.

Amma : Si l'on donne aux enfants la formation appropriée
quand ils sont très jeunes, ils ne se fourvoieront pas. Les parents
devraient y prendre un intérêt personnel. De nombreux enfants
empruntent le mauvais chemin à cause la négligence de leurs
parents. L'amour sans discipline n'est pas l'amour vrai, c'est un

simple attachement. Un attachement trop fort, comme celui qu'éprouvent généralement les parents pour leurs enfants et particulièrement les mères, gâte l'enfant. Les parents doivent s'efforcer de former chez leurs enfants un bon caractère. Pour y parvenir, que leur propre un caractère possède une certaine pureté. Ils doivent montrer l'exemple. Un père qui fume cigarette sur cigarette ne peut pas conseiller à son fils de ne pas fumer. En fumant lui-même, il encourage son fils à le faire. Un père qui se met souvent en colère contre la mère ne peut pas demander à son fils de ne pas se mettre en colère contre sa femme. Une mère qui ne pense qu'à aller voir des films ne peut pas conseiller à sa fille de ne pas aller au cinéma. Les parents ont une grande influence sur leurs enfants, s'ils sont moralement bons, les enfants le seront eux aussi et l'inverse est également vrai.

Imaginez deux garçons marchant dans la rue. Peut-être quelqu'un les montre-t-il du doigt à son ami en disant : « Regarde ces enfants. Je n'ai jamais vu de ma vie des enfants aussi arrogants et mauvais. » Et son ami fera le commentaire suivant : « Oh, rien d'étonnant à cela. Leurs parents sont untel et untel, n'est-ce pas ? Que peut-on espérer d'autre de la part d'enfants de telles personnes ? » On peut aussi entendre des commentaires opposés à propos d'autres garçons ou filles : « Il n'est pas étonnant qu'ils soient si bons. Leurs parents ont un caractère si pur ! Leurs enfants leur ressembleront certainement. »

Par conséquent, les parents doivent être très vigilants dans leurs rapports avec leurs enfants. Ne leur donnez pas tout ce qu'ils demandent. Ils n'ont pas de discernement. Si vous n'utilisez pas la vôtre quand vous accédez à leurs désirs, vous les conduisez vers la destruction. Quand vous nourrissez leur corps, n'oubliez pas de nourrir aussi leur mental en le disciplinant correctement. Donnez un travail physique à vos enfants. Qu'ils suent et peinent un

peu chaque jour, sinon ils deviendront paresseux et bons à rien.
Offrez-leur une chance de connaître la valeur du travail.

Gayatri apporta un verre de thé pour Amma. Elle attendait, le
verre à la main, debout derrière Amma. Un dévot dit doucement :
« Amma, du thé. Je t'en prie, bois-le avant qu'il ne refroidisse ! »
Amma prit le thé des mains de Gayatri, en but une gorgée et dit :
« Assez. » « Amma, tu en as pris à peine », dit le dévot . « Oui,
c'est suffisant », répondit Amma. Puis elle poursuivit :

Amma : « Des gens qui dirigent un orphelinat sont venus voir
Amma à Kanvashrama. Ils ont dit à Amma qu'ils avaient plus de
quatre cent enfants. Ils les éduquent et leur donnent une formation
professionnelle. Les enfants peuvent rester et continuer s'ils le
souhaitent. Certains mènent une vie de famille après avoir quitté
l'orphelinat. Amma a conseillé aux responsables de l'orphelinat
de leur enseigner aussi le *Vedanta* ou de leur donner tous les jours
une instruction spirituelle pour leur permettre de se développer
intérieurement. Ils pourront ainsi discerner entre l'éternel et le
non-éternel. Grâce à cela, peut-être que les orphelins d'aujourd'hui
ne créeront pas de nouveaux orphelins. Ils ne vivront pas comme
des chiens. Les chiens mangent, boivent, procréent et élèvent
leurs petits. Où est la différence si les humains vivent de la même
façon ? Ce n'est pas la vie, c'est la mort, ou pareil à la mort. Les
êtres humains sont faits pour discerner ; par conséquent, essayez
de vivre comme un être humain digne de ce nom, et non comme
un animal.

Les êtres humains sont supposés être hautement évolués. Même
les animaux suivent une discipline dans leur vie. Un lion ne mange
jamais d'herbe. Un cerf ou un éléphant ne mange pas de viande.
Ils ne modifient pas les habitudes dictées par leur instinct. Mais
les êtres humains font n'importe quoi, sans discernement. Nous
abusons de notre libre-arbitre. Si nous ne sommes pas à la hauteur
du but d'évolution spirituelle qui est la raison de notre existence,

et si nous n'agissons pas en conséquence mais nous conduisons au contraire d'une façon indisciplinée et immature, nous sommes certainement pires que les animaux. Si nous continuons d'agir sans discipline, nous paverons le chemin de notre destruction.

19 mars 1984

Le monde est issu du verbe

Tôt le matin, *brahmachari* Unnikrishna accomplissait la cérémonie quotidienne d'adoration dans le temple en récitant les Mille Noms de la Mère divine. Quelques autres *brahmacharis* psalmodiaient avec lui, produisant ainsi un son très agréable à l'oreille et au cœur.

Shivan, le fils de Kasturi, âgé de deux ans, se promenait alentour avec une image de Mère Kali appartenant à un *brahmachari*. Il avait un grand sourire aux lèvres. C'est alors qu'Amma sortit de sa hutte ; Elle fut heureuse de voir l'enfant porter l'image et dit à Shivan : « Mon fils, maintenant, prie Dévi : Dévi, s'il Te plaît, fais de moi un *sannyasi*. » Shivan répéta la phrase et tout le monde rit. Amma se tourna vers les *brahmacharis* et dit :
Amma : « Regardez ce garçon, voyez comme il obéit. Il a fait exactement ce qu'Amma lui a demandé. C'est ce genre d'obéissance et de foi que doit avoir un aspirant. »

Shivan voulait une balançoire. Il exprima son désir à Amma à sa manière enfantine. Il savait à qui s'adresser. Amma demanda à l'un des résidents de lui en fabriquer une. Puis Amma parla encore à Shivan : « Mon fils, tu dois chanter *Amme narayana* pendant que tu te balances, d'accord ? Tu dois aussi méditer quand tu es assis sur la balançoire, promis ? » Shivan approuva de la tête. Un *brahmachari* arriva alors et murmura quelque chose.

Amma : « Mes enfants, vous devez faire très attention en prononçant chaque mot. C'est du Verbe que le monde vint à l'existence. Le monde repose sur le Verbe. Au commencement était le silence absolu, le silence d'avant la création, le silence de la paix. Dans cet état, le mental cosmique se trouvait alors dans une absorption totale. Puis le Verbe, le premier Verbe, rompit le silence. Ainsi émergea le monde. Cette création a lieu en chacun de nous. Chaque mental est un petit monde. Nous avons créé un monde de pensées. Les pensées deviennent des désirs et les désirs à leur tour entretiennent le cycle. Par conséquent, faites attention quand vous prononcez un mot. Nous continuons à créer d'innombrables mondes avec les mots que nous prononçons.

La parole d'un chef de famille est comme du sable, tandis que celle d'un *brahmachari* contient de la colle. Les *brahmacharis* doivent parler avec beaucoup de prudence. »

Amma s'assit alors et se nettoya les dents avec des balles de riz brûlées mélangées à du sel et du poivre moulu.

Amma : « Les balles de riz brûlées mélangées au sel et au poivre moulu sont très bonnes pour les dents. Les dentifrices et autres sont venus plus tard. Autrefois, les gens utilisaient des produits naturels. En ce temps-là, les gens vivaient en harmonie avec la nature, ce qui leur donnait une bonne santé physique et mentale. Mais maintenant, tout est artificiel. Les gens ont cessé de coopérer avec la nature et de vivre en communion avec elle. C'est pourquoi la nature ne coopère plus avec les êtres vivants. Ils ont pollué la nature, et plus rien n'est naturel. Tout est toxique et plein de produits chimiques. »

Au mois d'avril, Amma avait prévu de visiter Kanyakumari (Cap Comorin) avec les dévots. Une femme avait proposé de prendre en charge les dépenses. Amma se rinça la bouche et fit le commentaire suivant sur cette éventuelle expédition :

Amma : « Notre voyage n'est pas un pique-nique. C'est un voyage spirituel. Personne ne devrait parler inutilement. Ne critiquez pas les défauts des autres pendant ce voyage. Pas de bavardages. Pas de commérages. Si les enfants des dévots laïcs nous accompagnent, ils doivent observer la routine des *brahmacharis*. *Japa, dhyana, bhajans* et discussions spirituelles doivent avoir lieu ponctuellement. Tous devraient y participer sans faute. Ce voyage, s'il se produit, n'est pas fait pour que nous gaspillions notre énergie en parlant, en faisant du tourisme ou du shopping, mais pour acquérir davantage d'énergie. Rappelez-vous que ce voyage avec Amma est fait pour arrêter les voyages incessants de notre mental. Amma n'entreprend pas ces voyages pour des raisons futiles. »

Un *brahmachari* avait de la difficulté à accepter la théorie de l'*avatar*, selon laquelle Dieu descend sur la terre en prenant forme humaine pour restaurer la droiture, la justice et la vérité. Il interrogea Amma à ce sujet.

Amma : « Mon fils, crois-tu en la nature omnipotente, omnisciente et omniprésente de Dieu ? »

Le *brahmachari* : « Oui, certainement. »

Amma : « Alors pourquoi douter de Sa nature créatrice ? Il n'est rien qu'un Dieu doté de telles qualités ne puisse faire, s'Il le veut ou le désire. Un être humain ordinaire, doté seulement d'un corps, d'un mental et d'un intellect limités, ne peut rien comprendre sans l'usage de noms et de formes ; que pourrait-il alors comprendre à Dieu sans forme ? Pour donner aux êtres humains l'expérience des qualités divines, Dieu le Sans-Forme assume une forme. Les attributs divins n'ont en eux-mêmes ni forme, ni couleur, ni goût. S'Il reste sans forme, qui va Le comprendre ? Qui va puiser l'inspiration en Lui ? Il demeurera comme quelque chose d'impossible, quelque chose qu'on a forgé. Les Écritures et les affirmations qu'elles contiennent resteront bien au-delà de tout entendement humain. Afin de rendre ces notions concrètes,

Dieu vient sous une forme humaine pour servir le monde, l'aimer et lui offrir un exemple. Une forme humaine est nécessaire : Il assume par conséquent un nom et une forme conformément aux besoins de l'époque.

Dieu est omniscient. Alors, pourquoi mets-tu en doute qu'Il puisse prendre une forme et descendre sur la terre pour servir la race humaine et rétablir la paix et la droiture ? Dieu est sans forme, mais il peut assumer toute forme à tout moment, comme bon Lui semble. C'est pour jouer Sa *lila* en tant qu'être humain que Dieu prend une forme. Il Se comporte exactement comme un être humain mais, à l'intérieur, Il n'oublie jamais Sa véritable nature.

Sri Rama était l'incarnation du Seigneur Narayana : pourtant, ne versa-t-il pas des larmes lorsque Sita fut kidnappée par Ravana, le roi des démons ? Sri Krishna fut tué par une flèche tirée par un banal chasseur, n'est-ce pas ? Et Jésus-Christ, ne fut-il pas torturé et n'eut-il pas à souffrir comme un être humain ordinaire ? Ils étaient tous des *avatars* et ayant prit une forme humaine, ils voulaient faire l'expérience de ce que ressentent les êtres humains. C'est là leur grandeur : choisir de souffrir comme un mortel tout en étant pleinement conscients de leur Divinité. C'est la plus grande et la plus merveilleuse renonciation que puisse accomplir un *mahatma*. Il prend et il accepte la souffrance de sa propre volonté pour le bien des autres.

De plus, vous pouvez voir une différence évidente entre une personne ayant atteint la libération par l'ascèse et une personne née divine, c'est-à-dire une incarnation. Une incarnation fait traverser l'océan de la transmigration à des milliers de gens. Elle est comme un immense navire qui peut transporter des milliers de passagers. Celui qui a atteint la libération par une *sadhana* ne peut pas le faire.

Un *avatar* s'incarne avec tous les pouvoirs divins et les manifeste à une très grande échelle. Il est conscient de sa nature divine dès le moment de sa naissance. Même s'il accomplit une *sadhana*, ce n'est que pour donner un exemple aux autres. Il a un pouvoir infini et une énergie inépuisable. Par contre, celui qui travaille pour atteindre la Réalisation du Soi par une *sadhana* évolue lentement vers cet état. La différence est la même qu'entre une personne née et élevée à Bombay, un natif, et quelqu'un qui y a émigré. »

Le *brahmachari* (joyeusement) : « Oui, c'est clair, maintenant je comprends qu'Amma est un *avatar*. »

Amma (*riant et se réjouissant*) : « Non, non... Ton Amma n'est pas un *avatar* mais une fille folle et bonne à rien. »

Le *brahmachari* : « Oui, oui. Ta *lila* en tant qu'être humain est vraiment merveilleuse. Ça, tu ne peux pas le nier. (*Doucement, comme en secret, il demanda à Amma*) Amma, je t'en prie, dis-moi, n'es-tu pas un avatar ? Arrête de jouer tes tours ! (*Amma éclata alors réellement de rire en voyant l'innocence du brahmachari.*)

À ce moment-là arriva un pigeon, venu semblait-il de nulle part, et il se posa près d'Amma. Elle prit quelques grains de riz soufflé dans sa main et l'oiseau vint picorer à même sa paume. Comme un enfant innocent, elle regarda l'oiseau et soudain se mit à crier : « *Anandoham, anandoham, anandoham.* » (Je suis la Joie, je suis la Joie, je suis la Joie.) Elle entra en *samadhi,* le riz soufflé dans la main droite tendue. Le pigeon s'arrêta tout à coup de picorer et resta immobile, comme s'il ne voulait pas déranger Amma. Il tournait la tête de droite à gauche et ne cessait de regarder le visage d'Amma. Mais il ne bougea pas de l'endroit où il se trouvait et ne prit pas d'autres grains de riz dans son bec.

Les minutes passèrent. Amma redescendit progressivement de son état d'élévation intérieure. Quelques minutes s'écoulèrent encore ; finalement elle sembla être revenue complètement à son état normal, ayant toujours la main droite tendue, tenant le riz. À l'étonnement général, le pigeon se remit à picorer les grains restants. Lorsqu'il eut fini, Amma ferma la main et la retira avec ces mots : « C'est tout. Maintenant, tu pars. » L'oiseau s'envola immédiatement. Les *brahmacharis* présents étaient frappés d'admiration et d'émerveillement. L'un d'eux commenta : « Cet oiseau a dû être un *sadhak* ou un dévot d'Amma dans sa vie précédente. » Se tournant vers Amma, il demanda : « Amma, ai-je raison ? »

Amma sourit et dit : « Qui sait ? Peut-être. » Après une courte pause, Elle poursuivit : « Certains *avadhuts* et *tapasvis* peuvent prendre la forme qu'ils veulent. Cela pourrait être l'un d'eux venus nous voir tous ensemble. »

Un autre *brahmachari* répliqua: « Amma, si c'était pour nous voir tous, l'oiseau serait venu vers chacun de nous. (*Tous rient.*) Mais il est resté près de toi sans bouger d'un pouce. Non seulement cela, mais il n'a montré en rien qu'il connaissait l'un d'entre nous, sauf toi. (*Tous rient de plus belle.*) Cela veut dire que vous vous connaissiez. Nous autres, pauvres créatures, étions exclus. Donc c'est toi qu'il est venu voir, Amma, pas nous ! »

24 mars 1984

Aujourd'hui quelques personnes de l'Est du Kérala vinrent voir Amma et visiter l'ashram pour la première fois. Ils étaient très curieux de connaître l'ashram et Amma. Comme ils étaient sincères et n'avaient pas d'idées préconçues, Amma répondit à leurs questions avec beaucoup d'enthousiasme.

Question : « Amma, nous souhaitons vivement en apprendre davantage au sujet de l'ashram. Les gens racontent différentes choses. En venant ici, nous avons entendu au carrefour de Vallickavu des personnes dirent du mal de l'ashram. Elles ne semblaient pas très croyantes. »

Amma : « Mes enfants, la plupart d'entre eux croient en Dieu. Ils vont au temple et observent le rituel. Une fois par mois, ils organisent chez eux des séances de lecture du *Bhagavatam* et du *Ramayana*. Mais ces enfants ne savent pas ce qu'est un ashram et ne comprennent pas non plus le *sannyasa*. Ils ne connaissent rien aux principes internes de la religion et de la spiritualité. Ils en ont des conceptions erronées.

(Quelques jeunes gens arrivèrent alors et prirent place.)

C'est pourquoi Amma ne les blâme pas. Les villageois disent qu'il doit y avoir une fraude, avec tous ces étrangers qui viennent à l'ashram. Ils se demandent comment ces gens peuvent venir sans que l'ashram fasse aucune publicité. *(Avec un sourire)* Amma dirait que c'est Dieu, le voleur. C'est Lui qui est responsable de la fraude. C'est cet Être-là qui fait tout. Leur question est de savoir comment nous avons attiré des gens par des moyens autres que la publicité faite par les êtres humains avec du papier et de l'encre. Ils ne connaissent que ce que leur intellect peut percevoir et comprendre et ne savent rien du plan au-delà de l'intellect humain ; ils ne veulent pas non plus faire le moindre effort pour en acquérir quelque notion. Ils utilisent la méthode facile pour éviter les idées concernant la spiritualité, en les critiquant et en les rejetant sans chercher à en connaître davantage. Ils sont incapables de rien concevoir au-delà de ce monde physique. Tout leur savoir se borne aux limites de leur perception. On ne peut pas les en blâmer, car la nature humaine est ainsi faite.

L'ashram, un endroit pour les tyagis (renonçants)

Amma continua :

« Ils disent que c'est un endroit pour ceux qui recherchent le plaisir. Qu'ils viennent voir. Ils comprendront alors que c'est un endroit pour les *tyagis*, et non pour les *bhogis*.

Ces enfants qui viennent de l'Ouest, vous savez comme leur vie là-bas était faite de plaisir. Mais une fois qu'ils viennent ici et respectent la vie de l'ashram, ils abandonnent leurs mauvaises habitudes et leurs anciennes façons d'être. Ils sont heureux et se contentent de riz à l'eau pour toute nourriture et de huttes en feuilles de cocotier pour dormir. Comme les autres résidents, ils couchent à même le sol. Ils font sincèrement leur *sadhana* et sont contents ; En fait, leur renoncement est réel, parce qu'ils avaient tout, le confort et les plaisirs matériels, ils vivaient au milieu de tout cela. S'ils veulent, ils peuvent repartir et s'y replonger. Amma n'insiste jamais pour que quelqu'un suive ce chemin. Néanmoins, ils ont renoncé aux objets de plaisir et choisi de vivre cette vie rude. Vous ne regardez peut-être pas la télévision parce que vous n'en avez pas. Le véritable renoncement, c'est de ne pas la regarder alors que vous en possédez une.

Il fut un temps où il n'y avait rien à l'ashram. Amma tient absolument à ce qu'on ne demande et ne recherche rien. Pourtant, jusqu'ici il n'y a eu aucun problème. Amma ne doute pas aujourd'hui que tout est fait par Dieu. Si vous devez mourir de faim, c'est aussi Sa volonté. C'est ce qu'Amma essaye d'enseigner ici. Amma veut être un exemple pour Ses enfants. Elle n'ira pas S'accrocher aux basques des gens riches. Si Amma ne donne pas l'exemple, demain les enfants iront courir après ceux qui ont de l'argent. Amma Se prosterne devant un caractère noble, mais pas devant les richesses.

Cinq ou six *saippu makkal* (enfants étrangers) sont venus ici. Ils sont tous très riches, mais Amma ne veut pas de leur argent. Amma leur dit : « Déposez votre argent en votre nom propre. » Savez-vous pourquoi ? Parce que s'ils l'apportent ici, un peu d'orgueil peut s'éveiller dans leur mental en pensant que c'est *leur argent* qu'on dépense. Nous voulons éviter cette situation. Les enfants ici ont demandé comment nous allons vivre. Amma leur dit que Dieu prendra soin de tout. Oui, Il prend soin de tout maintenant et continuera certainement à l'avenir. Même s'il y a cent enfants ici, ils doivent vivre ensemble comme une seule famille. L'amour et le respect mutuel doivent être l'élément dominant. C'est ce qu'Amma veut. Personne ne doit être perturbé ici. Des gens viennent de l'extérieur. Une part de ce que nous possédons leur est également donnée. Nous ne les voyons pas comme différents de nous. S'il n'y a rien d'autre, nous mangeons des feuilles. Elles sont aussi bénéfiques. Certaines feuilles contiennent beaucoup de vitamines. Des feuilles qui n'ont pour nous aucune utilité en ont dans d'autres endroits, n'est-ce pas ?

Si les circonstances étaient telles que nous soyons obligés de manger des feuilles, les enfants qui demeurent ici seraient également prêts à le faire. C'est un endroit pour les *tyagis*. Mes enfants, seuls des *tyagis* sont bienheureux. Par conséquent, ce lieu n'est pas pour ceux qui recherchent le plaisir. Il est possible que la nourriture servie ici manque de sel, de condiments ou de piments ; mais il ne peut pas en être autrement. Avant de venir, tous mangeaient une nourriture savoureuse. Dorénavant, qu'ils vivent en renonçant au goût. Renoncer au goût les aidera à acquérir le Goût suprême, le goût de l'atman.

Mes enfants, les gens qui critiquent l'ashram ne peuvent pas être autrement, parce que c'est leur nature. La nuit, les grenouilles coassent et les grillons chantent ; personne ne reste éveillé en disant : « Je n'arrive pas à dormir avec ce bruit. » C'est la nature de ces animaux. Ils sont ainsi et ne peuvent pas être autrement. De même, les gens qui critiquent l'ashram ne peuvent pas aller à l'encontre de leur nature. Ignorez tout simplement leurs paroles et priez pour leurs âmes. »

Question : « Amma, en voyant la souffrance du monde, nous pensons parfois que Dieu est très cruel. »

Amma : « C'est ce que tout le monde dit. Notre souffrance est créée par nos propres actions, nous en sommes les seuls responsables. Dieu n'est nullement responsable. Il suffit d'un peu de discernement pour le comprendre. Suppose que tu te mettes en colère contre ta femme et que tu la gifles. Ensuite, ton mental est agité. Tu es très triste d'avoir battu ta femme et ainsi, tu souffres. D'où est venue la colère? Elle est venue de toi, n'est-ce pas ? Pourquoi t'es-tu mis en colère ? Parce qu'elle ne t'a pas apporté le café à l'heure. Ton désir de boire le café à l'heure habituelle n'a pas été satisfait, alors tu t'es mis en colère. Toute cette histoire n'est arrivée qu'à cause de ton attachement au café. Le désir n'a pas été satisfait en temps voulu. Tu as perdu ton discernement et ton équilibre mental, et tu as giflé ta femme. Si nous examinons ainsi les choses, nous nous apercevrons que tous nos problèmes et nos souffrances sont engendrés par notre manque de discernement et par le manque de maîtrise du mental.

Mes enfants, Dieu n'est pas cruel. Il est la compassion même. Y a-t-il quelqu'un qui appelle vraiment Dieu ? Personne ne dit : « Ô Seigneur, je ne veux que Toi. » Mais nous disons : « Ô Seigneur, donne-moi ceci, donne-moi cela. » Telle est notre prière. Nous voulons seulement satisfaire nos désirs. Nous ne prions pas pour qu'Il vienne résider dans notre cœur. Nous méditons et nous pensons à nos besoins : nous ne nous souvenons pas de Dieu. Puis nous nous plaignons : « J'ai prié Dieu pendant les soixante dernières années. Il n'a pas même daigné me regarder une seule fois. » Si on disait cela après s'être souvenu de Lui au moins une minute, alors cette plainte aurait un sens. Amma va mettre par écrit que Dieu n'inflige pas de souffrance, que Dieu donne la prospérité, la richesse, la beauté, la vitalité et l'amour ; Il ne donne pas de chagrin. Ne dites jamais qu'Il est la cause de la souffrance.

Si quelqu'un prie Dieu avec dévotion en n'ayant que la dévotion pour but, il ne souffrira pas, Amma peut s'en porter garante. En cas d'adversité, Amma est prête à prouver que cette personne ne souffrira pas du tout mais sera toujours dans la béatitude. Cette affirmation d'Amma est fondée non pas sur l'ego mais sur son expérience.

Nous ne nous en remettons pas à Dieu. Nous Lui faisons des suggestions et Lui disons ce que nous voulons : « Donne-le moi. Si Tu ne me le donnes pas, je ne Te ferai pas cette offrande. » Ce ne sont pas des prières, mais des suggestions, des demandes ou des avertissements. Essayez et appelez-Le vraiment au moins cinq minutes par jour. Alors vous réaliserez qu'Il ne donne aucune souffrance.

Mes enfants, la souffrance ne survient que si le désir est présent. Même avant la Création, Il avait dit : « Vous serez toujours dans la béatitude si vous suivez ce chemin. Si vous prenez l'autre chemin, seule la souffrance en résultera. » Mes enfants, ayant désobéi à ces paroles, vous êtes tombés dans le fossé et maintenant vous dites qu'on vous y a poussés. Dieu nous avait parlé des deux voies. C'est à nous de choisir. Si vous voulez la béatitude éternelle et infinie, le chemin vers Dieu est accessible, mais il faut travailler dur. Si vous préférez les joies momentanées, alors le chemin du monde vous est ouvert. Vous aurez aussi à fournir des efforts, mais moins que pour atteindre Dieu. Un futur roi doit être le dépositaire de qualités et de talents. De même, pour devenir Son cher enfant et le roi de l'univers, la pureté intérieure est indispensable et cela demande une lutte constante. Mais pour jouir des objets qu'Il a créés et qui Lui appartiennent, il ne faut que peu d'efforts. »

Question : « Pourquoi y a-t-il deux chemins ? Le chemin de la joie suffisait, n'est-ce pas ? Pourquoi Dieu a-t-il introduit la voie de la souffrance ? »

Amma : « Quoi ? Veux-tu dire que le bonheur seul suffit et que la souffrance n'est pas nécessaire ? Tout est présent dans la création. Même une petite aiguille et un brin d'herbe ont une raison d'être, rien n'est inutile. Observe attentivement : c'est la souffrance qui contribue à notre croissance. Les êtres humains ne travaillent pas et ne progressent pas sans souffrance. La peur de la souffrance et du chagrin nous fait travailler. Si seul le bonheur avait existé, les gens n'auraient eu peur de rien, ce qui aurait abouti à la paresse et au laisser-aller. La paresse et le laisser-aller ne peuvent conduire qu'à la ruine totale.

C'est votre mental qui crée la souffrance, pas Dieu. La création doit tout inclure, le bon aussi bien que le mauvais. L'un sans l'autre ne constitue pas la création. Notre devoir est d'agir en comprenant la place et l'importance de chaque objet. Chaque chose a sa propre place dans la vie. Donnez simplement aux choses la place qui leur revient et l'importance qui leur est due, ni plus ni moins, et tout ira bien.

Même si Dieu avait créé un monde fait uniquement de bonheur, les êtres humains l'auraient transformé en un enfer par leur convoitise. De plus, pour comprendre et réaliser la grandeur et la beauté de ce qui est bon, le mal est nécessaire, n'est-ce pas ? Sans élément de comparaison, peut-on connaître quelque chose ? Pour comprendre et apprécier la beauté, il faut être capable de reconnaître la laideur.

Dieu nous a clairement donné des instructions concernant la voie de la béatitude et la voie de la souffrance. Ne pouvons-nous pas nous abstenir des erreurs en écoutant Ses conseils ?

Mes enfants, c'est comme si on demandait pourquoi Dieu a créé le feu, qui est dangereux. Il ne l'a pas créé pour brûler des maisons et tuer des gens, mais afin qu'on puisse faire cuire la nourriture et qu'on l'utilise à des fins bénéfiques. Si nous nous en servons pour faire du mal aux autres, faut-il blâmer Dieu ? C'est nous qui avons créé le mal et en avons fait un enfer.

Il y a un enfant et il y a le feu. Un enfant peut être brûlé par le feu. Mais Dieu a donné à l'enfant une mère pour l'avertir des dangers de jouer avec le feu. Pourquoi dire que le feu ne devrait pas exister à cause des enfants ? Comment ferions-nous cuire notre nourriture ? Dirions-nous qu'il faut supprimer l'électricité dans la maison sous prétexte que quelqu'un pourrait s'électrocuter ? Sans électricité, comment ferions-nous fonctionner les machines et les industries ? Aucun père, aucune mère n'ira dire : « Nous avons un bébé, donc nous ne devons pas avoir de feu dans notre maison. » S'il y a du feu, le père (ou la mère) donné par Dieu prendra soin de l'enfant. Quand il grandit, il acquiert suffisamment de discernement pour savoir que le feu est dangereux, et il l'utilise avec précaution. Et si, même devenu adulte, il saute délibérément dans le feu, est-ce la faute de Dieu ? Dieu n'a pas créé le feu pour qu'il saute dedans et se brûle. Il l'a créé pour cuisiner et être utile, et le feu n'est pas destiné à être employé à des fins nuisibles. Ce n'est pas la chose en elle-même mais la façon dont elle est utilisée qui est importante. Une chose en elle-même n'est pas dangereuse, mais la façon dont on en fait usage peut la rendre dangereuse. Votre mère vous a dit plusieurs fois que le feu brûlait et vous a averti de ne pas vous en approcher. Si vous désobéissez, à qui la faute ?

C'est pourquoi il est préconisé d'étudier les textes religieux à un très jeune âge et de se placer sous la tutelle d'un guru pour être guidé sur le chemin. Aujourd'hui, les gens ne veulent rien entendre, ils pensent qu'ils savent tout. Personne ne veut d'un guru, personne ne veut être un disciple. Le résultat, c'est que nous souffrons.

Ce que nous respirons est « *soham* » (je suis). L'avons-nous vraiment entendu et réalisé une seule fois? Comme ce serait bien si nous essayions vraiment de l'entendre ! Le Seigneur nous répète sans cesse haut et fort : « Tu es Cela ! Tu es Cela ! » Essayez de l'entendre. Soyez vigilants et attentifs. C'est ce que vous chantez toujours : « Je suis Cela ! Je suis Cela ! » Essayez d'écouter. Mais personne ne prête attention au Seigneur. Comme c'est étrange ! »
Question : « Pourquoi ne peut-on pas entendre Sa voix ? »
Amma : « Il n'est pas impossible de l'entendre. Mes enfants, si vous semez, vous récoltez ; si vous essayez, vous recevez. La règle décisive est d'essayer. Si vous restez simplement assis sur une chaise

et demandez : « Pourquoi n'entends-je pas la voix de Dieu ? »,
sans faire le moindre effort pour l'entendre et la connaître, qui
pourra vous aider à la percevoir ?

Un chien n'a aucun discernement. Nous savons qu'en avançant
vers lui, il faut faire attention. Si nous l'approchons sans prudence
et qu'il nous mord, nous accusons Dieu. »

Deux des visiteurs étaient de bons chanteurs de *bhajans*. Amma
leur dit : « Mes enfants, Je vous en prie, chantez quelques *bhajans*. » Ils chantèrent

Matru vatsalya todenne

Ô Mère, même si Tu es là pour me protéger
Avec l'amour et l'affection d'une mère,
Même si je reste éveillé sans battre des paupières,
Il se produit pourtant nombre de vols
Dans la maison du mental. C'est pourquoi
Ô Mère, je suis tourmenté.

Ô Mère, destructrice de toutes les afflictions,
Bien que je fasse chaque jour vœu après vœu
Pour continuer constamment mes prières
Sans aucune interruption,
Ô Mère, c'est simplement l'un de Tes tours
S'il m'arrive d'oublier.

Leur chant était plein d'amour et d'intense dévotion. Amma
était assise dans un état d'absorption totale. Ils continuèrent de
chanter. Le *bhajan* suivant était

Pirayentu chaitu

Ô Mère, quelle erreur ai-je commise ?
Quelle erreur a commise Ton pauvre enfant ?

150

Je ne désire pas de nombreuses choses
Mais seulement le bonheur de Ta vision.
Pourquoi, Ô Déesse et Mère du monde,
As-Tu créé des obstacles même pour cela ?

Ô Mère, ce malheureux est venu chercher refuge,
Ce fils infortuné et désemparé.
Ô Mère aimante,
Fais montre de compassion et sauve-moi.
Mon refuge, mon refuge est à Tes Pieds Sacrés,
Autre que Toi, il n'est point de refuge.

Donne-moi la force
De me prosterner à Tes Pieds de Lotus.
Bénis celui qui T'implore,
Ô Toi pleine de compassion.

Le silence régna quelque temps lorsque le chant se tut. Amma ouvrit lentement les yeux. Devant elle était assise une jeune fille qui préparait sa maîtrise de philosophie. Amma dit en la regardant :
Amma : « Ma fille, il y a sur le bord de la route un panneau faisant de la publicité pour une bijouterie. Tu n'obtiendras pas d'or en le demandant au panneau. Il faut aller à la bijouterie. Tu ne parviendras pas au but uniquement en apprenant la philosophie, il faut faire une *sadhana* simultanément. Sans *sadhana*, tu te promèneras partout en disant : « Je suis Brahman. »
Balu-*mon* (mon fils Balu) a une maîtrise en philosophie. Après qu'il eût pratiqué sa *sadhana* pendant plusieurs années, Amma lui a demandé d'obtenir un diplôme en philosophie. D'abord la *sadhana*, ensuite la philosophie. Les *rishis* n'ont écrit qu'après avoir eu l'expérience du Divin, et non pas le contraire. Ce n'était pas une simple gymnastique intellectuelle. Par conséquent, mes enfants, ne prétendez pas être et n'agissez pas comme si vous

étiez Brahman après avoir lu quelques livres. Il ne suffit pas de se promener en racontant partout ce que les *rishis* ont réalisé. Vous devez en faire l'expérience vous-mêmes grâce à une *sadhana*. Si vous ne faites aucune *sadhana* après avoir lu des livres, vous continuerez à jacasser.

La philosophie seule asséchera votre cœur. La *bhakti* est nécessaire. Amma n'a pas permis à ces garçons de l'ashram d'étudier les Upanishads dès le début. Amma voulait qu'ils cultivent et développent d'abord la *bhakti*. Après quelques années de pratiques dévotionnelles, Amma les a autorisés à étudier les Upanishads.

La foi est nécessaire. Si la foi vient, la liberté suit. La foi totale est la Libération. Ce n'est que par la Réalisation que les doutes partiront complètement. Pour cela, il faut un guru. »

La jeune fille : « Amma, j'aimerais rester ici, en présence d'Amma, pendant deux ou trois jours, mais mes parents ne sont pas d'accord. »

Amma : « Ma fille, Dieu accordera sans aucun doute Sa faveur à des souhaits purs et innocents. Dieu t'aidera certainement si tu as un désir sincère. Deux enfants, dont l'une était la sœur de Brahmachari Srikumar et l'autre l'enfant de son oncle, priaient chaque jour : « Ô Amma, nous voulons rester avec Toi pendant trois jours. Amma, n'exauceras-Tu pas notre désir ? » Ainsi, les deux enfants priaient et pleuraient en regardant chaque jour la photo d'Amma. Aucun des membres de leur famille ne les amena ici, mais les enfants continuaient leurs prières. Un jour, pour une raison quelconque, le père de Srikumar vint à l'Ashram, accompagné de ces enfants. Il avait prévu de rentrer immédiatement chez lui avec eux, mais contrairement à son projet, il dut retourner à Quilon de toute urgence. Avant de partir, il confia à Srikumar le soin de ramener les enfants à la maison l'après-midi même. Il y eut une très grosse averse ce jour-là au moment où Srikumar se dirigeait vers l'embarcadère avec les enfants. Ne trouvant aucune barque pour traverser la rivière, ils revinrent à l'ashram. Ce n'était pas la saison des pluies, mais il plut pourtant toute la journée, si bien qu'ils ne purent pas partir. Ils essayèrent à nouveau le jour suivant, mais là encore ce fut impossible à cause d'une grève générale dans tout le Kérala. Les enfants ayant été absents de chez eux depuis deux jours, des parents vinrent les chercher le troisième. Ils quittèrent tous l'ashram le lendemain, mais seulement après être restés pour le *Dévi bhava darshan* qui avait lieu ce soir-là. Ainsi, ces enfants restèrent avec Amma pendant trois jours comme ils l'avaient demandé dans leurs prières.

Un jour, pendant leur séjour ici, Amma était allongée, les yeux fermés, comme si elle dormait. Elle entendit alors un des enfants dire à l'autre : « Hé, Amma entend ce que nous Lui disons dans nos prières. Elle a entendu ce que nous avons demandé quand nous étions chez nous. Hier Amma a fait venir la pluie et aujourd'hui la grève. » Ces incidents prouvent que Dieu entend l'appel des enfants pleins de dévotion et d'innocence. Les prières innocentes reçoivent toujours une réponse. Si des enfants émettent un souhait, la Nature le capte immédiatement et il se réalise. Nous devrions nous aussi atteindre cet état.

Quand quelqu'un est dans l'état de *jivanmukti*, il est sans attachement, comme les petits enfants. Il peut réclamer une chose puis l'abandonner l'instant d'après. Un *jivanmukta* témoigne de l'amour envers tout ce qui l'entoure, mais il n'est attaché à rien. Il s'étend sur un matelas un moment, puis s'allonge dans l'eau sale le moment suivant. Il peut habiter dans une grande maison, mais sourira de bon cœur et acceptera volontiers d'aller vivre dans la forêt vierge. Dans cet état de *jivanmukti*, l'amour pour les objets n'est qu'apparent. Quand une telle personne exprime un désir, en réalité elle offre aux autres une occasion de la servir.

Cette disposition doit venir. Les enfants l'ont dans une certaine mesure. C'est pourquoi ils nous attirent et nous fascinent par leurs sourires et leurs jeux. Il n'y a pas de *maya* en eux ; leur innocence leur donne le pouvoir d'attirer. La différence entre une Âme qui a réalisé le Soi et un enfant est que l'Être réalisé n'a pas la moindre trace de *vasanas* en lui. Il les a toutes éliminées par une ascèse sévère. Chez l'enfant, les *vasanas* sont présentes à l'état latent. Elles se manifestent à mesure que l'enfant grandit et l'attraction que nous ressentons pour lui s'estompe également.

Le guru

Question : « Amma, qui est un guru ? Qui est un disciple ? » Amma resta silencieuse comme si elle n'avait pas entendu la question. Qui sait pourquoi ? Un dévot intervint en disant :
Un dévot : « La réponse à ta question est très claire, ici, en présence d'Amma. Amma parle et nous écoutons tous attentivement. Même de grands érudits viennent pour l'entendre. Si l'un de nous s'assoit et parle, pas même un enfant ne viendra écouter. Celui qui connaît le Soi et est capable de dissiper l'ignorance des autres est un guru. Celui qui écoute avec foi, assis près du guru, qui se soumet entièrement à lui et se laisse discipliner est un disciple. Cela sur le plan empirique, et non pas sur le plan où nous faisons l'expérience que tout est l'Absolu, *sarvam brahmamayam*. Il n'y a plus ni guru ni disciple quand on en arrive là. Le guru et le disciple existent avant qu'on atteigne le but. L'attitude qui consiste à penser : « Qui est le guru et qui est le disciple », ne vient-elle pas de quelqu'un ? »
Amma prit alors la parole :
« Un véritable guru est celui en qui sont réunies toutes les qualités divines, telles que la vision égale, l'amour universel, le renoncement, la compassion, la patience, la tolérance et l'endurance. Il a un contrôle absolu sur son mental. Il est comme un énorme navire qui peut transporter des milliers de passagers. Sa

seule présence procure un sentiment de protection et de sécurité, et l'assurance que le disciple atteindra le but. Comme la lune, sa présence est rafraîchissante, apaisante et captive les cœurs, mais en même temps, elle est aussi éclatante, rayonnante et brillante que le soleil. Un guru est doux comme une fleur et dur comme un diamant dans son attitude envers le disciple. Il est plus simple que le plus simple et plus humble que le plus humble. Même son silence est un enseignement. Un disciple véritable est celui qui peut s'imprégner de la vie et des enseignements d'un tel guru et marcher fidèlement sur ses traces. Connaissant et comprenant la nature réelle d'un tel Maître, le cœur d'un vrai disciple se soumet spontanément et il se laisse volontairement discipliner par lui.

Il n'est pas possible d'aller très loin dans la voie spirituelle sans un guru. Un guide est nécessaire pour voyager en terre vierge. Par ses austérités, un *sadhak* peut parvenir à se débarrasser de ses *vasanas* les plus apparentes sans l'aide d'un Maître parfait, mais l'aide et la grâce d'un Satguru sont indispensables pour éliminer les *vasanas* subtiles et pour abandonner son individualité. Il y a un fils qui vient ici. Un jour, il a dit ouvertement à l'un des *brahmacharis* qu'il avait suivi une pratique spirituelle pendant les trente-cinq dernières années mais n'avait jamais eu d'expérience profonde. Il déclara également connaître son problème qui n'était selon lui rien d'autre que son hésitation à se placer sous la discipline d'un *satguru*. Ses *vasanas* subtiles persistent encore après trente-cinq ans d'austérités sévères. C'est un fils très sincère et assidu, pourtant il n'a eu aucune réelle expérience. C'est ce qui arrive aux gens qui ne peuvent pas se soumettre. Une fois que vous vous placez sous la direction d'un Maître parfait, vous n'avez plus qu'à obéir à ses paroles et à accomplir votre *sadhana* sans faillir. Si votre soumission est totale et si vous êtes déterminés à atteindre le but, il travaillera sur votre ego, aussi bien en surface qu'en profondeur, et vous fera traverser l'océan de la transmigration. Il est très difficile de se défaire de l'ego subtil par vos seuls efforts personnels. La direction du *satguru* le fera peu à peu émerger et il en viendra à bout. Un Maître parfait travaille en permanence sur l'ego du disciple. Mais il ne commence jamais avant que le disciple ne soit prêt.

Amma n'insiste pas pour que tout le monde agisse ainsi. Si la volonté du Seigneur est que quelqu'un soit ici, qu'il en soit ainsi. S'il se trouve que quelqu'un doit être ailleurs, qu'il en soit ainsi. La *sadhana* deviendra plus régulière et plus facile en présence d'un *satguru*.

Le mental doit devenir kashaya (ocre)

Na karmanâ na prajayâ dhanêna
Tyâgênaikê amritatvam ânasuh

Ni par l'action, ni par la descendance, ni par la richesse, mais seulement par le renoncement peut on atteindre l'immortalité.

—*Kausalya Upanishad*

Amma : « *Sannyasa* ! Comme on prononce facilement ce nom ! Mais as-tu jamais réfléchi à sa signification profonde ? Il contient la totalité de la spiritualité. Personne ne peut accorder le renoncement. Il faut l'atteindre ou le réaliser. C'est aussi un état qui pénètre en nous de lui-même et dans lequel on devient complètement naturel et spontané. On coule comme la rivière, souffle comme le vent et brille comme le soleil. C'est à la fois ce qu'il faut atteindre et ce qu'il faut recevoir. Pour atteindre une chose, l'effort personnel est nécessaire. Recevoir implique que quelqu'un donne ce que l'on reçoit. Donc l'état de *sannyasa* est à la fois une chose que l'on doit atteindre par l'effort personnel et qui nous est donnée spontanément et simultanément par le guru.

Le seul but de la vie spirituelle est de renoncer à tout ce qui n'est pas nôtre et de devenir ce que nous sommes vraiment. Le véritable *sannyasa* est le renoncement à tous les désirs et à toutes les actions engendrées par le désir. En fait, c'est le mental qu'on doit rendre *kashaya* (safran, la couleur du vêtement porté par les sannyasis). Le *sannyasa* est purement subjectif, et non objectif. C'est un état du mental dans lequel on devient parfaitement tranquille et calme en toutes circonstances. Dans cet état de renoncement, ce qui nous emplit à l'intérieur s'exprimera également à l'extérieur.

Porter des habits oranges extérieurement a son importance. Cela nous aide à nous souvenir de l'État suprême. C'est un bon moyen pour nous rappeler de garder notre corps et notre mental alertes et vigilants. Celui qui a revêtu le *kashaya* hésitera quelque peu avant de commettre des erreurs. Le vêtement nous rappelle notre but. Le vrai *kashaya* a la couleur du feu. Il indique la destruction de la conscience du corps et l'éveil à la Conscience de Dieu. Le corps est brûlé dans le Feu de la Connaissance ; telle en est la signification. Par conséquent, un *sannyasi* est supposé être une incarnation de la Connaissance pure. Il devient la personnification de toutes les qualités essentielles. Il doit les incarner tant en paroles qu'en actions, dans chacun des actes qu'il accomplit. Cela devient spontané pour celui qui a atteint cet état. Pour les autres, c'est une pratique. Ils doivent faire un effort sincère et délibéré pour se mouvoir et agir en ce monde selon ces principes, jusqu'à ce que cela devienne naturel.

Les grands sages et saints du passé et ceux qui ont suivi leurs traces, n'attachaient que peu d'importance à l'habit et au nom de *sannyasa*. Leur mental était devenu *kashaya*. L'essentiel est de connaître Cela (Brahman) par une ascèse et non pas de se promener en habit ocre en prononçant des discours après avoir étudié les

Écritures. Si vous n'adhérez pas aux principes que vous professez, ceux qui vous écoutent pourraient être amenées à porter un jugement incorrect sur la spiritualité et sur les maîtres spirituels. Les gurus et les sages ont dit : « *Tapah, tapah* » (austérités). Ce n'est qu'après l'avoir réalisé qu'ils disent : « *Soham* (je suis Cela). » Ils ne le disent pas avant d'en avoir fait l'expérience. Combien d'années ont-ils passées en *tapas* ? (*Plaisantant*) Et nous, après avoir appris l'*a b c* nous déclarons: « Pas de sadhana ! Nous n'avons besoin de rien. Je suis Cela ! » Nous avons renoncé à tous ces grands exemples donnés par nos ancêtres et nous agissons maintenant comme bon nous semble. Quel grand renoncement ! (*Rires.*)

Le pas suivant est d'argumenter qui est le guru, qui est le disciple, et ainsi de suite. (*Les rires redoublent.*) Les *rishis*, vivant sur un plan élevé, n'étaient pas conscients de leur corps physique même quand quelqu'un les avait sévèrement battus ou leur avait coupé les mains. S'il leur arrivait de prendre conscience de leur condition extérieure, ils ne renvoyaient qu'amour et compassion à ceux qui les avaient torturés. Tel était leur enracinement dans cette Réalité. Alors que si quelqu'un nous regarde simplement de travers, nous demandons avec hostilité : « Hé, toi ! Pourquoi me regardes-tu comme cela *?* » Le *Brahmanishtatvam* (le fait d'être établi en Brahman) est parti ! Le Brahman disparaît. De telles personnes disent qu'elles sont Brahman. Et elles demandent qui est le guru ! Quelle merveille ! » (*Amma rit aux éclats.*)

Le jeune homme qui avait posé la question « Qui est le guru, qui est le disciple » était abasourdi. Amma continua :
Amma : « Amma ne veut pas faire de déclarations concernant l'initiation des gens au *sannyasa* et annoncer qu'elle va donner le titre et la robe ocre à telle ou telle personne dans le futur. Qu'ils luttent et je verrai combien sortent victorieux, et si cela se produit, qu'il en soit ainsi, tant mieux ! Amma ne veut pas faire de déclarations.

L'ashram est un très bon champ de bataille. Quiconque vient sur ce champ devra se battre. Certains seront blessés et auront mal ; certains se retireront et s'enfuiront. Amma attend de voir combien remporteront la victoire. »

Question : « Amma, de quoi a-t-on besoin à notre époque ? »
Amma : « De l'autodiscipline, sans aucun doute possible. Chacun de nous doit devenir conscient à quel point c'est urgent. Ce n'est pas simplement un besoin, mais une nécessité impérative qui doit être mise en pratique par chaque habitant du pays. Nous passons notre temps à lustrer et à embellir le corps et les objets du monde extérieur, tandis que le mental reste dans la confusion. Arrêtez d'être tendu à cause des situations extérieures. Faites ce nettoyage et cet embellissement au-dedans. Une fois qu'une personne est propre à l'intérieur, tout s'harmonise automatiquement à l'extérieur. Cessez d'accorder autant d'importance aux objets qui vous entourent.

Les problèmes tant nationaux qu'internationaux sont dus au manque de discipline.

Regardez les *brahmanes* (caste des prêtres) du passé. Dès l'enfance, ils méditaient sur Dieu. Ils n'étaient jamais en mauvaise compagnie. Il y avait en ce temps-là un système de famille élargie (plusieurs branches d'une même famille vivant sous le même toit.). Ils vivaient tous ensemble et travaillaient dans les temples. Ils passaient leur vie à apprendre, à comprendre et à réaliser les principes essentiels. Leurs enfants étaient également pleins de vitalité et d'éclat. Personne ne pouvait les tromper ou les faire succomber à des tentations triviales. Par contre, on ne peut pas en espérer autant des époques à venir. De nos jours, de nombreux enfants dans les écoles et les universités dépendent de la marijuana et autres drogues. Le manque de discipline rend les enfants esclaves de ces choses si dangereuses. Quel que soit le champ d'activité et quelle que soit la personne, l'autodiscipline est nécessaire. »

(*Se tournant vers la fille qui préparait un diplôme de philosophie*) « Ma fille, chaque fois que tu en as l'occasion, parle de la spiritualité avec tes amis. Sur dix personnes qui écoutent, il pourra s'en trouver au moins une qui sera touchée et changera. Cette personne deviendra peut-être à son tour spirituelle et méditera sur Dieu. »

Puis Amma s'arrêta. Comme il était un peu plus de treize heures, elle appela un *brahmachari* et lui demanda d'emmener tout le monde prendre le déjeuner. Amma se leva et les visiteurs l'imitèrent. Elle les regarda en souriant et leur dit d'un ton suppliant : « Mes enfants, je vous en prie, prenez tous votre déjeuner avant de partir. Ne partez pas sans manger. »

Après avoir dit cela, elle sortit en saluant tout le monde. Quelques *brahmacharis* la suivirent, mais Elle leur dit : « Amma veut être seule quelque temps. »

31 mars 1984

Ce jour-là, Amma et les résidents de l'ashram allèrent à la maison du Brahmachari Shrikumar. Si on l'y invitait, Amma rendait de temps en temps visite aux familles des *brahmacharis* et des dévots. De telles occasions étaient célébrées comme une fête par les membres de la famille. La maison de Shrikumar était remplie de monde, de dévots ou de voisins. Amma alla vers chacun en prodiguant des paroles de réconfort.

Les enfants sont toujours très attirés par Amma. Là encore tous les enfants, aussi bien de la maison de Shrikumar que du voisinage, se pressaient autour d'Amma et lui bloquaient le passage. Dès qu'elle vit les enfants si joyeusement réunis autour d'elle, Amma hésita à entrer dans la chambre. Shrikumar pria Amma : « Amma, les gens attendent les *bhajans* à dix-huit heures, et l'heure approche. Je t'en prie, Amma, peux-tu aller dans la chambre et te préparer ? »

Amma, comme un petit enfant, répliqua : « Non, Je n'irai pas. Je vais rester ici avec eux. (*Se tournant vers les enfants*) D'accord, les enfants ? » Ils répondirent d'une seule voix : « Oui, oui ! »

Amma demanda aux enfants de chanter un *bhajan*. Takkali, la fille de la sœur aînée de Shrikumar, mena le chant :

Amma Amma Taye

> *Ô Mère, Mère, chère Mère Divine,*
> *Déesse de l'Univers,*
> *Toi qui nourris toutes les créatures,*
> *Tu es la Suprême Puissance Primordiale.*
> *Tout dans ce monde se produit*
> *À cause de Ton jeu Divin.*

Tous les enfants répondirent en chœur au soliste. Bientôt, Amma chantait avec eux. Elle était simplement comme un autre enfant, jouant, chantant et dansant avec les petits. A un moment, l'un d'eux demanda à Amma d'une voix forte : « Amma, Amma, es-tu Dieu ? »

Amma rit aux éclats et regarda l'enfant. C'était un petit garçon d'à peine cinq ans. Amma le prit dans ses bras et demanda : « Qui t'a dit qu'Amma est Dieu ? » Le petit garçon, montrant Takkali du doigt, répondit: « Shija *chechi* » (ma grande sœur Shija). Amma l'embrassa sur les deux joues et répondit : « C'est vous qui êtes le Dieu d'Amma, mes enfants. »

Les dévots observaient la scène avec plaisir. Ils restaient debout tout autour, oubliant tout. Puis la grand-mère de Shrikumar, âgée de presque soixante-quinze ans, s'avança. Plaçant les mains autour de la taille d'Amma, elle lui parla d'une voix très douce, comme à un enfant : « Maintenant, chère Amma, s'il te plaît, viens dans la chambre. Prends une douche et mange quelque chose, et puis reviens. » La vieille femme caressa Amma et lui donna de petites tapes, puis elle répéta : « S'il te plaît, viens. »

Amma lui sourit. La vieille femme avait elle aussi l'air d'une enfant. Elle était très innocente et Amma ne put pas rejeter sa demande. Elle lui embrassa le visage et entra avec elle dans la chambre. Avant de disparaître, Amma se retourna et dit aux enfants : « Ne partez pas, mes enfants ! Amma va revenir bientôt. Nous jouerons ensemble. »

Quelques minutes plus tard, Amma sortit de la chambre, prête pour les *bhajans* du soir. Son état d'esprit avait changé. Ce n'était plus la même Amma joueuse. Les enfants l'encerclèrent de nouveau, mais Amma se dirigea tout droit vers la chambre de prières familiale et y pénétra sans même leur jeter un regard.

Ces changements d'humeur d'Amma ont toujours été un mystère, même pour ceux qui sont très proches d'elle physiquement. Et le mystère ne fait que s'approfondir à mesure qu'augmente le temps passé auprès d'elle. Quelques minutes plus tôt elle riait, jouait et chantait avec les enfants. Elle était elle-même devenue un enfant et on observait en elle la même innocence. Amma leur avait même promis qu'elle jouerait avec eux quand elle reviendrait. Si la vieille femme n'était pas venue, elle aurait continué à jouer avec eux. À ce moment-là, elle semblait très attachée aux enfants, mais maintenant, lorsqu'ils se réunirent autour d'elle, elle n'eut pas un regard pour eux. La facilité avec laquelle elle retire son attention d'une personne ou d'un objet dépasse notre compréhension ; infinis sont ses états d'esprit.

Les chants commencèrent vers dix-neuf heures. Ils gagnaient en amplitude à mesure qu'Amma déversait un flot de dévotion et d'inspiration dans ses chants qui bouleversaient l'âme. L'atmosphère était saturée d'une intense ferveur dévotionnelle, qui atteignit son apogée lorsqu'Amma chanta

Kamesha Vamakshi

Salutations à Shakti (Énergie divine)
La grande déesse
Accessible par la dévotion.

Salutations à Celle qui est Omnipénétrante,
L'Essence Une et Véritable,
La Conscience infinie et parfaite.
Protège-nous,
Toi qui es assise sur la cuisse gauche du Seigneur Shiva,
Qui exauces tous les désirs,
Qui brilles à travers chaque objet, animé et inanimé,
Ô ma Kamala, Toi qui règnes sur tout.

Baignant dans la béatitude, les dévots chantaient avec une dévotion débordante. Tout le monde semblait transporté au Dévi *loka* (monde de Dévi). Amma continua à les entraîner de plus en plus vers l'absorption dans le Soi.

Puis elle perdit toute conscience du monde extérieur et s'immobilisa. Son poignet gauche était à demi fléchi avec la paume complètement ouverte. Les doigts de sa main droite formaient un *mudra* divin. Des larmes d'extase remplirent ses yeux et roulèrent le long de ses joues.

Balu la relaya au solo. Rao, Venu, Païe et Shrikumar l'accompagnèrent. Les dévots reprirent le chant avec un amour et une dévotion intenses. Ils chantèrent longtemps le même *bhajan* jusqu'à ce qu'Amma revienne au plan de conscience normal.

Le *bhajan* et l'*arati* se terminèrent peu après vingt-et-une heures trente. Amma se dirigea vers le côté Est de la maison de Shrikumar, vers un endroit qui ressemblait à un petit *tapovanam* (endroit convenant bien à la pratique d'austérités). Elle disparut dans le

163

noir. Gayatri la suivit sans faire de bruit. Le père de Shrikumar s'inquiéta mais les *brahmacharis* le rassurèrent.

Partout régnait le silence. La nuit ressemblait à la longue chevelure sombre et bouclée de Mahakali, créant ainsi une atmosphère qui imposait le respect. De telles nuits sont sacrées pour les âmes pures qui les utilisent pour fixer entièrement leur mental sur le Divin. Les étoiles scintillaient dans le ciel de velours sombre. Les dévots attendaient qu'Amma revienne pour avoir son darshan avant de partir. Vers vingt-deux heures, Amma émergea des ténèbres, suivie de Gayatri. Celle-ci raconta plus tard qu'Amma était restée allongée sur le sable, regardant fixement le ciel et riant de temps à autre de façon étrange et inimitable. Elle émettait également certains sons qui ne ressemblaient à aucun langage familier. Gayatri ajouta qu'il lui avait semblé entendre Amma parler à quelqu'un d'une voix douce.

Cachée derrière le voile de *maya* se trouve sa véritable nature, inaccessible et impénétrable pour les êtres humains limités. Quand Amma s'élance très haut vers ce plan de Conscience infinie, nous autres mortels pour qui ce monde est totalement étrange et inhabituel, ne pouvons que regarder sa forme humaine avec respect et émerveillement, incapables de comprendre une fraction infinitésimale de cet État suprême.

Un jour, un *brahmachari* dit à Amma : « Amma, mon seul chagrin est d'être absolument incapable de te comprendre, ainsi que tes états intérieurs. Quand et comment serai-je en mesure de comprendre cela ? » Immédiatement fusa la réponse : « Seulement quand tu deviendras moi. »

À vingt-trois heures précises

Amma donna son darshan à chacun. Quand il fut vingt-deux heures cinquante, Amma se leva tout à coup de son siège et déclara qu'elle voulait se rendre à la maison d'un certain dévot. Elle semblait très pressée et sortit de la maison sans ajouter un mot. Tout le monde la suivit. Il faisait très sombre et le chemin qui conduisait à la route était extrêmement étroit, mais cela ne l'empêcha pas de marcher d'un pas vif et rapide jusqu'au véhicule. Le père de Shrikumar courut derrière elle et parvint non sans peine à la rattraper, une lampe de poche à la main. Elle monta dans le véhicule et demanda au conducteur de le mettre en route. Celui-ci demanda, perplexe : « Pour où ? » Entre-temps Gayatri, quelques *brahmacharis*, ainsi que le père et la mère de Shrikumar avaient réussi à prendre place dans la voiture. Amma répondit au chauffeur : « A la maison de mon fils Madhavan Naïr. » Le conducteur fut à nouveau dans l'embarras : « Je ne sais pas qui c'est. » Comprenant où Amma voulait se rendre, le père de Shrikumar donna au chauffeur les indications nécessaires et ils se mirent en route. Amma paraissait agitée. Bien que la maison ne fût pas très éloignée, elle pressait sans cesse le conducteur : « Plus vite ! Va plus vite ! » Tout le monde était surpris de voir Amma montrer tant de nervosité et de hâte.

En quelques cinq minutes, ils arrivèrent devant la cour de la maison. Un homme attendait à l'extérieur. Comme un fou, il se précipita vers Amma, se jeta à ses pieds et pleura comme un petit enfant. C'était Madhavan Naïr lui-même. Il n'arrêtait pas de dire: « Compassion ! Compassion ! Quelle compassion ! »

Très affectueusement, Amma le releva, le caressa et le réconforta. Le dévot et son épouse lavèrent cérémonieusement les pieds d'Amma et la conduisirent à l'intérieur de la maison. Tandis qu'Amma faisait le premier pas dans la maison, l'horloge sonna onze fois. Madhavan Naïr éclata de nouveau en sanglots comme si quelque chose lui revenait en mémoire. Amma alla dans leur chambre de prières et fit une petite puja.
Les *brahmacharis* chantèrent

Arariyunnu nin maha vaibhavam

Qui connaît Ta grandeur ?
Ô Toi qui es le substrat
De ce monde illusoire.
Des milliers et des milliers d'êtres vivants
Recherchent Ton divin et radieux sourire.
Qui connaît Ta grandeur, Ô Mère,
Qui la connaît ?

Comme la nature de la vie,
Comme la vitalité de la vie elle-même
Comme une qui se délecte
À exprimer la compassion
Existant comme amour illimité,
Ô Déesse ! Tu es le nectar béatifique de la Vie,
Qui connaît...

Ô Toi qui es vénérée par les tapasvis,
Ô Toi qui détruis l'affliction,
Ô Toi dont le mental est enclin
À bénir les ascètes,
Ô Toi qui es éternellement jeune,
Ô Toi qui es la beauté du mental,
Je T'en prie, viens, Ô Déesse, je T'en prie, viens !
Qui connaît...

Les membres de la famille ne pouvaient contenir leur émotion. Ils éclatèrent tous en larmes, ce qui fit en retour monter les pleurs aux yeux des autres.

Les événements s'étaient déroulés comme un drame divin dont nous n'étions que spectateurs, incapables d'en comprendre la véritable signification. Voici ce qui s'était en fait passé.

Monsieur Madhavan Naïr était un dévot d'Amma et avait la chance d'avoir été initié par elle. Par deux fois déjà, quand Amma avait rendu visite à la maison de Shrikumar, il avait prié Amma de venir aussi dans sa maison et de la purifier. Pour quelque raison inconnue, son vœu n'avait jamais été exaucé. Cette fois également, lorsque Madhavan Naïr apprit qu'Amma devait venir chez Shrikumar, il renouvela sa prière à Amma. Elle avait accepté de venir dès qu'elle en aurait le temps. Plein d'espérance et le cœur joyeux, il avait réarrangé sa chambre de prières et attendu toute la journée qu'Amma arrive. Il avait dit à sa femme et à ses enfants : « Personne ne doit manger aujourd'hui avant qu'Amma ne vienne. » La journée passa. La nuit tomba. Il sortit de la maison et resta debout, immobile, attendant Amma. D'une voix déterminée; il déclara : « J'attendrai jusqu'à onze heures. Si elle ne vient pas... » Il s'arrêta et ne bougea plus de son poste d'attente. Le temps s'écoula lentement. L'horloge sonna vingt-et-une heures trente, vingt-deux heures, vingt-deux heures trente, vingt-deux heures quarante cinq... Dix minutes avant vingt-trois heures, le cœur du dévot frétillait comme un poisson hors de l'eau. Il se demandait : « Amma ne viendra-t-elle pas ? » Son désir devint de plus en plus fort. Du plus profond de son cœur monta un murmure : « Si, elle viendra. Ma Mère viendra. » A ce moment précis, il aperçut les phares du véhicule. Celui-ci arriva et s'arrêta devant sa maison. Madhavan Naïr ne put contenir son émotion; il se précipita vers Amma et tomba à ses pieds, pleurant comme un enfant et répétant à voix haute : « Oh Amma ! Quelle compassion, quelle compassion... » Et quand elle entra chez lui, il était exactement vingt-trois heures ! Voilà toute l'histoire.

1 avril 1984

C'était un matin très calme et silencieux, et le soleil s'élevait lentement au-dessus de l'horizon oriental. *Brahmachari* Unnikrishnan accomplissait la puja au *pitham* (petit tabouret de bois) sur lequel Amma s'asseyait lors du Dévi *bhava*. *Acchamma*, la grand-mère paternelle d'Amma âgée de quatre-vingts ans, était assise devant le temple et préparait les guirlandes et les pétales de fleurs pour le Dévi *bhava* du soir. Le tintement de la cloche du temple se mêlait au son des vagues de l'océan, rajoutant un charme particulier et un caractère sacré à la sérénité de l'atmosphère.

On servit le petit déjeuner à neuf heures trente. Il consistait de *kanji* (gruau de riz) avec du sel, sans rien d'autre, pas même des condiments. C'était la nourriture habituelle du matin. Au sujet de la nourriture, Amma dit :

Amma : « Prenez-en si vous le voulez. Nous sommes dans un ashram, un endroit pour les *tyagis* (renonçants) et non pas pour les *bhogis* (ceux qui recherchent le plaisir des sens). Si vous voulez de la nourriture délicieuse, restez chez vous. Le goût est bon pour la langue, pas pour le cœur. Amma n'insiste pas. Ne suivez ce conseil que si vous voulez atteindre le but. Sinon, vous pouvez faire ce que vous voulez. Ceux qui n'ont pas de *vairagya* (détachement) ne peuvent pas vivre ici, à l'ashram.

Les visiteurs

L'Inspecteur de Police de Quilon (Kollam) vint à l'ashram en quête de renseignements sur le *Vedanta vidyalaya* dirigé par l'ashram et sur les étrangers qui résidaient ici. Il nota les renseignements dont il avait besoin. Il avait de la sympathie pour les activités d'Amma et appréciait beaucoup l'atmosphère paisible de l'ashram. Il voulait voir Amma et attendit donc son retour.

Un groupe de dix adeptes du *siddha veda* (une voie spirituelle établie par Swami Sivananda Paramahamsa, le guru de Swami Nityananda) arriva à midi. Le groupe était constitué d'hommes et de femmes. Ils avaient assisté à une conférence dans une ville voisine et, ayant entendu parler d'Amma sur le lieu de la conférence, ils avaient décidé de venir la voir. Ils commencèrent par cuisiner leur propre nourriture, un mélange de riz et de lentilles vertes. Parmi eux se trouvait un jeune homme qui se promenait alentour avec un air de fierté mêlée de mépris.

Avant les adeptes du *siddha Veda* était arrivé un important groupe de dévots du Tamil Nadu. L'ashram paraissait rempli de gens. Seuls quelques *brahmacharis* se trouvaient à l'ashram et ils couraient dans tous les sens pour donner à manger à tous les dévots et trouver un endroit où garder leurs bagages en sécurité.

Vers quinze heures, Amma rentra enfin de chez Shrikumar avec les *brahmacharis*. Sa présence répandait la félicité spirituelle alentour. Des vagues d'enthousiasme ondulaient de partout. En même temps, comme inspirés par une puissance invisible, les mouvements de chacun étaient automatiquement contrôlés. Il devint impossible à quiconque d'agir autrement. Sa simple présence remplissait l'atmosphère d'une vibration spéciale de paix et de tranquillité. Cela était si évident et clair que tous pouvaient en faire l'expérience.

Amma se dirigea directement vers la hutte et commença à donner son darshan à cette foule nombreuse. Comme on était dimanche, il y avait plus de monde que de coutume. Chez les parents de Shrikumar, elle avait été entourée d'adultes et d'enfants jusqu'à la dernière minute. Il n'y avait pas même un signe d'impatience sur son visage lorsqu'enfin elle termina le darshan vers une heure du matin et se rendit dans sa chambre.

Un des fils spirituels d'Amma, Gangadharan (connu plus tard sous le nom de Sarvatma) fit un jour la remarque suivante : « Jésus n'a été crucifié qu'une seule fois, mais ici Amma crucifie son corps à chaque instant pour le monde. Cette auto-crucifixion ne peut être comprise que par une autre personne comme elle. »

Les gens du *siddha veda* observaient en silence. Ils ne faisaient pas la queue pour le darshan. Tout d'un coup, Amma appela une des femmes qui étaient venues avec eux et lui demanda :

Amma : « N'es-tu pas la femme de S. ? Qu'est-il arrivé à ton mari quand il est allé à son bureau sans porter de chemise ? (*Les adeptes du siddha veda ne portent jamais de chemise.*) N'a-t-il pas rencontré quelque difficulté ? Tu n'es pas en très bons termes avec ton mari, n'est-ce pas ? Amma sait qu'il y a beaucoup de conflits dans votre vie de famille. Peut-être ces problèmes familiaux sont-ils la volonté de Dieu pour que vous vous rapprochiez tous deux de votre guru. »

La dame était ahurie d'entendre Amma donner tant de détails sur sa vie privée. Il s'agissait de sa première rencontre avec Amma ; elle ne l'avait jamais vue auparavant. Très émue, elle se mit à pleurer.

Puis Amma appela le jeune homme très fier qui regardait tout avec mépris. Le jeune homme parut surpris quand Amma lui fit tout à coup signe de s'approcher. Il se retourna et regarda dans son dos, pensant qu'Amma appelait quelqu'un derrière lui dans la queue. Amma s'écria alors : « Non, non, c'est bien toi, mon fils... Viens. » Le jeune homme, ne se remettant pas de sa surprise, avança lentement vers Amma.

Elle le reçut comme elle l'avait fait avec les autres. Il s'assit près d'Amma, lui faisant face. Plaçant la main gauche sur son épaule, Amma lui dit doucement, avec un sourire :

Amma : « Mon fils, que veux-tu réaliser ? *Isvara* (Dieu) ou *icha* (la mouche domestique) ? Si c'est Dieu, alors l'ego doit mourir. Connais-tu la nature d'une mouche ? Elle vole çà et là, se pose sur les choses pourries et avariées, dissémine toutes sortes de maladies contagieuses, et finalement elle meurt, piégée dans le sirop ou la mélasse. De la même façon, une personne gonflée d'ego se détruit elle-même et détruit les autres.

Alors, tu dois décider si tu veux réaliser Dieu ou l'ego. L'ego n'est une parure pour personne, qu'on soit spirituel ou du monde. Il est toujours laid aux yeux des autres. Prenons conscience de cette laideur. Il devient ensuite facile de l'enlever. Mon fils, ici, Amma ne fait pas de différence. Elle accepte tout le monde de la même façon. Que ce soit une personne engagée sur la voie du *siddha veda* ou ailleurs, c'est pareil pour Amma. Dans tous les cas, l'ego est le pire ennemi, quelle que soit la voie suivie. C'est la première chose à déraciner. Amma sait que tu t'y efforces, mais deviens-en encore plus conscient et essaye au moins de ne pas l'exprimer extérieurement.

Tu penses que ta voie est la seule vraie, tu méprises les autres voies et leurs adeptes. Mon fils, cet étalage extérieur n'est pas adéquat. Tâche d'acquérir la beauté intérieure, alors l'extérieur sera automatiquement embelli. »

Le jeune homme était abasourdi. Il devint très humble. Plus tard il remarqua : « Jamais auparavant je n'avais rencontré quelqu'un qui puisse lire dans mon mental de façon aussi claire et aussi précise. Elle a « dégonflé » mon ego aussi facilement qu'elle aurait crevé un ballon. »

L'expérience de ces deux personnes semblait avoir convaincu tout le groupe d'adeptes du *siddha veda*. Ils rejoignirent maintenant les autres dévots dans la queue pour le darshan. Amma s'adressa à eux :

Amma : « Le but est l'union du *jivatman* et du *Paramatman*. Il est réjouissant, mes enfants, de vous voir pratiquer une *sadhana* en accord avec les instructions données par votre guru. Pouvoir ainsi tout consacrer à la Réalisation du Soi est une bénédiction rare. Mes enfants, Amma est vraiment heureuse de vous voir tous ensemble. »

La femme qu'Amma avait appelée en premier restait debout en pleurant. Amma l'appela une nouvelle fois, sécha ses pleurs et la réconforta tendrement en disant :

Amma : « Ne t'en fais, mon enfant. Tout est pour le mieux. Acquiers davantage de force pour affronter les obstacles sur ton chemin spirituel. Nous ne pouvons pas changer les situations de la vie, mais nous pouvons changer notre attitude par rapport à elles. Essaye ; Amma est avec toi. »

Amma parla alors avec les dévots qui venaient du Tamil Nadu. Ils étaient très enthousiastes et chacun d'eux voulait maintenant être au premier rang.

Sans même aller dans sa chambre une minute, Amma vint directement de la hutte sous le porche du temple et commença les *bhajans* à dix-sept heures. Les chants débutèrent. Amma s'élança vers les hauteurs de la dévotion et de l'amour suprêmes, emportant avec elle le cœur des dévots. Amma et les *brahmacharis* chantèrent *Karunya varidhe, Krishna*, un chants que beaucoup affectionnaient :

Karunya Varidhe Krishna

Ô Krishna, Océan de compassion,
La soif de vivre ne fait que croître,
Il n'y a pas de paix pour le mental
Et, hélas, la confusion m'envahit.

Pardonnant toutes mes erreurs,
Sèche la sueur de mon front,
Ô Kanna ! Je n'ai pas de soutien
Autre que Tes adorables Pieds de lotus.

Ô Krishna ! Ma gorge se dessèche,
Ma vue baisse, mes pieds sont fatigués,

Et je tombe sur le sol,
Ô Krishna...

Après les *bhajans,* lorsque commença le Dévi *bhava,* les gens du *Siddha veda* rassemblèrent leurs affaires et se préparèrent à quitter l'ashram. Il semble qu'il était contraire à leur règle d'aller au Dévi *bhava darshan.* Mais, soudain, les deux personnes qui avaient eu une expérience personnelle avec Amma insistèrent pour aller au darshan et recevoir sa bénédiction. Les autres durent accepter et attendirent donc qu'ils aient vu Amma en Dévi *bhava.*

Le Dévi *bhava* se termina à trois heures et demie du matin. Amma, comme à l'accoutumée, alla vers les dévots pour s'assurer qu'ils avaient tous une natte et un endroit où dormir. Nombre d'entre eux préféraient dormir sur le sable. Un dévot dit : « Amma, c'est pour nous une bénédiction rare et une grande chance de pouvoir dormir sur ce sable fin. Nous n'aurons peut-être plus cette chance à l'avenir. Cet endroit sera tout couvert de grands bâtiments et de maisons pour les dévots. »

Le lendemain, au cours d'une discussion à propos de la voie du *Siddha veda,* Amma raconta : « Les enfants du *Siddha veda* sont venus en ayant décidé qu'aucun d'eux n'irait au Dévi *bhava darshan.* Donc, Amma a elle aussi décidé qu'au moins l'un d'entre eux viendrait. Et deux sont venus. » (*Tous rient.*)

Un dévot : « Amma est la plus espiègle au monde. »

Amma : « Les espiègleries d'Amma ne visent pas à obtenir quoi que ce soit, mais à vous permettre d'acquérir quelque chose. Amma ne joue des tours qu'en présence de l'ego et de l'égoïsme. Elle accourt là où se trouvent l'innocence et la soumission. Laissez de l'espace à Dieu si peu que ce soit. Il s'écoulera en vous. Nous sommes complètement fermés ; il n'y pas même une brèche de l'épaisseur d'un cheveu pour que Dieu jette un coup d'œil ! Le travail d'Amma est de créer cet espace, autant qu'elle le peut. »

Il est merveilleux d'observer la façon dont Amma s'y prend et comment elle traite les gens qui viennent la voir à l'ashram. Elle se comporte d'une manière unique avec chacun. Le mental des dévots est un livre ouvert pour Amma.

Le sujet de conversation changea. Quelqu'un posa une question à propos de Dattan le lépreux. Amma avait léché et aspiré chaque jour le pus de ses plaies lépreuses. C'était pour tous un spectacle terrible. Un des *brahmacharis* demanda à Amma ce qu'elle ressentait quand elle le voyait. Amma répondit :

« Amma le voit de la même façon qu'elle te voit, toi, ou n'importe qui d'autre. Il est aussi mon enfant. Comment une mère peut-elle ressentir du dégoût ou de la haine en voyant son fils ou sa fille, aussi repoussant ou gravement malade qu'il ou elle puisse être ? En fait, Amma a beaucoup de compassion et d'amour pour lui. Le cœur d'Amma fond lorsqu'elle le voit. »

Question : « Sa maladie n'est-elle pas le résultat des actions accomplies dans sa vie précédente ? »

Amma : « Pourquoi penses-tu des choses pareilles ? Si Amma dit oui, alors tu vas demander quel genre de péchés il a commis. Si Amma t'en fait aussi la description, tu vas penser : « Laisse-le donc traverser cette expérience puisqu'il a commis de nombreux péchés dans sa vie antérieure. » Tu vas toi-même développer une aversion pour lui et le considérer comme un pécheur. Cela ferme ton cœur, l'empêchant de s'ouvrir et de répandre l'amour. Si Amma te répond non, sa réponse sera alors contraire aux Écritures car chacun de nous fait l'expérience du fruit de ses actions passées. Par conséquent, oublie tout cela. La façon correcte est de penser et d'agir avec l'attitude : « Si c'est *son* karma qui le fait souffrir ainsi, alors c'est *mon* karma *et mon* dharma de l'aimer et de le servir. » Si tu réfléchis sans avoir de compassion, tu te « rétrécis » toi-même. Ton chemin est de devenir de plus en plus expansif.

Le cœur d'un *sadhak* devrait s'écouler de façon égale vers chacun. Il ne devrait pas s'attacher aux fautes et aux échecs, mais toujours penser à la victoire et à la bonté. Tu pourrais dire : « C'est la période de *sadhana*. Nous ne sommes que des *sadhaks*. Cela veut dire qu'un *sadhak* peut se tromper et chuter, n'est-ce pas ? » Tu ne devrais pas penser de cette façon. Tu dois rendre ton mental de plus en plus fort pour lutter et être victorieux contre les obstacles.

Mes enfants, laissez votre mental s'ouvrir pleinement et contenir l'amour avec tout son parfum et sa beauté. La haine et l'aversion ne feront que le rendre laid. L'amour envers tous donne la vraie beauté, mettant en valeur à la fois celui qui donne et celui qui reçoit. »

Question : « Amma, pourquoi reçois-tu Dattan en dernier ? »

Amma : Parce qu'une fois qu'Amma appelle ce fils, le pus, le sang et toutes les autres impuretés provenant de son corps sont sur le sari d'Amma. Les microbes provenant de ses plaies se trouvent aussi sur le corps d'Amma puisqu'elle lèche ses plaies pendant le Dévi *bhava*. Amma le reçoit tout à la fin du *darshan* pour éviter que les microbes ne se transmettent aux autres dévots. De plus, si Amma le reçoit au début ou au milieu, les dévots qui ne sont pas encore venus à Amma ne seront pas capables de le faire le cœur ouvert, car ils pourraient avoir une réaction contre sa lèpre. Ils ne bénéficieront du *darshan* que s'ils viennent à Amma le cœur complètement ouvert. Par conséquent, c'est uniquement pour le bien de ses enfants qu'Amma l'appelle à la fin. »

2 avril 1984

Depuis le matin, Amma se tenait le front en répétant qu'elle avait un terrible mal de tête. Quelques-uns des nouveaux *brahmacharis* lui offrirent différents remèdes comme Amritamjan ou Vicks Vaporub. Quelqu'un demanda : « Amma, veux-tu que je t'apporte des antalgiques ? » Amma refusa le tout avec un sourire et dit :

« Cette souffrance ne partira pas comme ça. Les médicaments ne peuvent ni la guérir ni la soulager. »

Les *brahmacharis* plus anciens et les dévots intimes comprirent le sens de ce qu'Amma disait. Chaque fois qu'Amma prenait sur elle la maladie d'une personne, quelle que soit cette maladie, son corps souffrir. C'était assez habituel. Ce mal de tête provenait sûrement d'une cause semblable. Cependant, malgré sa souffrance, Amma continua à parler avec les dévots sur différents sujets spirituels.

Un dévot posa une question concernant l'éveil de la *kundalini*. **Amma** : « De nos jours, parler de la *kundalini* et de son éveil est devenu une mode. Un autre mot souvent employé est *yoga*. Ils se contentent d'en parler. Qu'ils fournissent au moins un petit effort pour comprendre le vrai sens de ces mots. Seules la *sadhana* et l'expérience nous permettent d'en connaître la véritable signification. Une fois que vous avez une expérience réelle, c'est-à-dire à mesure que vous pénétrez plus profondément dans votre propre Soi, vous cessez d'en parler. Les vagues ne se soulèvent que là où l'eau est peu profonde, pas là où elle est profonde. A mesure que vous pénétrez de plus en plus au cœur des régions subtiles de la spiritualité, lentement les vagues de pensée prennent fin. Il ne reste que le silence.

Après tout, pourquoi vous préoccuper de l'éveil de la *kundalini* et autres choses de ce genre ? Certaines personnes font le tour des *sannyasis* et des gurus en demandant si leur *kundalini* est éveillée ou non. D'autres cherchent un guru qui puisse le faire d'un geste. Mes enfants, ne perdez pas votre temps à poser ces questions. Faites votre *sadhana* sincèrement, avec amour et dévotion. Les progrès suivront. Si vous vous inquiétez sans cesse de l'éveil de la *kundalini*, votre mental sera divisé et cela affectera votre croissance spirituelle.

Un *brahmachari* apporta une assiette de riz et de légumes pour Amma, mais elle ne les mangea pas. Un dévot chef de famille d'environ soixante ans resta assis sans aller prendre son déjeuner. Amma le remarqua et dit : « Viens ! Amma va te donner à manger. » Elle l'emmena dans la cuisine et le nourrit de ses propres mains. Tandis qu'il avalait chaque bouchée de riz qu'Amma lui mettait elle-même dans la bouche, des larmes d'une joie indicible roulaient le long de ses joues.

Ici, l'intellect humain a peine à comprendre le sens d'une villageoise à l'aspect ordinaire âgée de trente ans devenant la mère d'un homme de soixante ans. Toute explication donnée par l'intellect sera soit erronée, soit farcie de raisonnement et de logique. Pour trouver un sens, il faut regarder non pas sur le plan de l'intellect, mais sur le plan de l'expérience, que seul le cœur peut connaître.

Amma avait toujours mal à la tête. Elle voulait être seule un moment, et alla donc s'allonger au sud de l'ashram près de la lagune. Personne n'alla la déranger.

A trois heures et demie, la bibliothèque fut aménagée pour montrer un film sur Amma à quelques dévots venus de l'extérieur. Avec l'enthousiasme et la curiosité d'un enfant, Amma vint et s'assit parmi les autres. En voyant l'embonpoint de son propre corps dans le film, elle s'écria : « Oh, regardez ! Un démon ! », et se mit à rire. Elle remarqua : « Quel sera mon destin si je continue à grossir comme ça ? » et elle rit de nouveau.

Le film montrait la célébration du trentième anniversaire d'Amma, avec la récitation des Noms divins et la *pada puja* (cérémonie du lavement des pieds). Voyant ses enfants boire l'eau sacrée qui avait servi à lui laver les pieds, Amma s'exclama : « Qu'est-ce que c'est que ces bêtises ? Obtient-on la Réalisation en lavant les pieds et en buvant l'eau ? L'humilité, voilà ce qui est nécessaire. »

Le mal de tête d'Amma persistait. Ayant fermé la porte à clé, elle s'allongea toute seule dans la hutte, puis en ressortit à dix-

177

sept heures, l'air reposée. Le mal de tête l'avait quittée et elle était d'humeur très joyeuse.

De même que les enfants gardent dans leur poche une poignée de cacahuètes et en grignotent quelques-unes de temps à autre, Amma épuise peu à peu la réserve de maladies qu'elle prend de ses dévots. Elle semble souffrir d'une douleur intense à un moment et n'en garder aucune trace l'instant d'après. Elle se lève et s'en va comme si rien ne s'était passé.

On la voit parfois souffrir terriblement, incapable même de s'asseoir sans aide, mais la minute suivante, quand un dévot ou un aspirant vient la voir et lui parler, Amma se lève soudain avec son énergie habituelle et converse longtemps avec cette personne.

Ce jour-là arriva un dévot plein d'humour qui parlait avec Amma en toute liberté. Il faisait de temps à autre des mots d'esprit et chaque fois, Amma riait de tout cœur. A un moment donné, il ouvrit grand la bouche, s'apprêtant à imiter une autre personne. En une fraction de seconde, Amma prit une poignée de sable et la lança dans sa bouche avant qu'il puisse la fermer. Tout se passa avec la rapidité de l'éclair. Le dévot se leva d'un bond et entreprit de recracher le sable. Ce faisant, il exprimait sa grande joie, en riant et disant : « Voilà ce qu'elle fait avec les bavards comme moi ! » Le voyant aux prises avec le sable dans sa bouche, Amma se roulait par terre et riait aux éclats.

Le dévot alla se rincer la bouche puis revint près d'Amma. Il dit aux autres dévots : « Quel imbécile je suis ! J'aurais dû avaler ce sable. Qui sait ce qu'il contenait ? C'était du *prasad*. Si je l'avais avalé, j'aurais peut-être atteint la Réalisation. Nous réfléchissons toujours après coup. » Il poussa un soupir et s'arrêta. De nombreux dévots réunis autour d'Amma avaient été témoins de cette scène, ainsi que presque tous les *brahmacharis*.

Ce dévot, qui avait près de soixante ans, était un chanteur de musique classique et Amma lui demanda de chanter. En faisant des vocalises sur le rythme d'introduction qui ouvrait le chant, et avec de drôles de gestes, il créa encore une fois une situation amusante qui fit rire tout le monde, y compris Amma.

Les *bhajans* du soir commençaient à dix-huit heures trente. Amma était venue. Il tombait une pluie torrentielle accompagnée de tonnerre et d'éclairs. Le rugissement obsédant des vagues de l'océan battant contre le sable pendant l'orage produisait un constant ronronnement venant de l'ouest. Les bhajans continuaient. Amma, dans un état d'extase, se balançait d'un côté à l'autre en chantant. Le bruit de la pluie servait d'accompagnement de fond au chant

Amma Bhagavati Nitya kanye Dévi

Ô Mère Divine, Vierge éternelle,
Je me prosterne devant Toi,
Pour obtenir Ton regard plein de grâce.
Ô Maya, Mère de l'univers,
Ô pure Conscience-Joie,
Ô grande Déesse, devant Toi je me prosterne.

Ô source de tous les mantras dans les quatre Vedas
Je me prosterne devant Toi encore et encore.
Ô Toi le perroquet dans le nid d'Omkara
Je me prosterne à Tes Pieds sacrés.

Ô Toi qui résides
Dans le visage de lotus du Seigneur Brahma,
Ô Essence des quatre Vedas,
Je me prosterne devant Toi.

Tout d'un coup la voix d'Amma retentit, couvrant la musique : « Qui est ce fils ? » Le *bhajan* s'arrêta brusquement. Un silence absolu régna. Personne ne comprenait pourquoi Amma posait cette question. Chacun pensait qu'il avait fait quelque chose de mal quand Amma demanda à nouveau :

Amma : « Qui joue à contretemps ? Ne vous surchargez pas d'une faute grave en faisant cela. Manquer un temps en chantant les *bhajans* cause du tort. Si vous ne jouez pas avec concentration, vous manquez le *talam* (la mesure). De nombreux êtres célestes et êtres subtils écoutent quand nous chantons. Chaque instrument a son *devata* (demi-dieu). Ce *devata* jettera un sort si nous ne jouons pas le *talam* correctement. »

Voilà encore un exemple de la discipline que nous enseigne Amma, en utilisant chaque situation pour bien faire comprendre aux enfants la nécessité d'être toujours attentifs aux actions qu'ils accomplissent, même quand ils jouent d'un instrument de musique.

Le *bhajan* reprit :

> *Ô Déesse du monde, c'est seulement Ton jeu*
> *De créer le monde et de le sauver en l'anéantissant.*
> *Ô Mental du mental, Ô Mère adorée,*
> *Je ne suis qu'un ver dans Ton jeu.*

> *Ô Toi qui es miséricordieuse envers les affligés,*
> *Qui fais tout, sans rien faire,*
> *Je me prosterne devant Toi.*

> *Ô Kali au teint noir,*
> *Toi qui as détruit le démon Mahisha,*
> *Toi Shankari dont les yeux sont comme des pétales de lotus,*
> *Je me prosterne devant Toi.*

> *Ô Toi qui es toujours jeune, Toi qui détruis la douleur,*
> *Ô Toi, à la grande Âme, Bhaskari,*
> *Je me prosterne devant Toi.*

Les chants se poursuivirent jusqu'à vingt heures quinze, se terminant avec l'*arati*. Amma restait à sa place, adossée au mur, gardant les yeux fermés tandis que les dévots et les résidents se prosternaient devant elle un à un. Toujours en état d'extase, elle continuait à chanter de temps à autre des *kirtans*. La béatitude intérieure dans laquelle elle baignait se manifestait extérieurement par des éclats de rire.

Au bout d'un moment, elle s'allongea, la tête reposant sur les genoux d'un petit garçon d'à peine sept ans. Elle retrouva son état normal et se mit à le cajoler. Amma lui demanda de chanter. Il chanta

Kanna Ni Yenne

Ô Krishna, m'as-Tu oublié ?
Ô Toi à la couleur d'un nuage d'orage,
M'as-Tu oublié ?
Ne Te voyant pas, ma douleur augmente
Et mon cœur est incapable de rien comprendre.

Amma paraissait très absorbée dans le chant et la dévotion innocente du petit garçon. Un beau sourire éclairait son visage. Quand il eut fini de chanter, elle lui demanda : « Mon fils, connais-tu *Manasa vacha* ? » « Oui », répondit-il. « Alors chante ». Le garçon put à peine chanter les quatre premières lignes. Il s'arrêta et dit doucement à Amma : « C'est tout ce que je sais. » Amma continua elle-même le *bhajan* célébrant le Divin, tandis que les dévots et les résidents réunis autour d'elle étaient témoins des différents états qu'elle traversait.

Manasa Vacha

Dans mes pensées, dans mes paroles et dans mes actes,
Je me souviens de Toi sans cesse.

Alors pourquoi tardes-Tu à m'accorder Ta miséricorde,
Ô Mère bien-aimée ?

Les années ont passé,
Mais pourtant mon mental n'a pas de paix.
Ô Mère chérie, je T'en prie, accorde-moi quelque soulagement.
Mon mental oscille comme un bateau ballotté par la tempête,
Ô Mère, donne-moi un peu de paix mentale
De crainte que je ne devienne fou.

Je suis fatigué, Mère, c'est insupportable.
Je ne veux pas d'une telle vie.
Je ne peux tolérer Tes épreuves
Ô Mère, je ne peux plus les supporter !

Je suis un pauvre indigent,
Je n'ai personne d'autre que Toi, Mère.
Je T'en prie, arrête ces tests.
Tend-moi la main et élève-moi jusqu'à Toi.

Soudain, Amma se leva et partit vers la cuisine. C'était l'heure du dîner. Amma servit elle-même le *kanji* (grau de riz) à tous ses enfants. Après le dîner, les *brahmacharis* prirent congé d'elle pour faire leur *sadhana*. Personne ne voulait la quitter, mais elle ne leur permettait pas de rester à ses côtés durant les heures où ils étaient supposés accomplir leurs pratiques spirituelles.

Le silence de la nuit régnait alentour. Aucun son ne venait le rompre, hormis l'appel retentissant des vagues de l'océan. Les *brahmacharis* méditaient dans le hall réservé à cet effet ou sous le porche. Quelques-uns étaient assis dehors sous les cocotiers. A vingt-trois heures, les résidents rentrèrent se coucher, ayant terminé leur *sadhana* du jour pour commencer de nouveau à quatre heures le matin suivant.

L'atmosphère de l'ashram était parfaitement sereine. On entendait un rossignol chanter son obsédante mélodie. Puis l'oiseau se tut lui aussi. Les étoiles scintillaient dans le ciel profond de velours noir. Soudain, déchirant le calme de la nuit, la voix d'Amma s'éleva, provenant de sa chambre. Elle chantait

Anandamayi Brahmamayi

Ô Toi la Bienheureuse, Ô Toi l'Absolue,
Ô Toi la Bienheureuse, Ô Toi l'Absolue,
Dont la forme est d'une beauté sans égale,
Ô Toi la Bienheureuse, Ô Toi l'Absolue,

Sa voix avait une tonalité pathétique inhabituelle. Quelques *brahmacharis* se réveillèrent en entendant le chant et s'assirent devant leurs huttes pour écouter Amma en silence. Le chant avait assez de puissance pour vous faire glisser sans effort dans la méditation tandis que se déployait l'émouvante et envoûtante mélodie *Aradharangal* (deuxième strophe du même chant).

Traversant les six centres mystiques, les yogis
Parviennent à Te connaître, Toi, l'inestimable trésor.
Ta Gloire, Ô Puissance infinie,
Ne leur est qu'à peine révélée.

La musique des vagues de l'océan servait d'accompagnement. Le chant poignant chanté par Amma emplissait l'atmosphère d'une ferveur divine. La brise douce et fraîche répondait au chant dont elle transportait avec révérence les vibrations jusqu'au plus profond de cette nuit enchantée.

Amma s'arrêta de chanter et le silence régna un bref instant, à nouveau rompu par le tintement rythmique des bracelets de cheville d'Amma. Elle devait danser, sans doute plongée dans une danse extatique, oublieuse d'elle-même et du monde extérieur, seule dans un univers à elle, au-delà du nôtre, auquel personne d'autre n'a accès. Chacun des *brahmacharis* réveillés avait l'impression qu'elle dansait dans son propre cœur. Ils étaient tristes de ne pas voir leur Mère bien-aimée danser avec ses bracelets de chevilles, ils l'imaginaient en extase et visualisaient intérieurement ses pieds sacrés qui glissaient et exécutaient les pas d'une danse mystique. Assis près de leurs huttes, il avaient le regard fixe, tourné vers la chambre d'Amma.

Enfin, le son des clochettes s'arrêta. Les résidents attendirent encore quelques minutes, espérant entendre un autre chant ou d'autres tintements de clochettes. Mais aucun son ne vint plus de la chambre d'Amma et ils retournèrent se coucher tandis que l'horloge sonnait minuit.

3 avril 1984

L'horloge de la salle à manger sonna dix fois. Une petite fille habillée de blanc préparait la pâte de santal pour la puja du matin. Comme de coutume, *Acchamma* était occupée à sa tâche quotidienne, celle de confectionner des guirlandes. Cette femme de quatre-vingts ans se lève chaque matin à trois heures et demi, prend une douche froide, fait sa récitation quotidienne des Noms divins, chante quelques *bhajans*, puis va cueillir des fleurs pour la puja dans le temple et les guirlandes pour les statues et les images de la déesse, et aussi pour Amma. Elle est si vieille qu'elle ne peut plus marcher sans se courber en avant. Pourtant, sa détermination l'emporte, de loin, sur son grand âge.

D'un côté de l'ashram, on entendait les *brahmacharis* réciter le *Lalita Sahasranama*. Pendant la puja, le tintement de la cloche résonnait dans l'atmosphère. Une musique ravissante s'élevait d'une des huttes. Markus, un dévot allemand très âpre au travail, jouait de la flûte.

Ce matin, un *brahmachari* alla dans la chambre d'Amma se plaindre que ses *vasanas* persistaient, après des années de pratiques spirituelles. Il blâmait Amma de ne pas lui accorder sa grâce. Il dit que si Amma n'éliminait pas bientôt ses *vasanas,* il se suiciderait.

Ne le quittant pas des yeux, Amma resta un moment silencieuse. Lorsqu'il se fut un peu calmé, elle l'appela et lui dit affectueusement :

Amma : « Mon fils, sais-tu combien d'énergie tu as gaspillée ce matin ? Amma apprécie ta détermination et ta soif de réaliser Dieu. Tu en ressens l'urgence et c'est bon signe, mais la qualité la plus importante d'un *sadhak* qui veut atteindre le but est la patience. Un vrai *sadhak* ne s'impatiente jamais. Mon fils, sais-tu que nos ancêtres, les grands saints et les sages du passé, accomplissaient des années et des années d'austérités afin de réaliser Dieu ? Ils n'étaient jamais impatients. S'ils l'avaient été, ils ne seraient arrivés à rien. Si l'impatience avait gouverné leur vie, il en aurait résulté une perte de temps et d'énergie.

Même pour atteindre des buts matériels, éphémères, il faut beaucoup de patience et d'efforts personnels. Que dire alors de la réalisation spirituelle, la seule voie pour parvenir au bonheur éternel et à l'immortalité ?

Suppose que quelqu'un veuille se rendre dans un pays étranger, disons l'Amérique. Il doit d'abord faire une demande de passeport, et attendre ensuite patiemment de le recevoir. Cela ne se fera pas en un jour ou deux car ces questions administratives prennent du temps. De nombreuses démarches sont nécessaires. Une fois qu'il a son passeport, il doit ensuite obtenir un visa. De plus, il doit trouver quelqu'un pour le parrainer. Toutes ces obligations prennent du temps. On ne doit pas perdre patience et dire : « Non, non ! Je dois aller en Amérique tout de suite ! Pourquoi n'est-ce pas possible ? Il faut que j'obtienne le visa et le parrainage aujourd'hui même. Sinon, je vais me suicider ! » Et si la personne perd patience et se suicide quelques jours après avoir entamé les formalités, quel est le résultat ? Elle meurt, c'est tout, et rien d'autre ne se produit. Quel que soit le nombre de vies que nous y consacrons, la Réalisation de Dieu n'est pas possible sans patience. Pour satisfaire ton désir, tu dois agir lentement, avec constance, patiemment, en étant attentif et sincère. Si le processus se déroule normalement, tu atteindras ton but. Si tu perds patience, tout sera gâché. Tu n'atteindras pas ton but en étant impatient, parce que ton mental sera agité et dispersé. En t'éparpillant ainsi, tu perds toute la concentration et l'énergie nécessaires pour parvenir au but. Par des efforts constants et patients, tu peux faire lentement des progrès réguliers.

Mon fils, on ne peut pas arracher la grâce de Dieu ou du guru. La grâce s'écoule spontanément vers le disciple. Nul ne peut dire quand, où et comment elle arrive. Tu ne peux avoir aucun contrôle sur elle. Tu peux et tu dois agir, le reste dépend de la grâce. Elle arrive simplement lorsque le guru perçoit que le disciple est tout à fait mûr et prêt. Et pour en arriver là, il faut de la patience. Tu dois fournir l'effort sans penser au résultat. Et quand ce sera le moment, le guru te l'accordera. Ne perds pas ton temps à t'en préoccuper.

Les *vasanas* ne peuvent être éliminées aussi facilement. Mon fils, depuis combien de temps pratiques-tu la méditation ? »

Amma s'arrêta, attendant une réponse. Le *brahmachari* dit doucement : « Depuis ces deux dernières années. » Amma demanda : « Est-ce que tu médites constamment ? Non. Combien d'heures réserves-tu à la méditation ? Sept ou huit heures au plus ? » Le *brahmachari* ne dit mot. Amma paraissait avoir quelque chose en tête et demanda encore : « Quel âge as-tu maintenant ? » Le brahmachari commençait à avoir honte de parler, comme s'il se doutait de quelque chose. Il répondit pourtant : « Vingt-huit ans. » Amma continua de le questionner : « Est-ce que tu méditais

ou récitais les Noms divins avant de venir à Amma ? » « Non »,
admit-il.

Amma : « Très bien. Maintenant écoute, mon fils, tu n'as pratiqué la méditation que pendant deux ans, mais tu as été dans ce
monde vingt-six ans avant de te tourner vers la spiritualité. Et
cela concerne uniquement la durée de cette vie ; personne ne sait
combien de naissances tu as prises auparavant et quelles ont été tes
faiblesses. Maintenant tu dis que toutes ces tendances accumulées
auraient dû partir en l'espace de deux années. Non seulement
cela, mais ici tu n'es même pas constamment occupé à éliminer
tes *vasanas*. Sans doute médites-tu sept ou huit heures par jour,
mais quelle concentration obtiens-tu ? Disons que tu obtiens
une minute de concentration par heure de pratique. Ainsi, si tu
calcules, cela ne fait même pas dix minutes de concentration par
jour. Il est donc évident que tu ne te consacres pas en permanence
à détruire tes *vasanas*. De plus, mon fils, tu passais auparavant
tout ton temps à t'amuser et à te faire plaisir quand tu vivais
dans le monde. Maintenant, dis à Amma si tes revendications
sont fondées. »

Le *brahmachari* se tenait coi. Il pâlit tandis qu'il restait assis
tête baissée. Amma le prit contre elle et le consola en disant:

Amma : « Ne t'en fais pas, mon fils. Amma voulait juste te faire
comprendre que cela demande une pratique à long terme et de
la patience. Au moins tu es conscient que ces *vasanas* existent
et qu'elles doivent être éliminées. Cela montre que tu as déjà
évolué. Cette prise de conscience elle-même est une réalisation
importante. Les gens du monde ne savent même pas qu'il y a en
eux de terribles *vasanas*. Ils sont complètement noyés en elles.
Comparés à ces gens-là, vous êtes beaucoup plus évolués, mes
enfants. Soyez heureux. Pourquoi vous faire tant de souci alors
qu'Amma est là pour prendre soin de vous ? Amma est ici pour
vous, n'est-ce pas ? »

Amma vint dans la hutte à dix heures et demie et le darshan commença. Un dévot posa une question à propos du culte rendu à différents *devatas*. Amma répondit :

Amma : « Bien que les *devatas* soient supérieurs aux êtres humains, ils dépendent d'eux pour leur subsistance. C'est pourquoi dans les *Puranas* et dans les épopées nous trouvons des histoires de *devas* créant des obstacles pour ceux qui s'adonnent à une ascèse. Une fois qu'un être humain atteint l'état de « non-action », les *devas* ne reçoivent plus leur part, qu'ils obtiennent principalement à travers les rituels et les oblations. Quand un être humain évolue jusqu'à l'état de *sannyasa*, il renonce à toutes les actions, y compris les rituels et les oblations. Ainsi les *devas* perdent ce qu'ils avaient l'habitude de recevoir de cette personne.

L'action n'est destinée qu'aux êtres humains mortels, et non pas à celui qui s'élève jusqu'à l'état d'immortalité. Cela signifie que les actions ne peuvent lier une telle personne. Elle travaille elle aussi, mais elle renonce au fruit de son travail, c'est-à-dire dire qu'elle renonce également à l'action elle-même. Être détaché d'une action que vous accomplissez signifie que vous ne la faites pas, que votre mental n'est pas identifié à l'action. Par conséquent, personne n'est là pour donner ou recevoir et il en résulte que les *devas* perdent leur part. Ils ne veulent pas que cela se produise, et c'est pourquoi ils créent des obstacles à celui qui pratique des austérités pour réaliser le Soi.

Il y a en nous divers aspects potentiels de divinité. Quand nous agissons de façon juste et sage, la bonté présente en nous s'éveille et nous conduit vers le progrès et la prospérité. Mais quand nous persistons dans notre effort, essayant de concentrer toute notre attention sur le Soi suprême, cette bonté elle-même devient un obstacle car pour pouvoir atteindre la Réalité ultime, c'est-à-dire la Réalisation du Soi, il faut transcender toute chose, y compris la bonté. La bonté est elle aussi une chaîne. Ces grands idéaux existent également en tant que pensées, et pour atteindre l'état de non-action, l'état de renoncement complet, toutes les pensées doivent cesser. Le mental doit disparaître.

Si le mental doit disparaître, toutes les pensées doivent disparaître elles aussi, car le mental n'est rien d'autre que des pensées. Quand nous nous efforçons de parvenir à cet état sans pensée, ces bonnes pensées créent des obstacles. Elles essayent elles aussi de vous ramener en arrière, vers ce vieil état d'action. Elles ne peuvent pas exister sans votre coopération, sans que vous agissiez. Les actions — faire le bien, accomplir des cérémonies sacrées — sont de la nourriture pour ces bonnes pensées ; c'est ce qui leur permet d'exister.

Les rituels et les cérémonies contribuent à nettoyer et à purifier le mental. Grâce aux rituels et aux diverses pratiques religieuses, le mental, empli de mauvaises pensées de toutes sortes, devient bon et vertueux. Quand vous avez obtenu cela, ne vous arrêtez pas ; continuez et transcendez aussi cet état. Si vous vous attachez à la bonté et à la vertu, elles deviendront elles-mêmes des habitudes et, par conséquent, des *vasanas*. Qu'elle soit bonne ou mauvaise, une *vasana* est un obstacle sur le chemin vers la Perfection. Donc, ne vous attardez pas trop longtemps sur les bonnes pensées ; dépassez-les. Ce n'est que si vous dépassez tout bien et tout mal que vous atteindrez l'état où il n'y a plus ni bien ni mal, ni souffrance ni bonheur, ni succès ni échec, l'état où vous êtes toujours Cela, Cela seulement. Il importe peu que vous soyez lié par une chaîne en or ou une chaîne en fer. L'esclavage est l'esclavage, quel que soit le lien qui nous attache. Donc pour apaiser complètement le mental, il faut aussi transcender le bien. Les pensées, bonnes ou mauvaises, créent toujours des vagues dans le mental, et perturbent sa tranquillité. »

Un dévot : « La question est de renoncer à toutes pensées et à toutes actions égocentriques, n'est-ce pas, Amma ? »

Amma : « Tu as raison, mon fils. Les pensées et les actions qui nourrissent l'ego de quelque manière ne devraient pas être acceptées. Les bonnes actions et les bonnes pensées vous lient elles aussi si vous agissez ou pensez avec une attitude du « moi » et du « mien ». C'est pourquoi on dit qu'il faut approcher un Maître parfait. Lui seul peut vous aider à vous débarrasser de ces sentiments de « moi » et de « mien ». Ils sont très subtils, mais très forts. Les *vasanas* subtiles sont plus puissantes que celles de surface. Les choses subtiles sont aussi plus pénétrantes. Quand la glace fond, elle devient de l'eau qui est plus subtile, plus puissante et plus pénétrante. L'eau, quand elle est chauffée et bouillie, devient à son tour de la vapeur, encore plus subtile, plus puissante et plus pénétrante. Cette vapeur est si puissante qu'on l'utilise pour actionner d'énormes machines. La puissance de l'eau, une fois convertie en énergie électrique, devient encore plus subtile, puissante et pénétrante. De même le mental, et les pensées dont il est constitué, devient plus fort et plus pénétrant à mesure qu'il devient plus subtil. L'effort humain seul ne suffit pas pour arracher les tendances subtiles profondément enracinées. La grâce de Dieu ou du guru est absolument indispensable ; elle seule peut amener le mental jusqu'à l'état le plus subtil où il n'y a plus ni pensées ni mental. Dans cet état de subtilité suprême, le mental se transforme en une source suprêmement puissante d'inépuisable énergie. Dans cet état, il devient l'énergie omniprésente elle-même. C'est la mort finale de l'ego, qui ne reviendra plus. »

Tout le monde resta un long moment assis, médusé, regardant Amma avec humilité et révérence. Ils semblaient tous avoir pris conscience de sa dimension spirituelle infinie et de son omniscience. Les explications les plus scientifiques à propos des vérités les plus hautement philosophiques, exposées par Amma en un langage accessible et lucide, remplissaient les cœurs d'une joie immense et d'une inspiration profonde. Sa simplicité et son innocence se reflétaient pleinement dans ses paroles.

Une villageoise d'apparence simple, qui n'avait pas achevé sa scolarité normale, qui n'avait pas étudié les textes préliminaires de la spiritualité et n'avait pas l'habitude de lire quoi que ce soit, parlait comme un grand savant et était devenue le Maître d'érudits et d'hommes et de femmes très instruits. N'est-ce pas un phénomène extraordinaire ? Ceux qui ont des yeux le verront. Ceux qui ont des oreilles l'entendront. Ceux qui ont un cœur le sauront.

Amma s'arrêta un moment. Elle ferma les yeux et fut transportée quelques instants dans un autre univers. Puis, murmurant « Shiva, Shiva ! » et décrivant des cercles avec l'index de sa main droite, elle rouvrit les yeux.

Un dévot : « Brahmachari Balu m'a raconté une anecdote qui montre comment la désobéissance et l'ego, face au guru, peuvent conduire quelqu'un à sa ruine. »
Amma (*avec la curiosité d'un enfant*) : « Qu'est-ce que c'est ? Qu'est-ce qu'il a dit ? »
Le dévot : « Il m'a parlé d'un garçon nommé Hari qui visitait souvent l'ashram et suivait une *sadhana* comme tu l'en avais instruit. Un jour, il refusa de manger parce qu'il était en colère contre toi, car tu ne l'avais pas emmené avec toi dans un de tes voyages. Pour le consoler et pour le faire manger, tu lui as offert une banane qu'il a refusée. A plusieurs reprises, avec l'amour et l'affection d'une mère, tu as exprimé le souhait qu'il prenne la banane et la mange. Mais chaque fois, il la repoussa en disant : « Non, je n'en veux pas ! » Tout à coup, l'expression de ton visage a changé et tu es devenue très sérieuse. Tu as jeté la banane au loin en disant : « Ton dernier fruit est parti. Mon fils, c'était ton dernier fruit. » Brahmachari Balu m'a dit qu'à partir de ce moment-là, ce garçon n'a plus jamais été capable de méditer, même pas une seconde. Et il erre en gaspillant son temps et son énergie. Il a abandonné

la vie spirituelle et mène maintenant une vie dans le monde avec toutes sortes de problèmes. »

Amma : « Normalement, Amma ne dit pas des choses pareilles. Pourtant, Amma avait beau être très humble devant lui, il ne voulait pas obéir ce jour-là, et les mots sont sortis tous seuls. Amma elle-même ne pouvait pas les arrêter. Tel devait être son destin. Dieu ne tolère pas l'ego. Mes enfants, l'ego peut causer de grands désastres. »

Il était quatre heures de l'après-midi. Amma voulait écouter une chanson intitulée *Saranagati* (Donne-moi refuge, Ô Mère). On apporta un magnétophone et on écouta le chant. Il avait été chanté avec accompagnement par un résident. La hutte était remplie de dévots et Amma était complètement absorbée dans le chant.

Saranagati

Ô Mère immortelle, qui es Shakti,
L'incarnation même de la Puissance,
Qui résides dans l'essence de tous les êtres,
Qui es la Personnification de tout ce qui est de bonne augure,
Et qui es la Pureté à son summum,
Je me prosterne à Tes Pieds sacrés.

Au bout d'un moment, Amma se leva et sortit. Elle se promena quelque temps dans la cocoteraie. Plus tard, elle raconta : « Amma ne pouvait pas écouter ce chant en y mettant tout son cœur. Si elle l'avait fait, elle aurait perdu le contrôle d'elle-même et ne le souhaitait pas à ce moment-là, car beaucoup de gens se trouvaient dans la hutte qui ne connaissent rien à ces choses. C'est pourquoi Amma s'est levée et est sortie. » Le chant était terminé. C'était l'heure des *bhajans*.

Un à un les résidents et les dévots vinrent s'asseoir devant le temple. Un dévot resta dans la hutte, en méditation. Amma pénétra soudain à l'intérieur en demandant : « Oh ! Mon fils ! Tu n'étais pas parti ? » Elle s'assit sur le lit. Le dévot se prosterna de tout son long devant elle, puis il prit les pieds d'Amma et les plaça sur sa tête. Les yeux pleins de larmes, il pria Amma en disant : « Amma, tes pieds me suffisent. Je ne veux rien d'autre. Ô Amma, ne me fais pas jouer de jeux dans ce monde de pluralité ! »

Amma l'écouta attentivement. Lui adressant un regard plein de compassion, elle caressa son enfant avec amour et affection. « Viens, mon fils. C'est l'heure des *bhajans* », lui dit-elle en sortant et en se dirigeant vers le temple.

Les *bhajans* commencèrent comme d'habitude à dix-huit heures trente. Amma jouait du *ganjira* (un petit tambour). Au bout de quelques minutes, Elle posa le *ganjira*, prit les cymbales et se mit à en jouer. On aurait dit qu'elle luttait pour maintenir son esprit ici-bas. Elle posa également les cymbales et chanta, créant ainsi des vagues de béatitude absolue qui irradiaient tout autour avec le chant

Manase Nin Svantamayi

Rappelle-toi, Ô mental, cette vérité suprême:
Personne ne t'appartient !
À cause de tes actions insensées,
Tu erres dans l'océan de ce monde.

Bien que les gens t'honorent
En t'appelant « Seigneur, Seigneur ! »
Cela ne sera que pour peu de temps.
Ce corps, si longtemps honoré,
Doit être abandonné quand la vie s'en va.

Pour quel amour as-tu lutté
Tout ce temps, sans même te soucier de ta vie ?
Elle aussi aura peur de ton cadavre
Et ne t'accompagnera pas.

Pris comme tu l'es au piège subtil de Maya,
N'oublie pas le Nom sacré
De la Mère divine.
Le Seigneur attirera à Lui les âmes
Imprégnées de dévotion
Comme un aimant attire le fer.

La position, le prestige et la richesse sont éphémères,
La seule Réalité est la Mère universelle.
Renonçant à tous les désirs,
Dansons dans cette béatitude
En chantant le Nom de Mère Kali !

Chanter avec Amma, particulièrement le soir, est une expérience pleine de joie qui ouvre le cœur à un plan de dévotion beaucoup plus élevé. Assis sur les puissantes ailes spirituelles d'Amma, dévots et résidents volent haut chaque soir lors des *bhajans*, s'abreuvant à la béatitude divine de la dévotion suprême. Chaque moment est une expérience qui met le cœur en contact avec un nouveau trésor spirituel. C'était encore le cas ce soir. Chacun chanta en oubliant tout.

4 avril 1984

Personne ne sait quand Amma va sortir de sa chambre ou y retourner. Personne ne peut prédire ce qu'elle va dire ou faire. Nous sommes peut-être absolument convaincus qu'elle fera telle chose à tel moment mais au lieu de cela, elle agit de manière tout à fait inattendue et complètement différente, à laquelle nous n'aurions même jamais pensé.

La nuit et le jour sont pour elle identiques. Si elle veut faire une chose, quelle qu'elle soit, Amma la fait, indépendamment de l'heure et de l'endroit. Elle est imprévisible et irrésistible. Personne ne peut dire comment Amma va prendre en charge une situation. Nous pouvons avoir des idées ou faire des suppositions, mais ces idées s'effondrent quand nous observons la façon dont elle dirige les choses. Nous ne voyons que le présent, ce qui arrive maintenant, en ce moment même, mais Amma voit tout. Son regard s'infiltre à l'intérieur de tout, toutes les expériences, tous les événements et voit au-delà dans un futur lointain. Alors que nous ne sommes conscients que des aspects superficiels d'une chose, ses yeux pénètrent dans ses recoins les plus cachés et en extraient les aspects subtils, et même les plus subtils.

Aujourd'hui une famille de cinq personnes du nord du Kérala était venue voir Amma. Amma n'était pas encore arrivée dans la hutte. Comprenant qu'ils venaient ici pour la première fois et qu'ils désiraient quelques informations, l'un des résidents alla vers eux, les salua les mains jointes et leur demanda poliment : « D'où venez-vous ? Est-ce la première fois que vous venez ? »

L'homme, qui semblait être le chef de famille, prit la parole : « Nous venons du nord du Kérala. C'est notre première visite et nous ne connaissons donc pas les habitudes de l'ashram. Est-il possible de rencontrer Amma ? »

« Bien sûr, vous le pouvez. Mais Amma n'est pas encore sortie. Elle viendra certainement, mais nous ne pouvons pas dire quand. » Le résident déroula une natte devant le temple et les pria de s'asseoir jusqu'à l'arrivée d'Amma. Il n'était que neuf heures du matin. Le chef de famille, n'ayant pas l'air très convaincu, se tourna à nouveau vers le résident et demanda : « Excusez-moi, mais êtes-vous sûr qu'Amma viendra aujourd'hui ? » Le résident le rassura : « Ne vous inquiétez pas, elle viendra. »

A neuf heures et demie, au lieu d'aller dans la hutte, Amma alla tout droit où ils étaient assis. Elle s'était dirigée vers le temple comme si elle avait su que les nouveaux venus étaient là. Ils se levèrent et restèrent respectueusement debout quand Amma arriva sous le porche du temple. Le résident, qui était encore là, se prosterna devant Amma. Le voyant faire, les visiteurs, qui s'étaient demandé comment rendre hommage à Amma, firent de même. Amma dit : « En fait, Amma avait prévu de venir voir les dévots dans l'après-midi. Mais, tout à coup, elle a changé d'avis, et a décidé de venir maintenant. »

Le chef de famille dit : « Nous avons de la chance. » Ils étaient toujours debout. Amma les pria de s'asseoir. Le chef de famille reprit la parole et présenta les membres de sa famille à Amma : « Voici ma femme, mon fils, ma fille et ma belle-fille. Nous projetions de venir voir Amma depuis deux mois, mais chaque fois nous avons dû ajourner notre visite. Bien que nous n'ayons pu venir auparavant, nous pensions à toi pratiquement chaque jour. »

Amma ferma les yeux un moment. Puis elle appela la jeune fille, qui était la benjamine, et la fit s'allonger, la tête sur ses genoux. La fille se mit à pleurer. Les autres membres de la famille pleuraient également en silence.

Amma releva la jeune fille, sécha ses larmes puis lui fit de nouveau mettre sa tête sur ses genoux. Elle continuait de lui tapoter doucement le dos. Les autres essuyaient eux aussi leurs larmes. Amma dit au père d'une voix douce : « C'est vraiment malheureux qu'elle ait vu les résultats des analyses et découvert qu'elle avait la leucémie. » Tous trois furent visiblement secoués. Ils avaient déjà été surpris de voir Amma appeler la jeune fille sans qu'ils lui aient donné le moindre indice concernant sa terrible maladie. Incapable de maîtriser ses sentiments, comme le révélait sa voix tremblante, le père s'exclama : « Mais nous ne t'avons pas dit qu'elle avait la leucémie ni comment elle s'en était aperçu. Ainsi, tu sais tout. » Le reste de la famille ressentait la même chose que lui, et une vague d'émotion les secoua de nouveau.

Amma dit très calmement : « Oubliez tout cela ! Séchez vos larmes. Il n'est pas correct de vous laisser aller ainsi devant elle. Elle a besoin de force et de courage pour affronter la situation. Si vous manifestez vos émotions devant elle, elle deviendra faible, mentalement et physiquement. »

Après avoir retrouvé leur calme, ils discutèrent avec Amma de ce qu'ils devaient faire pour leur fille unique, appelée Salini. Celle-ci avait toujours la tête posée sur les genoux d'Amma, qui continuait à lui caresser le dos. La mère de Salini dit : « Bien qu'elle soit étudiante en médecine, elle craint beaucoup Dieu. Chaque matin elle fait une puja à Mère Durga. Même dans l'état où elle est, elle n'y manque pas. Mais Amma, regarde son destin. Dieu lui a donné cette terrible maladie. Et par malheur, comme tu l'as dit, il a fallu qu'elle voie les résultats des analyses que nous voulions justement lui cacher. Amma, imagine la détresse mentale d'une fille qui sait qu'elle est atteinte de leucémie. »

A ce moment-là, la jeune fille releva la tête des genoux d'Amma et, regardant fixement son visage, lui dit : « Amma, je ne suis pas dans un état de détresse mentale comme ils le disent. Je pleure parce que je suis en présence d'Amma, et que je l'avais tellement désiré. »

Amma lui caressa affectueusement le front et montra beaucoup d'amour et de tendresse pour Salini.

Amma : « En fait, sa présence ici aujourd'hui est due à son *sankalpa*. Dieu n'abandonne jamais ses dévots sincères. »

Le père : « Amma, sans qu'on y fasse la moindre allusion, tu as découvert la maladie dont elle souffre. Amma, tu sais tout. Amma, je crois que c'est sa dévotion à Durga qui nous a conduits ici aujourd'hui, et sans la moindre exagération, je crois que c'est sur les genoux de Mère Durga qu'elle se trouve en ce moment. Amma, je t'en prie, sauve-la. Toi seule peux le faire. »

Après avoir exprimé sa prière, il se prosterna de tout son long devant Amma et éclata en sanglots. Pendant tout ce temps, la jeune fille était confortablement allongée, la tête sur les genoux d'Amma. Lorsqu'elle entendit son père pleurer, elle releva la tête et dit :

Salini : « Papa, nous sommes aux pieds d'Amma. Laisse-la agir à sa guise. Je t'en prie, ne lui dis pas « Fais ceci, ne fais pas cela ».

Amma regarda le visage de Salini, appréciant son attitude. Elle demanda à un *brahmachari* debout près d'elle de lui apporter de la cendre sacrée. Quand il l'eut donnée, elle la tint un moment sous ses narines, l'imprégnant ainsi de sa pure énergie vitale. Elle appliqua un peu de cendre sur le front de la jeune fille et donna le reste à sa mère en lui demandant d'en mettre chaque jour sur la poitrine de sa fille. Elle dit à Salini qu'elle pouvait également en manger un peu le matin et le soir. Amma réconforta la famille, leur disant de ne pas s'inquiéter, qu'Amma prendrait soin de leur fille. Salini se leva alors pour partir. Avant leur départ, Amma les rappela encore une fois tous les cinq et renouvela à chacun ses marques d'affection.

Après les avoir quittés, Amma alla s'asseoir devant le hall de méditation. Les *brahmacharis* et quelques dévots chefs de famille l'entourèrent.

Un brahmachari : « Amma, cette fille va-t-elle guérir ? As-tu pris le *sankalpa* de la sauver ? »

Amma : « Ce n'est pas ton affaire. Ton travail est de faire ta *sadhana*. Pourquoi t'occupes-tu de ces choses ? Tout se passera comme cela doit se passer. (*Se tournant vers les dévots*) En tous cas, Amma a aimé l'attitude de cette fille. La mort est juste devant elle et pourtant elle conseille à son père : « Laisse Amma agir à sa guise. Je t'en prie, ne lui dis pas « Fais ceci, ne fais pas cela ». Sa foi est très ferme. C'est quelqu'un qui connaît le principe réel de la spiritualité. Mes enfants, c'est une bonne leçon pour vous. C'est ainsi qu'on doit prendre refuge en Dieu. On devrait prier ainsi : « Ô Seigneur, fais comme Tu le veux. Ne me laisse pas suggérer. Que Ta volonté soit faite ! » Et Amma pense qu'elle sera guérie grâce à son pur *sankalpa* et son attitude correcte. »

(Note : Cette affirmation s'avéra vraie et les analyses faites après leur visite à Amma prouvèrent que les cellules leucémiques dans son sang avaient complètement disparu. Peu à peu, Salini recouvra la santé et redevint normale. Au cours de leur visite suivante à Amma, ils lui racontèrent qu'après L'avoir rencontrée, leur fille avait abandonné tous les médicaments à l'exception de la cendre sacrée qu'Amma lui avait donnée et qu'elle croyait fermement être le meilleur remède pour guérir son mal. Le père de Salini dit : « Nous avons même eu très peur en la voyant arrêter tous les médicaments qui avaient soutenu son corps et sa vie. Mais sa détermination était très forte. En fin de compte, Amma l'a sauvée. »)

Un brahmachari : « Amma, que se passe-t-il en *samadhi* ? »
Amma : « Rien ne se passe. Tous les événements s'arrêtent. Voilà ce qui se passe en *samadhi*. »
A midi, Amma remonta dans sa chambre. Quand elle l'eut regagnée, un parent de la famille d'Amma arriva pour une simple visite. Il était d'âge moyen et ne connaissait rien à la spiritualité. Il considérait Amma comme une fille ordinaire et avait tout d'abord été très opposé aux *bhavas* divins d'Amma. Maintenant, il se contentait de ne plus protester. Se posant comme l'un des membres les plus anciens de la famille, il suivit Amma jusque dans sa chambre, où il pénétra en regardant autour de lui d'un air important. Puis, tirant à lui un tabouret, il s'assit fièrement dessus en posant une jambe sur l'autre, gardant le pied droit sur

le genou gauche. Cette façon de s'asseoir était très irrespectueuse et égocentrique, et ceux qui se trouvaient dans la pièce la trouvaient intolérable. Mais ils ne pouvaient pas intervenir en présence d'Amma.

Amma s'adapte à toutes les situations sans le moindre effort. Quelles que soient les circonstances, elle s'y conforme facilement en se mettant au niveau où elle peut être comprise par son interlocuteur. C'est se qui se produisit. Elle conversa avec cet homme, créa en lui l'impression qu'elle n'était qu'une fille ordinaire s'intéressant de près aux affaires de la famille. Il était passionnant d'observer avec quelle diplomatie et en même temps quel naturel Amma avait mêlé à la conversation les activités de l'ashram et les principes sur lesquels il était fondé. Il était tellement pris dans sa *maya* qu'il hochait simplement la tête à tout ce qu'Amma disait et restait toujours assis dans la même position, avec de grands airs. Pourtant, cette attitude ne dura pas longtemps. Il fit lentement redescendre sa jambe, puis se mit à la masser avec ses mains. Son visage montrait également des signes très clairs qu'il éprouvait une douleur aiguë dans une jambe. Le massage se poursuivait. Amma demanda : « Que se passe-t-il, mon oncle ? »

Dans sa souffrance il répondit : « Je ne sais pas pourquoi, mais tout à coup ma jambe a commencé à me faire mal sans aucune raison particulière. » Amma exprima sincèrement sa sympathie, mais la douleur ne disparut pas, elle augmenta. Incapable de la supporter, lui, qui était entré avec un air plein de fierté, dut quitter la chambre en boitant, soutenu par deux personnes. On aurait dit que la douleur mentale des dévots présents s'était transmise à sa jambe.

Amma se leva pour aller prendre une douche, comme si elle ne savait rien de ce qui venait de se passer. Il était deux heures et demie de l'après-midi et elle n'avait pas même bu un verre d'eau, ce qui n'était pas inhabituel. Elle fait peu de cas de ses propres besoins. Quelquefois elle ne mange pas, même si la nourriture est servie à l'heure voulue, ce qui arrive d'ailleurs rarement puisque ses horaires de repas changent sans cesse. Son petit déjeuner se limite à une ou deux gorgées de thé. Il arrive fréquemment que le déjeuner devienne un dîner et le dîner un petit déjeuner. Dans certaines occasions, Amma est têtue comme un petit enfant innocent et refuse de manger si le repas est servi en retard. Mais c'est seulement pour donner une leçon de *sraddha* (vigilance) aux *brahmacharis*.

Le soir, Amma se rendit à la plage, accompagnée de deux professeurs d'université, de deux enfants et de deux *brahmacharis*. Là, au bord de la mer, elle s'assit immobile face à l'océan. Le vaste océan bleu, symbole de l'infini, avec ses incessantes vagues à la taille variée, offrait un spectacle magnifique évoquant la paix et la tranquillité dans le mental d'un *sadhak*. Bien que l'océan soit composé de vagues sans fin, sa contemplation peut nous aider à sublimer les vagues de pensées du mental. Le soleil couchant, irradiant les alentours de ses rayons dorés, brillait à l'ouest. Ses rayons se reflétaient dans les eaux de l'océan et le coloraient d'un or rouge brillant. Comme s'ils désiraient orner la silhouette déjà radieuse d'Amma, les rayons baignaient également son visage, accentuant son sourire éternellement bienheureux. Il y avait le soleil couchant à l'Ouest, et le Soleil de la Connaissance toujours brillant sur l'horizon de la spiritualité.

Amma donna à ceux qui l'accompagnaient les instructions suivantes :

Amma : Méditez en imaginant dans la mer un rocher sortant de l'eau ou un lotus complètement épanoui. Puis, faites-y asseoir dessus votre divinité bien-aimée. Ou bien considérez que l'océan est le monde. En lui vibre le *jivatman* des vagues. Et au-delà de tout cela, imaginez la forme de Dévi assise en silence sur un lotus, rendant toute chose immobile, en tant que conscience-témoin. Méditez sur Elle.

Après la méditation, Amma devint comme un enfant. Elle jouait et creusait des trous sur le rivage. Puis elle appela l'un des deux enfants et lui recouvrit les pieds de sable. Après cela, elle dessina dans le sable un triangle, symbolisant *shakti* (la puissance, le pouvoir du serpent) et plaça au milieu un petit caillou représentant le *bindu* (le point central). Puis Elle s'en servit pour réciter l'*archana*, utilisant du sable à la place des pétales de fleurs qui sont normalement offerts à partir du cœur. L'une des filles se joignit à elle.

Quelque temps plus tard, Amma se mit à jouer avec les vagues, dans la mer. Elle fit une coupe avec les mains, les remplit d'eau et en aspergea les enfants qui crièrent et s'enfuirent en hurlant vers le rivage. Amma rit en voyant leur misère. Elle prit de l'eau dans ses mains et se la versa sur la tête. Elle fit plusieurs fois le même geste en appelant à haute voix : « Hé ! Shivane... »

On peut se demander si cette personne qui s'amuse comme un petit enfant est la même que celle qui protège les milliers de gens affluant à ses pieds à la recherche de consolation et de secours. Est-elle à la tête d'une institution spirituelle ? Est-ce là t le guru et la Mère spirituelle de milliers de gens venus de tous les coins du monde ? Ces différents visages d'Amma sont incroyables et incompréhensibles, même pour celui qui les voit de ses propres yeux.

En revenant de la plage, Amma se rendit directement au jardin potager pour cueillir des légumes verts. Elle ressemblait maintenant tout à fait à une mère de famille, préoccupée par les besoins de la cuisine.

Chakka Kali

Le crépuscule approchait. Après le potager, Amma se dirigeait lentement vers l'entrée du temple quand arriva Harshan, le fils de la sœur de Sugunanandan. Il boitait. Ce cousin avait été le compagnon de jeux préféré d'Amma dans son enfance, et elle fut toute heureuse de le voir. Aussitôt, son humeur changea de nouveau et comme une petite fille, elle voulut jouer à *Chakka kali* (un jeu d'enfant semblable à la marelle).

On traça donc sur le sable le dessin rectangulaire et le jeu commença. Les résidents de l'ashram et quelques dévots venus de l'extérieur s'approchèrent pour voir Amma jouer. Ils éprouvaient une joie extraordinaire à la regarder, elle et son jeu. Amma jouait exactement comme un enfant qui s'identifie au jeu dans lequel il est engagé, usant de toutes sortes de stratagèmes dignes d'un expert. Il semble même qu'Amma se soit permit de tricher un peu.

Selon la règle, elle lança un caillou vers l'un des carrés en priant : « Oh ! Shiva, fais que je gagne à ce jeu ! » Mais le caillou ne tomba pas dans le carré qu'elle avait visé. Amma remarqua avec humour : « Oh ! Shiva n'a pas coopéré ! » (*Tous éclatèrent de rire.*) Il rebondit et s'immobilisa plus loin. «Hélas », dit Amma, et avec un air désespéré, elle se tint sur le côté. A force de sauter sans arrêt à cloche-pied, Amma s'essoufflait mais elle ne voulait pas abandonner si facilement et, comme une petite fille déterminée et têtue, elle continua à jouer.

C'est alors que retentit le son de l'harmonium et du *mridangam* en provenance du temple. Amma courut vers le réservoir se laver les mains, les jambes et le visage en disant : « C'est l'heure des *bhajans*. »

Quel est cet état de *jivanmukti* ? Comment le comprendre ? Quel sens peuvent avoir ces différentes humeurs ? Quelle interprétation donner aux états d'esprit en apparence étranges de ces grandes Âmes ? Cela restera un mystère jusqu'à ce que nous ayons atteint la Réalisation. Extérieurement, Amma est extrêmement complexe, mais sa personnalité intérieure est complètement et parfaitement intégrée. Elle utilise cette complexité extérieure comme un voile pour couvrir sa Perfection intérieure. Non pas pour nous empêcher de contempler sa véritable nature, mais pour amener notre mental à se focaliser entièrement sur elle afin de pouvoir travailler sur nous. Les jeux d'un *mahatma* ont pour seul but d'attirer les dévots et de les lier à lui. Quand ils sont tombés amoureux de lui et lui sont totalement attachés, il les discipline afin de leur faire connaître et réaliser le Soi non-duel avec lequel il est un. Sinon, nous ne serions pas capables de nous imprégner de lui ni de l'apprécier, même s'il manifestait pleinement sa vraie nature. Dans un vers d'une des compositions écrites par Amma, *Omkara divya porule*, elle dit : *Piccha nadakkunnu makkal...*

> *Vos pas sont chancelants, mes chers enfants,*
> *Amma marche à vos côtés*
> *Pour développer en vous*
> *La conscience de l'Éternité.*

Quel était le sens des jeux de Krishna à Vrindavan ? A quoi rimait-il d'aller dérober du beurre chez les *gopis*, de jouer avec les *gopis* et les *gopas*, d'emmener paître les vaches ? Qu'était-ce donc que tout cela ? Ces espiègleries de l'enfance et ces amusements étaient-ils insignifiants, comme les jeux d'un enfant ordinaire ? Non, pas du tout. Ils constituaient différentes méthodes pour lier à Lui les dévots et les transporter vers la région la plus haute de la Conscience absolue dans laquelle Krishna était établi. Mais ce but n'aurait pu être atteint s'Il était resté dans la béatitude, sans parler, sans jouer, sans se mêler aux gens de Vrindavan et vivre avec eux. Certainement, ils ne L'auraient pas apprécié comme ils le faisaient. De la même façon, Amma se met à notre niveau de compréhension et agit comme l'un d'entre nous, manifestant peu à peu sa gloire, pour que nous puissions la ressentir et l'apprécier. Petit à petit, elle nous deviendra chère et, avec le temps, ce que nous avons de plus précieux. Cet amour culminera en une relation très forte et impossible à rompre, à partir de laquelle elle pourra aisément nous conduire vers l'état de Réalisation. Amma dit : « Pour attraper un voleur, les policiers se déguisent parfois en voleur et agissent comme lui. Une fois qu'il est pris, les policiers révèlent leur identité réelle. De même, Amma agit comme si elle était l'un d'entre vous afin de capturer le voleur de votre mental et de vous conduire vers Dieu. »

Les *bhajans* commencèrent et Amma fut transportée dans un état d'extase. Levant les deux bras vers le ciel, elle appela : « Amma, Hé... Dévi, ma Mère ! » Atteignant les plus hauts sommets de la béatitude spirituelle, Amma chanta :

Amme Bhagavati Kali Mate

Ô Mère, Suprême Déesse, Kali,
Aujourd'hui je vais T'attraper et Te dévorer.
Écoute ce que je dis :
Je suis née sous l'étoile de la mort.

Un enfant né sous une telle conjonction planétaire
Dévore sa propre mère.
Alors soit Tu me dévores, Toi,
Soit c'est moi qui Te mange aujourd'hui même.

Je ne resterai pas tranquille
Tant que je ne connaîtrai pas Ton choix.
Comme tu es noire,
Cette noirceur va déteindre sur Mon corps.

Lorsque viendra Kala, le Seigneur de la mort,
Avec sa corde et son bâton,
Et qu'il essayera de M'attraper avec son crochet,
Je barbouillerai son visage   avec la cendre noire de Mon
corps.

Comment puis-je, Moi qui porte Kali en Moi-même,
Être attrapée par la main de la mort ?
En chantant le nom de Kali,
Je Me moquerai de Kala.

Amma répéta le refrain (le premier vers). Le rythme s'accéléra. Tout à coup, Amma se leva et dansa avec exultation sur la mesure, baignant dans la béatitude. Elle continua quelque temps puis elle se dirigea vers la cocoteraie et disparut dans les ténèbres. Tout le monde se leva pour la regarder mais le chant se poursuivit, sur le même rythme, quelques instants encore. Personne ne s'approcha d'Amma, car tout le monde savait qu'il fallait la laisser seule quand elle se trouvait dans ces états extatiques. Dans l'obscurité, on distinguait ses vêtements blancs. Elle marchait comme perdue au monde et titubait. Craignant qu'elle ne se cogne contre un cocotier, Gayatri et quelques *brahmacharis* se rapprochèrent et la surveillèrent de près. A un moment, elle se laissa tomber sur le sol, encore humide après la pluie, et se roula par terre. Son infinie béatitude intérieure se manifestait par un rire joyeux et ininterrompu. De temps en temps, elle battait des mains et les levait au ciel. Les doigts des deux mains formaient deux *mudras* divins différents. Amma produisit avec sa langue un bruit qui ressemble à celui qu'on fait parfois après avoir dégusté un mets très savoureux. Complètement perdue à ce monde. elle resta un long moment dans cet état d'extase.

On aurait pu se demander si c'était bien la même personne qui s'était amusée comme un petit enfant sur la plage, puis avait joué à *Chakka kali*, et était maintenant totalement ivre de béatitude divine.

Lentement, le corps d'Amma s'immobilisa. Elle resta allongée encore un moment. Gayatri s'approcha et s'assura qu'elle avait retrouvé son état normal, puis elle s'assit près d'Amma. Les *brahmacharis* s'approchèrent eux aussi et prirent place de chaque côté. Quelques minutes plus tard, Amma se redressa et s'assit.

Il était vingt-et-une heure quarante-cinq. Les résidents et les dévots prirent leur dîner de *kanji*. Amma vint à la cuisine et s'assit à même le sol. Elle mangea quelques bouchées de riz du repas qu'avait envoyé pour elle une dévote. Sa seule intention semblait être de satisfaire le désir de cette femme. Amma nourrit elle-même tous les enfants présents à ce moment-là avec les restes du riz. Dès qu'elle eût terminé, elle s'allongea par terre en posant la tête sur les genoux d'une jeune fille assise à côté d'elle.

Markus, le dévot allemand, se trouvait à proximité. « Markus, demanda Amma, roucoule comme un pigeon. » Markus, bon imitateur, s'exécuta. Puis Amma dit : « Imite le corbeau, maintenant. » Il le fit également, puis encore d'autres sons, comme l'aboiement d'un chien, le miaulement d'un chat, les hurlements d'un chacal... Amma et les autres étaient très contents et éclataient sans arrêt de rire. Entendant Markus faire ses imitations, Harshan, inspiré, émit lui aussi des sons. Les rires fusèrent pendant longtemps.

Quittant la cuisine, Amma retourna dans la cocoteraie où elle s'allongea sur le sable humide jusqu'à vingt-deux heures trente. Elle semblait lutter pour garder son mental dans ce monde. Cet univers inconnu, où nul autre n'a accès et où elle est seule à tous moments, se trouve bien au-delà de notre monde de multiplicité.

Dans le silence de la nuit flottait la douce mélodie émanant de la flûte de Markus. Vers vingt-trois heures, Amma regagna sa chambre suivie de Gayatri et de Kunjumol. Ainsi se termina un autre jour avec Amma.

5 avril 1984

Un jour nouveau se lève. Chaque jour avec Amma a son propre charme et sa propre splendeur. Un nouveau chapitre, unique, commence. Ce n'est jamais ennuyeux. Un sentiment toujours frais d'enchantement et de sérénité entoure Amma quels que soient le moment et l'endroit. Quiconque s'approche d'elle peut en boire autant qu'il ou elle le veut. Cet océan de splendeur béatifique, immense et infini, et sa sainteté, sa profondeur, tout est là pour que nous y prenions plaisir et que nous en ayons l'expérience. Amma nous y invite, avec tant d'amour et de débordante compassion, ouvrant les bras vers chacun de nous. Courons vers elle et prenons refuge dans cette étreinte de beauté et d'amour divins qui apaise notre cœur.

A neuf heures du matin, Amma fit appeler tous les *brahmacharis* en haut, dans sa chambre. De temps en temps, elle les réunit et leur donne des instructions d'ordre général concernant leur *sadhana*, leur travail (une tâche bien précise étant assignée à chacun), leur comportement envers les autres, les principes spirituels dans leur vie à l'ashram, ou d'autres sujets aussi pertinents. Il lui arrivait parfois dans ces occasions de souligner une erreur commise par un résident si elle était répétée.

Amma s'adressa au groupe de *brahmacharis* :

Amma : Mes enfants, toutes les circonstances propices sont réunies pour que vous puissiez faire votre *sadhana* et poursuivre vos pratiques spirituelles sans le moindre obstacle. Tout le monde n'a pas une telle chance. Beaucoup de gens voudraient dédier leur vie à la spiritualité mais n'en ont pas la possibilité. Par contre, vous avez beaucoup de temps pour le faire. Utilisez au maximum cette chance qui vous est offerte par le Seigneur. Si vous ne le faites pas, vous trichez avec la grande tradition de la spiritualité. Cet ashram est le meilleur endroit pour vous, pour combattre et mesurer votre force. Si vous remportez la bataille ici, vous pouvez aller n'importe où dans ce monde sans avoir peur de rien. Toutefois, vous devez beaucoup lutter pour y parvenir. Les règles et les lois peuvent vous paraître un peu difficiles à suivre, mais souvenez-vous que l'esclavage dont vous faites maintenant l'expérience est destiné à vous rendre complètement libres dans le futur. Si vous étiez restés dans le monde, vous vous seriez attachés aux objets de ce monde, ce qui ne vous conduirait qu'à un esclavage et une souffrance croissants. Mais les liens dont vous faites ici l'expérience vous libèreront de tout attachement dans le futur. Ceux qui ont un réel attachement pour Dieu et sont déterminés à atteindre leur but (*lakshya bodha*) ne ressentent pas cet esclavage. Pour eux, c'est le meilleur endroit pour mener une vie joyeuse et heureuse en faisant leur *sadhana* et en rendant un service désintéressé à la société et à l'humanité souffrante.

Voyez-vous, mes enfants, Amma n'insiste pas pour qu'aucun d'entre vous reste ici. Ce choix est le vôtre. La question est donc de savoir si vous êtes prêts à réduire vos plaisirs pour quelque temps afin de faire l'expérience de la joie éternelle. Ou peut-être voulez-vous réduire vos plaisirs extérieurs mais en même temps vous laisser aller au maximum et souffrir. Vous êtes libres de faire les deux.

Certaines personnes déclarent : « Laisse-moi jouir des plaisirs du monde, et quand il sera temps, je me tournerai vers la spiritualité. » Mes enfants, il n'existe pas de moment opportun pour se consacrer à la vie spirituelle. Le facteur décisif est la détermination. Si vous attendez la vieillesse, après avoir joui de tous les plaisirs du monde, cette période de la vie est la moins favorable aux activités spirituelles. A un âge avancé, vous serez peut-être désireux de penser à Dieu mais il sera trop tard, car le mental aura perdu sa flexibilité. Il sera devenu un entrepôt du passé, encombré de toutes sortes de pensées. Durant cette période, vous ne pouvez rien faire d'autre que de rester allongé en repassant dans votre mémoire les événements passés, en ruminant à la manière d'une vache, pour ainsi dire. Vous resterez couchés, regardant le passé sur l'écran de votre mental. Vous ne serez pas capables de voir la forme du Seigneur parce que vos yeux auront perdu leur pouvoir de vision. Vous ne pourrez pas chanter proprement la gloire du Seigneur, car la vieillesse aura endommagé votre voix. Vous n'aurez plus de dents pour prononcer correctement les mots des hymnes et des chants. Vous ne serez même pas capables d'entendre les *bhajans* et autres hymnes, car votre ouïe sera faible. Il vous sera difficile d'offrir des fleurs devant l'image du Seigneur car vos mains trembleront de vieillesse. Et par-dessus tout, votre mental sera comme une poubelle. Même si vous voulez faire l'une de ces choses, votre mental vous en empêchera. Si vous parvenez malgré tout à accomplir quelque action durant cette période de votre vie, vous le ferez de façon mécanique. Votre mental ne pourra pas du tout coopérer et vous n'aurez aucune concentration. A quoi sert-il de pratiquer une discipline spirituelle sans concentration ?

Certains disent qu'il faut se consacrer au *sannyasa* après le *grahasthashrama*. Qui est un véritable *grahasthashrami* ? Un vrai *grahasthashrami* est celui qui mène une vie d'ashram tout en vivant chez lui, c'est-à-dire celui qui mène une vie très disciplinée tout en ayant une vie de famille. La plupart des gens ne sont que des *grahasthas*, et non des *grahasthashramis*. Ce dernier est l'égal d'un *sannyasi* s'il ou elle mène une vie de sacrifice de soi et d'amour. Il n'est pas égoïste. Il n'est pas de ceux qui sont totalement pris dans le filet des attachements et des aversions. Tout son attachement va vers Dieu, et non vers le monde. Pour lui le monde est un moyen d'atteindre Dieu. Le monde ne lui pose aucun problème. Si quelqu'un vit ainsi, il peut atteindre la Réalisation de Dieu même s'il ou elle est un *grahasthashrami*. Mais parmi ceux qui vivent dans le monde, combien mènent une telle vie ? Il est difficile de nos jours de trouver de tels *grahasthashramis*.

Donc, mes enfants, ces conditions vous sont une occasion offerte par Dieu. Vous avez de la chance de vous tourner vers la vie spirituelle à un si jeune âge. De plus, Amma est avec vous. Faites votre *sadhana* du mieux que vous le pouvez et laissez le reste entre les mains de Dieu. Essayez d'observer et de découvrir quelles sont vos compétences. Si vous sentez qu'il vous est difficile de continuer ici, mes enfants, vous avez toute liberté de quitter l'ashram. Mais Amma ne permettra à personne d'agir et de se comporter de façon contraire aux principes de la spiritualité tout en restant ici. Une véritable vie spirituelle ne peut être menée en recherchant les plaisirs. Elle dépend entièrement du renoncement et des austérités.

Un silence total régna pendant quelque temps. Chacun gardait les yeux fixés sur Amma. Elle regarda ses enfants et leur fit un sourire empli de compassion, apaisant leurs cœurs et leurs âmes. Amma se leva et alla vers les *brahmacharis* qui se trouvaient maintenant tous debout. Tapotant affectueusement l'épaule de chacun de ses enfants, elle leur caressa également le front avec tendresse. Son sourire et cette caresse des plus aimantes les remplirent de félicité. Ce sentiment de joie intérieure se reflétait de façon visible sur leurs visages. Plus tard, elle appela Gayatri et lui demanda d'apporter quelque chose à distribuer en *prasadam* à ses enfants. Gayatri revint avec des bananes. Amma donna un morceau de *prasadam* à chacun, puis se lava les mains avec l'eau apportée par Gayatri. Elle s'apprêtait à quitter la chambre, mais à la porte, elle dit d'une voix très humble : « Pardonnez Amma si elle a prononcé par inadvertance des paroles qui ont blessé ses enfants. »

Cette humilité d'Amma permet à ses enfants de prendre conscience en permanence de la nécessité d'être humble dans la vie spirituelle. C'est ainsi qu'elle enseigne. Après avoir parlé, elle ne s'en va pas simplement en tournant le dos. Amma donne l'exemple et met en pratique ce qu'elle dit. Elle ne se contente pas de parler de l'amour et du sacrifice de soi, elle les manifeste et son exemple constitue une source d'inspiration considérable pour ceux qui la rencontrent.

Bien qu'Amma ait exprimé son humilité à travers la déclaration qui précède, la vérité est que même les réprimandes les plus sévères d'Amma ont une douceur bien à elles. De plus, les soi-disant reproches d'Amma ne sont pas de simples remontrances, mais de véritables *satsangs* (enseignements spirituels). S'ils sont source de la moindre peine, par le simple toucher et le regard empli de compassion d'Amma, la douleur s'évapore comme un cube de glace au soleil. Elle réprimande parfois quelqu'un qui a commis plusieurs fois la même faute. A travers ses paroles et son intervention, elle lui fait comprendre qu'elle est très en colère contre lui, pour qu'il s'en souvienne toujours et ne fasse plus jamais cette erreur. Mais la personne qui a fait l'objet de la réprimande ressent parfois quelque peine à être grondée par Amma. Dans ce cas également, la médecine d'Amma a un incroyable pouvoir pour soigner son mental blessé. C'est si simple. Quelques instants plus tard, peut-être quelques heures (mais rarement quelques jours), elle marche vers cette personne et lui sourit, la touchant gracieusement sur l'épaule ou lui tapotant le dos. Elle dit affectueusement « Mon fils », « Ma fille », ou « Mon enfant ». Et ô miracle ! Sa douleur mentale et son cœur lourd disparaîtront. Non seulement cela mais il, ou elle, sera empli de béatitude.

Un *sannyasi* bien connu vint un jour à l'ashram. Il avait simplement l'intention de voir Amma, de passer quelques heures à l'ashram et de repartir. Mais une fois qu'il eût reçu le *darshan* d'Amma, il lui fut impossible de s'en aller. Il reporta son départ au lendemain. Le jour suivant arriva et de nouveau il reporta au lendemain. En présence d'Amma, il se conduisait comme un enfant de deux ans. Irrésistiblement attiré par elle, il lui devint très attaché. Si elle ne le regardait pas, il ne mangeait pas. Si Amma ne lui adressait pas au moins un mot, il restait assis seul dans son coin et pleurait comme un enfant. Il se comportait comme quelqu'un qui a perdu l'esprit, comme s'il était devenu fou. Telle était l'intensité de son amour pour Amma.

Un jour, Amma s'entretenait avec quelques *brahmacharis* des affaires de l'ashram. Le *sannyasi* entra sans en demander la permission. Il avait déjà fait la même chose à plusieurs reprises, mais Amma n'était pas intervenue. Cette fois pourtant elle dit d'un ton très sérieux et sévère : « Swami, mon fils, sors s'il te plaît. Ne sais-tu pas qu'il est impoli d'entrer sans en avoir la permission ? » Le swami pâlit. Il sortit immédiatement. Plus tard, Amma le trouva assis devant le temple ; il pleurait. Amma s'approcha de lui et lui parla encore sans lui montrer aucun amour.

Amma : Swami-*mon* (mon fils), écoute, maintenant. Tu es un *sannyasi*. Tu ne devrais pas être aussi faible mentalement. Des personnes comme toi devraient servir d'exemple à ces *brahmacharis*, par tes paroles et par tes actes. Le monde entier peut crier contre toi, médire de toi, t'insulter, inventer des histoires à ton sujet et te critiquer ; un vrai *sannyasi* reste impassible. Pas une vaguelette ne surgit dans le mental d'un *sannyasi* authentique. Il est inébranlable. Toutes les critiques et les insultes tombent en pièces quand elles se heurtent à la force de son mental. Regarde ces habits ocre que tu portes. Ils signifient que tu as dépassé la conscience du corps. Même si tu n'as pas atteint cet état, afin de donner l'exemple aux autres, tu ne doit pas exprimer extérieurement une telle faiblesse mentale. Tu dois être comme un lion, et non pas comme un mouton. »

La voix d'Amma était très puissante. Elle était aussi sérieuse. Après lui avoir ainsi parlé, elle s'éloigna sans ajouter un mot. Le swami était complètement bouleversé. Il n'avait pas assez de contrôle sur lui-même pour supporter les paroles d'Amma et pleura comme un enfant. Le *brahmachari* qui avait traduit les paroles d'Amma essaya de le réconforter, mais en vain.

Une heure passa. Le swami était toujours assis au même endroit devant le temple. Amma passa de nouveau. Cette fois, elle s'approcha du swami, lui sourit, lui frotta la poitrine et lui dit cette seule phrase : « Mon fils, après tout, c'est ton Amma, n'est-ce pas ? » Sans ajouter un mot, elle regagna sa chambre.

Le *brahmachari* présent observa le visage du swami et constata qu'il était dans un état de béatitude totale, en extase. Il ne pouvait pas parler. Un grand sourire éclairait son visage et tandis qu'il gardait respectueusement la main sur son cœur, chérissant l'endroit où Amma lui avait fait la grâce de son toucher magique, il dit : « Qu'est-ce que c'est ? Que s'est-il passé ? Toute cette lourdeur a disparu. Je me sens très léger et détendu. Je veux qu'elle me touche encore une fois, je veux qu'elle me touche encore une fois. » Il répéta cette dernière phrase à plusieurs reprises. Il était évident que son cœur était plein à ras bord. Ce « traitement-d'un-geste pour agonie mentale » était un miracle familier aux dévots d'Amma.

Après la réunion avec les *brahmacharis*, Amma descendit les marches. Il était maintenant près de dix heures trente du matin et Amma se rendit devant le temple, où un dévot laïc faisait la lecture du *Srimad Bhagavatam*.

Amma resta là quelque temps. *Acchamma*, la grand-mère, se tenait dans un coin et confectionnait des guirlandes tout en écoutant la lecture. Le dévot lisait un passage où étaient décrits les jeux d'enfant de Sri Krishna. *Acchamma* semblait y prendre grand plaisir. En entendant raconter comment Krishna volait le beurre et le lait dans les maisons des gopis, elle rit aux éclats en montrant ses gencives édentées, et fit ce commentaire : « Petit voleur ! » Amma lui lança un regard qui semblait dire combien elle appréciait cette dévotion et cette foi innocente.

A ce moment-là arriva un groupe d'une vingtaine de jeunes gens venus visiter l'ashram et rencontrer Amma. On les dirigea vers le petit hall situé sur le côté sud du temple, qui servait de salle où les *brahmacharis* étudiaient les Écritures. Des nattes furent étalées sur le sol et ils attendirent qu'Amma arrive. Ces jeunes gens suivaient actuellement un stage de formation sur la façon d'extraire du gaz à brûler à partir de la bouse de vache.

Amma vint bientôt et prit place en face d'eux sur une autre natte. Puis elle s'aperçut que certains jeunes gens étaient assis à même le sol. Elle s'exclama : « Oh ! Mes enfants, vous n'avez pas de natte pour vous asseoir ? Ne restez pas sur ce ciment glacé. Ce n'est pas bon. » Amma se leva, prit la natte sur laquelle elle était assise et se dirigea vers l'endroit où ils se trouvaient. Les jeunes gens étaient un peu gênés et en même temps stupéfaits par son humilité et la façon naturelle dont elle les traitait. Ils se levèrent et dirent : « Non, Amma, non. Nous allons nous asseoir sur le sol. S'il te plaît, assieds-toi sur la natte. » Amma répondit : « Non, mes enfants, Amma a l'habitude, elle peut s'asseoir et vivre n'importe où. » Entre-temps, quelqu'un apporta une natte supplémentaire. Amma demanda à un *brahmachari* d'étendre cette natte pour elle. Le *brahmachari* montra quelque hésitation à le faire car la natte qu'il avait apportée n'était pas en très bon état. Il voulait la donner aux visiteurs et reprendre celle d'Amma car c'était une natte spéciale qui lui était personnellement destinée. Amma comprit ce qu'il avait en tête et dit sévèrement : « Ne m'as-tu pas entendue ? Étends cette natte pour moi. » Le *brahmachari* obéit, l'air désemparé. Amma fit asseoir les jeunes gens sur sa natte et prit place sur celle qu'on venait d'apporter.

Quand tout le monde fut installé, Amma demanda : « Mes enfants, êtes-vous tous intéressés par la spiritualité ? » Plusieurs d'entre eux répondirent affirmativement. Amma décrivit l'ashram et les principes qu'il représente. Puis pour conclure, elle expliqua :

Amma : « Ce n'est pas pour leur demander de rester ici en permanence qu'Amma s'occupe de la formation de ces enfants. Un jour ou l'autre, ils devront partir et servir le monde sans rien attendre en retour. Le désir d'Amma est d'offrir au monde quelques vrais serviteurs. Pour le moment, on ne peut pas les laisser partir. Il faut les former, ils ont besoin de force mentale et d'équilibre pour affronter les différentes situations auxquelles ils auront à faire face dans le monde. Amma pense que ces enfants aimeront et serviront de façon désintéressée les gens qui vivent dans la chaleur écrasante des problèmes du monde ; c'est pourquoi elle les aime. »

Un des jeunes gens : « N'y a-t-il pas le *grahasthashrama* (la deuxième étape de la vie, en tant que chef de famille) et le *vanaprastha* (la troisième étape de la vie, où l'on part dans la forêt pour accomplir des austérités) avant le *sannyasa* ? Le *sannyasa* n'est-il pas l'étape finale de la vie ? Pourquoi ces jeunes gens devraient-ils renoncer à tout maintenant, à cet âge ? »

Amma : « Mes enfants, autrefois, quel que soit le chemin choisi par un individu, il ne constituait qu'un moyen pour atteindre Dieu. Même la vie de couple était considérée comme une autre voie vers Dieu. Ils maintenaient cette pureté tout au long de leur vie. Avant de se marier, la plupart des gens passaient dix ou douze ans avec un guru à apprendre et à pratiquer la spiritualité. Puis, une fois sortis du *gurukula* (l'ermitage du guru), ils entraient dans l'étape suivante de la vie. Certains poursuivaient dans la voie du *brahmacharya* puis devenaient *sannyasis*, et ceux qui désiraient mener une vie de famille se mariaient et devenaient des *grahasthashramis*. Tout dépend de la maturité mentale de chacun et des dispositions spirituelles héritées de la naissance précédente.

Prenons le cas de plusieurs personnes qui étudient la musique dans la même école. Elles apprennent toutes les mêmes leçons, données par le même professeur. Le temps consacré à l'étude est également le même. Mais, par la suite, certaines deviennent de véritables maîtres dans ce domaine. Pourquoi ? Tout dépend de la nature qui prédomine en chacun et de sa tendance innée. Un simple petit coup de pouce les aidera à réussir. Il leur suffit d'un simple contact, et ils se trouvent sur le bon chemin.

L'usage de la force, de la force extérieure, entrave la croissance spontanée d'une personne. Bien sûr, si quelqu'un s'écarte du droit chemin, il faut le corriger. Amma parle de ceux qui ont du talent et une inclination pour un domaine particulier. Il faut leur fournir les circonstances nécessaires pour leur croissance intérieure. Par exemple, si quelqu'un montre un grand intérêt pour la peinture, il devrait être encouragé à peindre. Les parents ou les enseignants ne devraient pas le forcer à devenir un musicien. S'il est inscrit de force dans un collège de musique, il échouera. Il ne peut pas devenir un bon musicien parce que sa tendance innée est d'être peintre. Les *vasanas* de chaque personne sont différentes. C'est pour cela qu'une personne devient un ingénieur, une autre un docteur, quelqu'un d'autre un acteur ou un musicien, et ainsi de suite. De la même façon, ceux qui ont une inclination spirituelle deviendront des chercheurs de vérité. Si vous forcez une telle personne à devenir avocat ou autre chose qui ne soit pas de son goût, elle ne le pourra pas. Ce ne sera pas naturel pour elle.

Tout n'est pas joué lorsque vous vous inscrivez comme étudiant dans un collège de musique, et de même la vie spirituelle n'est pas achevée simplement parce que vous venez vivre à l'ashram. Seule une pratique constante, en gardant toujours l'enthousiasme et l'intérêt à leur maximum, vous aidera à atteindre le but. Donc, mon fils, ce n'est pas toi ou Amma qui décide ce qu'il advient des gens ; le facteur décisif, c'est leurs tendances accumulées.

Amma leur a demandé plusieurs fois de retourner chez eux et de trouver un travail, mais ils n'ont pas voulu partir. Alors Amma pense qu'ils sont prédestinés à vivre une vie de renoncement. A partir du moment où ils ont pris refuge et ont tout remis entre les mains d'Amma, son devoir est de prendre soin d'eux.

Dans l'ancien temps, les *grahasthashramis* avaient un ou deux enfants. Lorsque les enfants étaient devenus capables de se débrouiller seuls, le mari et la femme entraient dans la troisième étape de la vie, le *vanaprastha*, après avoir confié à leurs enfants, d'une façon appropriée, les responsabilités de la famille ou les obligations officielles. Pendant cette période, ils se soumettaient à de sévères austérités et atteignaient la quatrième étape de la vie, le *sannyasa*, l'état sans désir. Tout ce qu'ils avaient accompli auparavant en vivant dans le monde ne l'avait été que pour atteindre ce but. Leur vie entière était une préparation pour y parvenir. Mes enfants, est-ce ainsi que vivent les gens aujourd'hui ? Est-il possible d'atteindre cet état en vivant chez soi ? Nous vivons tous notre vie individuelle, mais l'attitude avec laquelle nous approchons notre but est le facteur décisif.

L'amour désintéressé existe-t-il dans la vie du monde ? Quel bénéfice le monde reçoit-il de gens égoïstes ? Le bénéfice le monde obtient d'un *brahmachari* véritable dont la vie est consacrée à un service désintéressé n'est-il pas infiniment supérieur à qu'il obtient d'une personne concernée exclusivement par elle-même ? Si vous observez avec un regard perspicace et impartial, vous verrez que ce sont les gens établis dans le *brahmacharya* qui profitent vraiment au monde.

S'il y a un bon ashram, les gens qui vivent dans le monde, c'est-à-dire les *grahasthas*, y recevront consolation et secours. Les *tapasvis* et les *brahmacharis* sont toujours bénéfiques au monde.

Mes enfants, vous demandez pourquoi ils devraient renoncer à tout maintenant. Il ne s'agit pas de se tourner vers la spiritualité quand on est vieux et sans force. Vous ne serez pas capable de vous adonner à des pratiques spirituelles à ce moment-là car vous serez faible mentalement, physiquement et intellectuellement. Il faut commencer quand on est jeune et que les organes des sens fonctionnent bien. La vieillesse est la période la plus désordonnée de la vie, dans laquelle personne ne peut plus rien faire de créatif. »

Question : « Les enfants n'ont-ils pas un devoir envers leur père et leur mère ? »

Amma : « Quel devoir, mon fils ? Servir le monde est le devoir le plus grand et le plus important. Ce monde est la famille la plus vaste. Dieu est notre vrai Père et notre vraie Mère. Notre véritable devoir envers Lui est de servir et d'aimer les pauvres et les nécessiteux avec désintéressement. La famille constituée d'un mari, d'une femme et de deux enfants est la fraction la plus petite de cette grande famille. S'occuper de cette petite fraction n'est rien. C'est une façon de se réduire. D'un autre côté, en aimant et en servant la famille du monde, la soi-disant famille reçoit elle aussi sa part de notre service désintéressé. Si nous ne nous occupons que des membres de notre famille, ni eux ni le monde n'en bénéficient. Selon Amma, peu importe combien vous servez ou aimez votre famille, vous n'en retirerez qu'insatisfaction et mécontentement. Ce n'est qu'à travers un réel service envers le monde que la famille reçoit elle aussi un bénéfice véritable. Les *sannyasis* accomplissent ce devoir bien mieux que les *grahasthas*.

En plus, les familles des *brahmacharis* qui vivent ici ont suffisamment d'argent pour vivre. Ils ont également d'autres frères et sœurs pour prendre soin de leurs parents. Alors est-il nécessaire pour eux de rester à la maison uniquement pour gagner de l'argent ? Nous ne connaissons aucun cas de personnes qui auraient emporté leurs accomplissements matériels avec elles après leur mort.

Mes enfants, écoutez, une personne venue à l'ashram il y a deux jours a raconté sa vie à Amma. C'était un homme très riche, un millionnaire. Il souffrait d'un mauvais ulcère au pied, gravement infecté. Le pus et le sang suppuraient tout le temps. Il ne pouvait même pas se lever de son lit. Personne n'était là pour s'occuper de lui. Ses propres enfants et sa femme l'avaient abandonné. Alors il avait décidé de faire don d'une partie de ses biens à une œuvre de charité. Quand ils l'ont appris, ses enfants se sont réunis et ont obtenu la déclaration d'un docteur certifiant que leur père était fou, puis ils l'ont fait enfermer dans un asile psychiatrique après l'avoir sévèrement battu. Cet homme, qui était millionnaire, n'a plus rien maintenant. Il est complètement détruit. Il racontait son histoire à Amma en pleurant. C'est le genre d'amour qu'ont les gens dans le monde. Les *brahmacharis* qui vivent ici essayent de trouver le Soi sans prendre ce chemin du monde. »

Les jeunes gens avaient l'air heureux. Ils se levèrent pour partir. Tout à coup, Amma se dirigea vers la première rangée et s'approcha d'un jeune homme. Elle lui attrapa la main et demanda : « As-tu quelque chose à dire à Amma ? »

Le jeune homme parut stupéfait. Devant tous les autres il dit d'un ton où perçait l'étonnement : « Amma, il est vraiment surprenant de voir que tu as deviné le désir de mon cœur. Je traverse une période très difficile. Je voulais te faire part de mes problèmes et te demander conseil. Amma, permets-moi de te parler quelques minutes. »

Amma l'emmena vers la cocoteraie et conversa avec lui, tous deux assis à l'ombre. Tandis qu'il parlait avec Amma, l'un de ses amis discutait avec *brahmachari* Paï à qui il révéla : « En fait, quand nous faisions route vers l'ashram, il m'a dit qu'il aimerait parler avec Amma si c'était possible. Il a beaucoup de problèmes. Il est assez surprenant qu'Amma l'ait si clairement deviné. Je ne comprends pas comment cela a pu se produire. »

Paï répondit : « Il ne peut pas en être autrement; voilà la réponse. Amma est comme un miroir. Nos prières sincères se reflètent simplement en elle. » Le jeune homme dit : « En tous cas, elle nous a tous fortement impressionnés. »

Amma avait fini de parler au jeune homme. Il se joignit au groupe avec un visage souriant. A ce moment-là trois femmes chrétiennes vinrent voir Amma. L'une d'elles avait visité l'ashram plusieurs fois auparavant et avait eu diverses expériences. Aujourd'hui elle amenait avec elle deux amies. Les deux nouvelles venues étaient une mère et sa fille. La mère raconta son histoire à Amma. Elle avait quatre enfants, dont la fille qui l'accompagnait. Son mari l'avait quitté et vivait avec une autre femme. Sanglotant et versant d'abondantes larmes, la femme pria Amma de remettre de l'ordre dans ses problèmes de famille. « Sinon, je vais me suicider », dit-elle.

Les jeunes gens, qui étaient sur le point de partir, assistèrent à cette scène. Amma leur avait justement parlé de la nature des liens familiaux quelques instants plus tôt. Ils en voyaient maintenant un exemple de leurs propres yeux, comme si tout avait été arrangé exprès pour eux.

Amma : « Ma fille, vient-il quelquefois à la maison ? »

La femme : « Oui, il est venu hier, mais je ne lui ai pas parlé. »

Amma : « Non, non, ma fille, tu ne dois pas réagir ainsi. Tu dois lui parler. Tu dois être aimante avec lui. Sinon, son inimitié augmentera. »

Amma la consola et essuya ses larmes de ses propres mains. Sa fille pleurait elle aussi. Amma caressa affectueusement la tête de la jeune fille et dit : « Mon enfant, ne pleure pas. Si tu pleures, ta maman sera très triste et s'affaiblira. Tu devrais essayer de la consoler. » Amma pénétra dans le temple et revint avec du *prasadam* pour elles. Elle en donna à la mère et la consola encore une fois. La fille avait une brûlure infectée au pied. Amma nettoya elle-même la plaie et y appliqua un médicament.

Quelques minutes avant qu'elles partent arrivèrent des pêcheurs. Ils attendirent qu'Amma ait fini de parler avec la mère et la jeune fille. Amma se tourna vers eux. Comme ils n'avaient pas attrapé de poisson depuis plusieurs jours, ils étaient venus demander la bénédiction d'Amma. Amma leur donna quelques feuilles de *tulasi* après y avoir insufflé sa pure énergie vitale. Ils partirent heureux, sachant par expérience comment les utiliser.

Amma vit vraiment selon sa parole : « Amma est la servante de tous. » Elle sert toujours ceux qui viennent à elle, sans faire aucune différence. Elle ne demande rien et nous ne pouvons pas non plus la payer de retour. La dette envers le guru reste toujours une dette que personne ne peut rembourser. Nous pouvons tout au plus suivre sincèrement les pas du guru et appliquer dans notre propre vie les principes selon lesquels elle vit. Amma dit :

Amma : « Une personne peut dire : « Dieu et moi sommes Un », mais elle ne peut pas dire : «Moi et mon guru sommes Un ». Le guru est bien au-delà de tout, même de la Trinité. Amma fait vivre à ses enfant une vie fondée sur des principes spirituels en les invitant à se souvenir de Dieu et grâce à cela, à vivre une vie de service désintéressé et d'amour. »

Combien de gens, qui avaient vécu jusque là d'une façon exclusivement égoïste, ont-ils embelli leur vie avec le parfum du désintéressement et de l'amour pour l'humanité, grâce au toucher de la grâce d'Amma ? Amma dit :

Amma : « Amma veut que les gens travaillent dur pour atteindre la béatitude spirituelle. Elle ne veut pas qu'ils gaspillent leur temps dans l'oisiveté au nom de la spiritualité. Les gens viennent à Amma pour des raisons diverses, mais d'une façon ou d'une autre, elle les fera se souvenir de Dieu. Elle ne veut pas que ses enfants chantent le Nom du Seigneur du bout des lèvres. Amma veut qu'ils le chantent avec le cœur et vivent dans le Nom du Seigneur. La dévotion ne consiste pas simplement à faire le *pradakshina* (circumambulation) autour du temple en chantant « Krishna ! Krishna ! », pour ensuite repousser le pauvre mendiant qui demande l'aumône quand vous en sortez. La compassion et l'amour dont vous faites preuve envers le mendiant est la véritable dévotion pour Dieu. Voilà comment Amma veut que ses enfants agissent. »

La cloche retentit ; c'était l'heure du déjeuner. La sœur aînée d'Amma arriva, accompagnée de ses deux enfants, Shivan et Vishnu. Kasturi voulait qu'Amma donne à son fils Vishnu sa première nourriture solide. On alluma une lampe à huile. En quelques minutes, Amma fut assise sur la terrasse devant le temple, Vishnu sur les genoux. Elle appliqua de la cendre sacrée sur le front, la poitrine et les épaules de l'enfant. Amma offrit quelques pétales de fleurs sur la tête de l'enfant, et fit tourner devant lui du camphre enflammé. Pendant tout ce temps, elle le garda sur ses genoux. Puis elle lui donna à manger de ses propres mains. L'enfant arborait un grand sourire. Il avala avec plaisir les quelques grains de riz qu'Amma lui avait donnés. Soulevant l'une de ses mains, l'enfant saisit le collier de *rudraksha* d'Amma et s'y agrippa un moment, tout en regardant fixement Amma, avec toujours le même grand sourire sur son visage.

Amma : « Eh ! Petit garçon, qu'est-ce que tu veux, le *rudraksha*, le riz ou est-ce que tu veux les deux ? »

Toutes les personnes présentes comprirent qu'Amma demandait à l'enfant s'il désirait une vie spirituelle, une vie dans le monde, ou s'il voulait devenir un *grahasthashrami*. Elle semblait prête à lui accorder l'un ou l'autre s'il l'avait demandé. Dans un sens subtil, l'enfant lui a peut-être donné une réponse, et peut-être lui a-t-elle accordé ce qu'il demandait. Qui sait ?

6 avril 1984

Ce matin-là, un *brahmachari* raconta une expérience qu'il avait eue la veille au matin. Amma lui avait demandé d'intensifier sa *sadhana*, et de se lever le matin à deux heures pour méditer et faire ses autres pratiques spirituelles jusqu'à six heures. Il était heureux de le faire.

Amma : « Au début, tu trouveras peut-être un peu difficile de te lever à une heure aussi incongrue de la nuit. Mais cela te deviendra facile une fois que tu t'y seras habitué. »

Le *brahmachari* ne savait pas s'il serait capable de le faire ou non. Il regarda alors le visage d'Amma et lui demanda d'un ton suppliant : « Amma, je n'ai pas le pouvoir de le faire. Je t'en prie, accorde-moi ta grâce pour que je puisse suivre sincèrement tes instructions sans faillir. » Amma l'encouragea puis ajouta : « Mon fils, ne crains pas de ne pas te réveiller à deux heures du matin. Demain matin, Amma t'appellera à deux heures. » Il pensa qu'Amma viendrait dans sa chambre à deux heures du matin et le réveillerait. Mais il réalisa soudain que c'était un jeudi, jour où Amma passait toute la nuit en Dévi *bhava*. De nombreuses pensées défilèrent dans son mental quant à la façon dont Amma le réveillerait. « Comment Amma va-t-elle s'y prendre pour me réveiller ? Viendra-t-elle dans ma chambre en Dévi *bhava* ? Ou enverra-t-elle quelqu'un pour m'appeler ? Ou terminera-t-elle le Dévi *bhava* avant deux heures et viendra alors me réveiller ? » Comme c'était un jour de grande foule, avec tant de gens venus adorer en Amma la Mère divine, le *brahmachari* n'eut pas d'autre occasion de parler avec Amma pour clarifier ce point.

Bien que sa foi en Amma et en sa parole fut inébranlable, se pliant à la nature humaine et à sa tendance à douter, le *brahmachari* emprunta le réveil d'un autre résident et mit l'alarme sur deux heures avant d'aller se coucher à vingt-trois heures. Le Dévi *bhava* durait toujours. A en juger par la foule qui attendait pour recevoir le *darshan* d'Amma, il estima qu'il durerait facilement jusqu'à trois heures et demi ou quatre heures. Une fois de plus, il adressa à Amma une prière sincère et s'endormit paisiblement.

Le *brahmachari* fut éveillé par la sensation soudaine de quelque chose lui tombant sur le visage. Au même moment, l'alarme se déclencha, ce qui le fit sursauter. Il alluma la lumière et se mit à la recherche de ce qui lui était tombé dessus. Il fut stupéfait de voir l'objet. C'était une petite photo d'Amma dans un cadre, accrochée entre les feuilles de cocotiers qui tenaient lieu de murs à la hutte. Le *brahmachari* dormait avec la tête près du mur, le touchant presque. Il était exactement deux heures. Ainsi commença le premier jour de sa nouvelle *sadhana*, à deux heures du matin, comme Amma l'avait demandé. Il s'étonnait de plus en plus en repensant à la façon dont Amma l'avait éveillé à deux heures. Elle avait tenu sa promesse. Il était tout à fait clair que c'était Amma qui l'avait réveillé en faisant tomber sa propre photo sur son visage. Le Dévi *bhava* se poursuivait.

Le *brahmachari* avait hâte de partager son expérience avec les autres. Mais il fut un peu triste, plus tard, lorsqu'Amma lui dit : « Mon fils, si tu avais cru les paroles d'Amma et n'avais pas mis ton réveil à sonner, Amma serait venue à toi en personne, au milieu du Dévi *bhava*. En mettant l'alarme, tu as fait preuve de duplicité, et montré que ta foi était partielle. »

Ce jour-là, Amma fit de nouveau appeler tous les résidents, cette fois-ci dans le hall de méditation. Amma aborda différent sujets. La réunion était surtout destinée à mettre en place un emploi du temps pour les pratiques journalières des résidents.
Amma : « Mes enfants, afin de retirer le bénéfice maximum d'une action, quelle qu'elle soit, il est absolument nécessaire de l'aimer. Sans ce facteur d'amour, vos actions s'avéreront incomplètes. La méditation doit être accomplie avec amour. La récitation de la Gita aussi devrait être faite avec amour. Accomplir une action

sans amour est une faute grave. De la même façon, il est grave de faire un travail avec hésitation. Que ce soit la méditation ou une autre activité, si le travail est accompli avec une attitude négative, l'ashram en subira les conséquences néfastes. C'est le devoir de chacun d'y prêter attention. Le niveau d'intérêt et d'intensité dont vous faites preuve montre la sincérité et l'amour que vous éprouvez envers l'ashram et envers Amma.

Même pour prendre du plaisir à fumer, il faut de l'amour. Si quelqu'un n'aime pas la fumée, il n'y prend aucun plaisir. Certaines personnes se bouchent le nez et s'enfuient en courant quand des gens fument. D'autres toussent et vomissent s'il leur arrive de sentir l'odeur du tabac, alors que ceux qui l'aiment prennent plaisir à fumer et inhalent autant d'arôme de tabac qu'ils le peuvent. L'amour pour un objet ou une action est le facteur essentiel, celui qui vous incite à agir. Le déplaisir ou le manque d'amour vous empêche d'agir ou vous entraîne à montrer moins d'intérêt dans l'accomplissement d'une action.

Mes enfants, essayez de développer cette attitude d'amour pour votre *sadhana*. Votre attitude doit être : « Pas assez, cela n'est pas assez. Je devrais faire davantage. » Abandonnez cette façon de penser qui dit : « Si seulement les circonstances pouvaient être meilleures. » Ne perdez pas votre temps à vous promener et à parler inutilement. Faites votre *sadhana* avec exactitude et sincérité. C'est votre devoir maintenant. Soyez prêts à entreprendre tout travail pour le bien commun avec amour. Ne dites pas : « Je ne vais faire que ce travail, et pas celui-là. J'aime faire ce travail et n'aime pas faire cet autre. » Cette attitude ne convient pas à un chercheur spirituel. Entreprendre ou faire un travail que vous n'aimez pas du tout est un grand accomplissement. N'importe qui peut faire un travail qu'il ou elle aime. Il n'y a aucune grandeur à cela. Par exemple, vous aimez jardiner mais n'aimez pas enlever la bouse de vache et nettoyer l'étable. Vous aimez cuisiner mais n'aimez pas laver la vaisselle. Vous aimez servir la nourriture mais n'aimez pas débarrasser les restes. Un homme du monde peut avoir cette attitude, mais un chercheur spirituel ne le doit pas. Un chercheur spirituel devrait accomplir toute action avec équanimité et s'élever au-dessus de ses préférences personnelles. Vous aimez et caressez un bel enfant charmant mais ressentez de l'aversion envers un enfant laid, né dans une basse caste. Ces distinctions sont communes parmi les gens du monde qui vivent sur le plan de l'attraction et de la répulsion. Souvenez-vous que le seul but de votre vie est de transcender les distinctions entre ce que vous aimez et ce que vous n'aimez pas.

Être prêt à faire avec bonne volonté n'importe quel travail, à tout moment et en toutes circonstances est la marque de la spiritualité. Les êtres spirituels le font avec amour et sincérité, sans rien demander. C'est pourquoi il y a toujours un charme et une beauté dans ce qu'ils font, quel que soit leur travail. Ils aiment le faire parce que la tâche elle-même leur donne une joie infinie, alors que nous sommes concernés par le résultat. A cause du souci que nous nous faisons à son propos, le travail perd toute sa beauté. Le facteur d'amour est absent de nos actions. »

Maintenant, Amma se concentra sur la mise en place d'un emploi du temps pour les pratiques quotidiennes des résidents. Elle remarqua alors un *brahmachari* remuant inutilement les jambes. Elle dit :

Amma : « C'est un signe d'agitation mentale et d'impatience. Un *sadhak* devrait apprendre à s'asseoir sans remuer les mains et les jambes inutilement. C'est une habitude. Il devrait aussi éviter de regarder à droite et à gauche sans raison. Ces mouvements révèlent l'absence de concentration. Vous avez sûrement vu des gens qui se rongent constamment les ongles et d'autres qui restent assis en tournant sans arrêt le bouton de leur chemise. Ce sont des cas d'agitation mentale et d'impatience, c'est aussi une sorte de maladie mentale. Les aspirants spirituels essayent de dépasser le mental et ses habitudes. Ils ne devraient pas en devenir les esclaves.

La plupart des gens du monde remuent les jambes inutilement quand ils sont assis sur une chaise. Un *sadhak* ne devrait pas le faire. Autant que possible, un chercheur devrait rester assis en *asana* (*une posture assise de yoga*) sur le sol. Asseyez-vous en *asana* même si l'occasion se présente de vous asseoir sur une chaise.

Avant de calmer votre mental, faites des efforts pour calmer votre corps. Cela ne signifie pas que vous devez passer votre temps dans l'oisiveté, non, telle n'est pas l'idée. Evitez les mouvements inutiles des mains, des jambes et autres parties de votre corps. »

L'état divin d'intoxication bienheureuse

A dix-huit heures trente, les résidents commencèrent à chanter des *bhajans*. Après quelques chants, *brahmachari* Balu entama Saranagati (Ô Mère, sois mon refuge). Quand Amma vint se joindre au chant, le même *bhajan* se poursuivait car il était long. Elle prit la direction du chant. *Brahmachari* Balu entama

Saranagati

*Ô Lumière qui illumine tout l'Univers
Et même le soleil, la lune et les étoiles ;
Ô Nature primordiale,
Souveraine de l'univers entier,
Ô Mère universelle, Incarnation
De l'Amour pur et désintéressé,
Cet indigent pleure pour obtenir Ta vision
Le cœur empli d'un désir intense.*

Amma était plus qu'à l'accoutumée submergée par la béatitude de l'amour divin. Elle se balançait avec vigueur de droite à gauche et d'avant en arrière. Un mélange inexprimable et incroyablement beau des divers aspects de la dévotion et de l'amour suprêmes se manifestaient lentement en Amma. Il enveloppait chacune des personnes présentes. Porté par la voix divine d'Amma, le chant prenait des ailes. Il s'élevait et s'écoulait en un flot sans fin tandis qu'Amma poursuivait :

> *Ô Mère, l'océan chante Ta Gloire,*
> *À travers l'écho de la Syllabe Sacrée,*
> *Aum.*
> *L'une après l'autre,*
> *Chaque vague danse joyeusement*
> *Sur le rythme du pranava, le son primordial,*
> *Aum.*

La voix chargée d'émotion et le cœur empli de mélancolie, Amma appelait : « Amma... Amma... » Ses yeux regardaient fixement le ciel au-dessus d'elle, vers lequel se tendaient ses mains. L'appel d'Amma était si véridique et si plein d'amour qu'il donnait à chacun l'impression que la Mère divine elle-même se tenait debout devant Amma. Elle chantait :

> *Ô Mère divine, Tu es au-delà*
> *Des versets des Écritures de Purusha-sukta*
> *Ô Mère, Tu es au-delà du Brahma-sutra*
> *Ô Mère, transcendant même les quatre Vedas,*
> *Ô Mère, Tu es la seule à Te connaître vraiment.*

Amma commença alors à rire, exprimant ainsi sa béatitude intérieure. Ce rire mystérieux persista tandis que les *brahmacharis* continuaient à chanter. Amma battit des mains comme un petit enfant et les leva soudain au-dessus de sa tête. Puis le rire s'arrêta, mais ses mains restèrent levées en l'air quelque temps. Les doigts de chaque main formaient deux différents *mudras*. Une lumière de félicité illuminait son visage. Reposant les mains, Amma chanta encore :

Ô Mère, en quête de Toi, cet enfant pleure,
Errant sur le rivage de plus d'un océan ;
Ô Mère, cet enfant interroge chaque particule de sable
Pour te retrouver.

Ô étoiles, scintillant dans le vaste ciel bleu,
L'une d'entre vous a-t-elle vu ma Mère
Passer par ce chemin ?

Amma chanta plusieurs fois ces lignes. Le voile qui lui couvrait la tête avait glissé et Gayatri essaya de le remettre en place. Des mèches de ses cheveux tombaient autour de son cou et tournaient doucement tandis que sa tête se balançait au rythme de la musique. Des larmes coulaient le long de Ses joues. Élevant les mains, Amma appela encore : « Amma... Amma... Amma... » Elle continua, puis éclata en sanglots, mais le moment suivant elle inspira longuement et profondément, puis s'immobilisa. Ses mains formaient encore des *mudras*. Les *brahmacharis* continuaient à chanter.

Ô ma Mère Bhairavi, il n'y a pas de rivage
Où je ne T'ai cherchée,
Ô Mère, ma Mère chérie,
Béatitude Incarnée,
Il n'existe pas de moment
Où je ne T'ai cherchée.

Ô ma Mère bien-aimée, pendant des âges et des âges,
Tu T'es cachée de moi,
Ce pauvre enfant qui T'appartient.
Ô Toi pleine de compassion,

Pourquoi retardes-Tu le moment
De répandre Ta grâce sur cet enfant ?

A la lumière de la lampe à huile qui brûlait, tout le monde pouvait voir le visage radieux d'Amma. Il n'y avait pas le moindre signe de conscience extérieure. Saturée de divinité, l'atmosphère suscitait la méditation spontanée dans le mental de toutes les personnes présentes, dévots comme résidents. On devinait facilement qu'ils chantaient tous en gardant le mental fixé sur l'objet de leur méditation. Certains chantaient, le mental totalement concentré sur leur divinité bien-aimée et versaient des larmes de béatitude, tandis que d'autres restaient assis sans bouger, profondément absorbés en méditation. Luttant pour faire redescendre son mental sur le plan physique de la conscience, Amma chanta encore :

Ô Mère,
Sur le bout de Tes doigts tournent des centaines,
Non, des milliers d'univers ;
N'est-il donc pas justifié que Tu me fasses aussi,
Moi, pauvre enfant,
Tourner sur le bout de Tes doigts ?

Amma fut de nouveau transportée dans son propre monde de béatitude infinie. Elle perdit le contrôle qui lui permettait de rester sur ce plan physique et se leva. Tandis qu'elle marchait en direction de la cocoteraie dans un état d'extase, elle s'immergea complètement dans l'océan d'amour et de dévotion suprêmes. Tel était son état d'extase divine. Sous le charme, les *brahmacharis* et les dévots continuaient à rendre gloire à la Mère divine en chantant :

Ô Mère, viens à moi ;
Tiens-Toi devant moi aujourd'hui ;
Je veux inonder Tes pieds sacrés de mes larmes.

Ô Mère, le son qui résonne dans mon cœur,
Cette mélodie qui s'élève de mon âme
Est l'appel de dévotion et d'amour pour Toi.
Ô Mère, en dehors de cela,
Je n'ai besoin de rien...

Le *bhajan* se termina sur ces lignes. Savourant l'expérience de la béatitude et de la ferveur de pure dévotion et d'amour, chacun restait assis, absorbé en méditation. Un silence total régnait, le silence de la paix intérieure. Cette atmosphère sanctifiée restait suspendue en une immobilité sacrée tandis que la brise fraîche et douce apportait l'appel lancinant de l'océan venant de l'Ouest.

Après l'*arati*, les yeux et les cœurs partirent à la recherche d'Amma. Se tenant à une distance respectueuse, ils la virent danser en extase. Amma semblait danser autour de l'ashram tout entier, bien qu'elle n'ait dansé qu'en cet endroit particulier de la cocoteraie. Complètement perdue à ce monde extérieur dans lequel nous nous tenions, elle se délectait de son flot intérieur de splendeur mystique

Nous ne pouvons qu'observer de l'extérieur. Mais que dire, et comment dire quoi que ce soit au sujet de ce plan de conscience absolument incompréhensible et mystérieux ?

Yato vâco nivartante aprâpya manasâ saha

De là, reviennent les paroles et le mental, n'ayant pu
L'atteindre.

—Taittiriya Upanishad

Combien de commentaires, combien d'interprétations ont déjà été écrits à propos de cette contrée inconnue, par divers érudits et philosophes, et combien sont encore à venir ? Pourtant, elle demeure un mystère, non expliqué et non révélé.

On servait le dîner. Certains partirent en direction de la cantine, laissant derrière eux les autres qui restèrent pour s'abreuver du nectar de cette scène merveilleuse et des plus rares, s'oubliant eux-mêmes. Il était vingt-deux heures et près de deux heures s'étaient écoulées. Amma était encore dans cet état divin, mais les mouvements de son corps ralentissaient graduellement. Les dévots et les résidents s'étaient maintenant tous assis. Certains méditaient tandis que d'autres regardaient fixement la silhouette dans la cocoteraie. Amma s'étendit sur le sable parmi les cocotiers. Des moments de paix profonde passèrent dans un silence total. Comme si elles voulaient épier cette scène céleste et enchantée, les étoiles scintillantes jetaient des coups d'œil à travers le dais formé par les feuilles de cocotiers. Une demi-heure passa et la voix d'Amma remplit de nouveau l'air et le cœur des dévots avec *Anandamayi Brahmamayi*.

> *Ô Toi la Bienheureuse, Ô Toi l'Absolue,*
> *Ô Toi la Bienheureuse, Ô Toi l'Absolue,*
> *Dont la forme est d'une beauté sans égale,*
> *Ô Toi la Bienheureuse, Ô Toi l'Absolue.*

Les dévots ont toujours trouvé ce chant composé par Amma particulièrement enchanteur et étaient ravis de l'entendre continuer, *Aradharangal*.

> *Traversant les six centres mystiques,*
> *Les yogis cherchent à Te connaître,*
> *Trésor inestimable.*
> *Ta Gloire, Ô Pouvoir infini,*
> *Ne leur est qu'à peine révélée.*

Le chant emplissait l'atmosphère. Il semblait qu'Amma, partie au-delà et transcendant les six *adharas* (les centres mystiques), luttait avec effort pour garder son mental au niveau de ce monde de la pluralité. Quel que soit le plan à partir duquel elle agit, toute action et toute parole d'Amma incarne un enseignement. Il en va de même pour ses chants, et ses enfants s'imprégnaient du lyrisme de *Tripudium podiyayidum*.

> *Ô Mère, qui danse sans cesse dans la béatitude,*
> *Je Te salue.*
> *Le chid-akasa,*
> *Où siège le Lotus aux mille pétales,*
> *Et dans lequel réside l'éternelle union de Shiva-Shakti,*
> *Resplendit comme un million de soleils brillants,*
> *Au moment même où l'état de tripudi*
> *cesse complètement d'exister, Là,*
> *Dans ce Sahasrara, le Lotus aux mille pétales,*
> *Ô Mère qui danse sans cesse dans la béatitude,*
> *Je Te salue.*

7 avril 1984

Il était trois heures de l'après-midi. Amma était assise sur le lit dans la hutte. Le parfum de l'encens imprégnait l'atmosphère. Derrière Amma, sur le mur de la hutte, était accroché un grand rideau jaune doré sur lequel était magnifiquement brodé le *Gitopadesha* (illustration connue de Krishna debout près du chariot tandis qu'Il instruit Arjuna agenouillé). Quelques dévots, hommes et femmes, étaient assis sur le sol près du lit. Ils voulaient être aussi près d'Amma que possible. Amma leur parlait, avec ce sourire éternellement présent sur son visage. L'un d'eux demanda :

Question : « Amma, peut-on faire une *sadhana* en répétant un mantra donné en rêve ? »

Amma : « Mes enfants, il n'est généralement pas bon de faire une *sadhana* en répétant un *mantra* que l'on a reçu en rêve. Le *mantra* n'est peut-être qu'une simple impression du mental. Il pourrait ne pas vous aider à progresser spirituellement. Comme vous n'avez pas atteint l'état de perfection, tout ce que vous sentez et pensez n'est pas forcément la vérité. Toutefois, vous pouvez le chanter après avoir vérifié avec un guru et avoir obtenu sa permission. Si l'on recommande les *mantras* obtenus dans les rêves, de nombreuses personnes commenceront à les utiliser, ce qui augmentera les chances d'erreur et d'échec. Il vaut donc mieux ne pas se fier aux *mantras* reçus en rêve. »

Question : « Amma, quelle est la signification des *bijaksharas* (lettres-semences) ? »

Amma : « Mes enfants, les *bijaksharas* symbolisent les pouvoirs spirituels latents en nous. Ils ont un pouvoir immense. Les grands saints et les sages, nos ancêtres, les reçurent au cours de révélations spirituelles. Ils ne les ont pas créés ; ils existaient déjà. De même que les perles et autres objets précieux étaient là, au fond de l'océan, bien avant que les êtres humains ne les découvrent, ces *mantras* et ces *bijaksharas* étaient déjà présents dans la nature. Grâce à leurs austérités, les *rishis* se mirent à l'unisson de ce plan de conscience. C'est ainsi que ces *mantras* et ces lettres-semences leur furent révélés. Leur mental devint pur et clair comme un cristal. Dans ce mental pur jaillit toute connaissance. Quand nous chantons ces *mantras* avec concentration, ce pouvoir s'éveille en nous aussi. Chaque lettre-semence est régie par une divinité. Cette divinité ou cet aspect du pouvoir spirituel sera invoqué en nous si nous la répétons avec concentration. »

L'action désintéressée

Question : « Amma, qu'est-ce qu'une action désintéressée ? »

Amma : « Une action accomplie avec concentration sans aucune pensée concernant son résultat, est une action désintéressée. De telles actions ne sont possibles que lorsque les fruits sont remis entre les mains d'un idéal plus élevé. Nous appelons cet idéal Dieu parce qu'en Lui seul nous pouvons voir la perfection et l'équilibre de tous les principes essentiels de la vie. On ne peut pas les voir chez un être humain limité. Donc, quand nous accomplissons sincèrement une action pour Dieu, en réalité, nous sommes inspirés par ces valeurs élevées. Amma ne parle pas des gens qui vénèrent Dieu simplement pour satisfaire leurs désirs. Au contraire, il s'agit de gens qui recherchent Dieu sincèrement, par amour pour Lui et non pas pour obtenir de Lui un bienfait. De telles personnes sont inspirées par l'idéal. Elles travaillent simplement parce que travailler pour cet idéal leur procure une joie immense. De même, lorsque nous sommes réellement dévoués à un *mahatma* ou un maître spirituel, nous travaillons pour lui et son institution spirituelle en nous oubliant nous-mêmes. Nous n'espérons rien de ce travail. Pourquoi ? Parce que nous sommes inspirés par les idéaux spirituels selon lesquels le guru vit constamment. C'est également une action désintéressée. Celui qui agit avec désintéressement ne se lamente pas sur le passé et ne se préoccupe pas non plus du futur. Très détendu, il travaille avec concentration, amour et dévotion. Son mental n'est pas divisé, mais est concentré en un seul point. De cet état de concentration, il puise une grande quantité d'énergie. Seules de telles personnes peuvent élever et transformer la société dans son ensemble.

Souvenez-vous que lorsque nous vénérons un *mahatma*, ce n'est pas son corps que nous vénérons ou adorons, mais les principes supérieurs qui se manifestent à travers lui. Il incarne lui-même ces idéaux ; c'est cela que nous adorons. Le corps n'est que secondaire.

Encore une fois, rappelez-vous qu'Amma ne parle pas des gens qui travaillent pour le succès d'un culte particulier, d'une foi, d'une classe, d'une secte, d'une communauté ou d'une nation. Leur vision est encore limitée comparée à l'Idéal le plus haut. Les travailleurs authentiques sont au-delà, ils ne sont pas touchés par de telles limitations et sont parfaitement désintéressés. Ils travaillent simplement par amour pour tous. »

Question : « Pourquoi dis-tu que le corps d'un *mahatma* n'est que secondaire ? Cela veut-il dire qu'il a peu d'importance ? »

Amma : Non, mes enfants, non. Après tout, le support du corps est nécessaire pour que les qualités supérieures se manifestent. Elles n'ont pas de forme propre. En vérité, l'amour n'a pas de forme. Ce n'est que quand l'amour s'écoule constamment à travers une personne qu'il assume une forme dont nous pouvons faire l'expérience ; sinon, cela nous est impossible. Même quand le *mahatma* quitte le corps, les gens continuent de vénérer la forme pendant très longtemps, simplement parce que c'est à travers ce corps que les grands idéaux se sont manifestés et qu'il nous a aidés à en faire l'expérience. C'est la grandeur du corps d'un *mahatma*. Son corps aussi est pur parce qu'il subit une transformation et une purification à travers ses austérités. Son être entier est pur, il n'est pas comme le corps d'un être humain ordinaire.

Imaginez deux frères jumeaux. Ils se ressemblent. Toutes les parties de leurs corps sont tellement semblables qu'il est très difficile de les distinguer. Leur taille, leur poids, tout est pareil. Puis, l'un devient un grand saint en s'adonnant à de sévères austérités et l'autre devient vicieux et malfaisant, influencé par une mauvaise compagnie. Les gens vont adorer le saint frère et haïr l'autre bien que leurs corps soient identiques. Même si ce dernier était un être humain normal, les gens ne le vénéreraient pas comme ils vénèrent le saint, bien qu'ils puissent éprouver pour lui du respect puisqu'il est le frère jumeau d'un grand saint. Les corps se ressemblent. Pourtant, pourquoi adorent-ils le frère saint et pas l'autre ? Parce que les gens perçoivent Dieu et font l'expérience des qualités divines comme l'amour, l'équanimité, la compassion, le renoncement dans le frère saint, mais ne trouvent pas ces qualités chez l'autre frère. Donc, les qualités priment et le corps n'est que secondaire. Non pas que le corps soit insignifiant. Il ne fait pas de doute que le corps d'un saint est également divin. Son corps est aussi puissant car c'est à travers ce corps que l'Énergie infinie se manifeste dans toute sa gloire et sa splendeur. Ce corps, que les *mahatmas* ont eux-mêmes choisi de leur propre volonté, doit avoir une puissance formidable pour supporter le flot constant de *shakti* qui se manifeste à travers lui.

Une ampoule de mille watts doit avoir suffisamment de force pour manifester un tel courant à travers elle. Nous ne pouvons pas dire : « Après tout, c'est l'électricité qui la fait briller. » Cela n'a pas de sens. Sans l'ampoule, nous ne pouvons pas faire l'expérience de l'électricité. Ainsi le support, le corps, est également important. »

Question : « Amma, quelle est la signification de la méditation ? »

Amma : « Mes enfants, seule la méditation est bénéfique. Savez-vous quelle est la position de ces érudits qui se promènent sans faire aucune *sadhana* ? N'avez-vous pas vu ces gens qui montent la garde pour les biens d'autrui, comme un champ de riz ou la propriété d'un homme riche ? Quand ces gardes s'adressent à quelqu'un, ils paradent et parlent comme si tout leur appartenait. Les érudits se comportent exactement de la même façon. Ils se promènent en jacassant, ayant entendu et lu des vérités dont quelqu'un d'autre a parlé et a fait l'expérience. Ils ne comprennent pas et n'essayent pas de comprendre que ceux qui ont exprimé ce savoir n'étaient pas de simples gardiens ou portiers, mais en étaient les véritables propriétaires. Les possesseurs réels sont ceux qui ont réalisé la richesse intérieure à travers la méditation, et non pas par une simple connaissance intellectuelle. Alors que ces érudits, dont la position n'est rien de plus que celle d'un perroquet ou d'un magnétophone, sont de simples portiers qui prétendent être les véritables propriétaires. Un perroquet répète tout ce qu'on lui enseigne. En fait, il ne comprend rien aux mots qu'il répète. De même, tout ce qui est enregistré sur un magnétophone peut être répété quand on le met en marche. Tel est le cas de ces érudits au savoir livresque.

Il en va de même dans la vie du monde. Un surveillant ou un portier se montre beaucoup plus fier et arrogant que le directeur ou le véritable propriétaire de la société. Dans la plupart des cas, les vrais propriétaires sont relativement humbles et simples.

Donc, mes enfants, ceux qui veulent acquérir cette connaissance doivent pratiquer la méditation. Elle n'est pas bénéfique uniquement pour les aspirants spirituels, mais pour les gens de tous les milieux. Dans un sens, la méditation est la seule action désintéressée. Une forme de désir ou une autre reste toujours attachée à tout autre type d'action. Quand nous méditons, nous ne pensons pas que d'autres devraient nous respecter, etc. Pour un *sadhak*, la méditation sert à purifier le mental. C'est son seul but.

On peut interpréter cette pensée de purifier le mental comme étant elle aussi un désir. Mais ce désir de purification a pour but d'éliminer tous les autres désirs et d'offrir au monde un service désintéressé. L'intention qui fonde ce désir est noble et pure, alors que celle qui fonde presque tous les autres désirs ne l'est pas. Le désir de purifier le mental détruit toutes les autres pensées et désirs, tandis que le désir de jouir des plaisirs du monde les redouble, et il en résulte le chagrin et la souffrance. »

Question : « Amma, pourquoi la foi complète ne vient-elle pas, même quand les êtres humains ont différentes expériences ? »

Amma : « La foi complète signifie la Libération. Celui qui a une foi complète est un être libéré. Il a la foi totale que seul Dieu est. Seul existe *Paramatman*. Tout le reste est changeant, momentané. L'expérience de celui qui a une foi complète est que chaque objet est imprégné de la Conscience suprême. Les autres, qui n'en ont pas fait l'expérience, disent que chaque objet est imprégné de la Conscience suprême simplement parce que quelqu'un d'autre qu'ils respectent l'a dit. Leurs paroles et leurs actions ne concordent pas. Ils disent peut-être que Dieu seul existe et qu'on devrait avoir en Lui une foi inconditionnelle. Mais si vous les observez, vous pouvez voir qu'ils croient et se réfugient en de nombreuses autres idées. Leur foi n'est pas complète. C'est une foi partagée, une foi dans le multiple et non dans l'Un. Croire en de nombreuses choses n'est pas la foi, en fait, c'est un manque de foi. La foi véritable est concentrée en un seul point, c'est la foi en une unique et même Réalité. Dans ce sens, seule une Âme réalisée a une foi réelle. La foi des autres êtres est partielle et irréelle. Ils ont une foi incomplète tout en s'efforçant d'obtenir une foi complète.

Notre foi est divisée. Elle est dans le multiple, non dans l'Un. Elle n'est pas concentrée. Nous avons foi dans notre corps, notre mari, notre femme, nos enfants, notre père, notre mère, notre voiture, notre maison. Nous croyons que le corps va vivre longtemps, que ces gens et ces objets sont « à moi, à moi pour toujours ». Ce n'est pas la foi. Cette foi est instable car les objets dans lesquels nous croyons sont instables. Ceci montre encore une fois la nature changeante du mental. La foi d'un être spirituel est stable et concentrée ; c'est pourquoi son mental est lui aussi stable. Il ne croit pas au corps. Il a foi en l'*atman* unique, immuable, et non en les corps changeants, multiples. Seul ce genre de foi peut aider. Mais dans le *kali yuga* il est difficile d'avoir une telle foi. Pourtant, nous devons tout de même nous y efforcer.

La foi parfaite ne vient que quand il n'y a plus de doutes, plus de doutes au sujet de l'existence de Dieu, le *Paramatman*. A présent, nous sommes pleins de doutes. Les doutes sont la cause de notre manque de foi réelle. Toutes les incertitudes doivent s'évanouir. La croyance en la pluralité doit mourir et la foi véritable prendre sa place. Les arguments et les conflits doivent se dissiper pour permettre à la foi complète de s'établir. Jusque là, nous continuerons avec nos petites croyances incomplètes.

Mayyâvesya mano ye mâm nitya yuktâ upâsate

Sraddhayâ parayo petâs te me yuktatamâ matâh

« Ceux qui ont fixé sur Moi leur mental,
Et qui, toujours constants et dotés
D'une Foi suprême, Me vénèrent,
Ceux-là, Je les considère parfaits dans le Yoga. »
—Bhagavat Gita, XII-2

Tandis qu'ils écoutaient les paroles d'Amma, ceux qui avaient posé des questions aussi bien que ceux qui écoutaient voyaient clairement les aspects les plus subtils des *Upanishads* et des *Vedas* s'épanouir à travers ses explications simples. C'était une expérience unique pour les visiteurs autant que pour les résidents présents.

Om jñâna svarupinyai namah

Salutations à la Mère
Qui est l'incarnation de la vraie Connaissance.

9 avril 1984

Tombée pour son fils

Amma était assise à l'extrémité nord du porche devant le hall de méditation, à dix heures du matin. La plupart des *brahmacharis* lui faisaient face. Gayatri, Kunjumol et plusieurs autres femmes avaient pris place derrière elle. Quelques dévots chefs de famille étaient également présents.

Un dévot : « Amma, j'ai reçu une lettre de mon plus jeune fils, qui est à Dubaï. Que dois-je répondre ? »

Amma : « Quand il est parti à Dubaï la dernière fois, Amma a pressenti qu'il aurait des problèmes avec son travail là-bas. »

Le dévot : « Ton impression était correcte, Amma. Il a eu de sérieux problèmes avec son travail. Il en parle dans la lettre qu'il m'a envoyée. Il dit que seule la grâce d'Amma l'a aidé à redresser la situation. C'était très compliqué. Ils l'ont même menacé de différentes manières. Amma l'a sauvé. »

Amma : « La dernière fois qu'il est venu à l'ashram, Amma voulait lui en parler, mais il était parti peu après les *bhajans* du soir. Malgré tout, Amma était allée le chercher avec Gayatri, dans le noir, espérant le trouver au bateau de ce côté-ci de la lagune. Mais le temps que nous arrivions, il était déjà parti. Toutefois, pendant que nous marchions dans l'obscurité en direction du bateau, Amma s'est cognée contre quelque chose et est tombée dans un trou. C'était peut-être un signe supplémentaire du danger qu'il allait devoir affronter. En tombant dans le trou, Amma a eu l'impression que le danger qu'il aurait dû affronter avait été écarté. Dieu lui a permis de l'éviter en faisant tomber Amma dans un trou. Quand tu lui écriras la prochaine fois, demande-lui de penser à Dieu avec davantage de constance. »

Question : « Amma, plusieurs personnes ont fait l'expérience de l'état de *nirvikalpa samadhi*. Atteignent-elles toutes le même état, où est-ce différent d'une personne à l'autre ? »

Amma : « Mes enfants, l'état de *samadhi* est la perfection. On se fond complètement. Dans cet état, il n'y a plus personne pour dire *Aham Brahmasmi* (Je suis *Brahman*). Bien qu'on dise que les gens font l'expérience de *Brahman*, il y a une différence dans le pouvoir qu'ils manifestent. Krishna n'était pas comme Rama et Bouddha n'était pas comme Krishna. Intérieurement ils ont conscience de « *Je suis Cela* », pourtant, extérieurement, ils montrent certaines limitations et des différences. Il n'est pas nécessaire que deux personnes expriment le même *bhava*, car Dieu manifeste différents *bhavas* à travers différentes formes. »

Question : « Qu'en est-il de ceux qui ont atteint le *nirvikalpa samadhi* en accomplissant une *sadhana* ? »

Amma : « Il y a des gens qui parviennent à cet état de façon soudaine, perdant tout contrôle tant que dure le *nirvikalpa samadhi*, sans aucun *sankalpa* (résolution) de revenir. Ils se fondent dans le *Brahman* absolu pour toujours, comme le gaz dans une bouteille de soda monte et se fond dans l'atmosphère en faisant « paf » quand on ouvre la bouteille. Ils voulaient atteindre cet état de *samadhi* ; c'est dans ce but qu'ils pratiquaient des austérités. De telles personnes progressent en ayant ce désir, et elles ne reviennent plus sur terre car elles n'ont pas d'individualité. Mais il y en a d'autres, *nityamuktas* (les êtres éternellement libérés) qui gardent dans leur mental, avant de quitter leur corps, une certaine forme de *sankalpa* pour revenir. Ils ont une individualité qui leur est propre, qu'ils ont eux-mêmes créée à l'aide du *sankalpa*. Même s'ils quittent le corps en *samadhi* et se fondent dans la Conscience absolue, ils reviennent sur terre, s'ils le veulent, pour le bien du monde. Ils peuvent prendre une forme quand bon leur semble. »

Un *brahmachari* ne vint pas à l'heure exacte pour la méditation. Amma dit :

Amma : « Mes enfants, vous ne devriez pas manquer d'accomplir vos pratiques journalières. Peu importe que vous soyez fatigués ou malades, vous devez essayer de vous asseoir et de méditer. C'est ce que fait une personne vraiment déterminée. Rester couché en disant que vous êtes malades au moindre petit mal de tête montre que votre volonté est faible. Un chercheur spirituel ne doit pas agir ainsi. Au début, essayez de développer de l'amour pour vos pratiques quotidiennes. Elles doivent devenir une partie de votre vie. Si vous ne pouvez les suivre à l'heure prévue, vous devriez ressentir la douleur de les avoir manquées et le désir intense de les faire. S'il lui arrivait d'oublier de se souvenir de Dieu un seul instant durant la période de sa *sadhana*, Amma en éprouvait une peine immense et pleurait en appelant Dieu. Pour rattraper le temps perdu, Amma accomplissait alors des austérités plus sévères et plus intenses. C'est l'attitude que vous devez développer.

Les tendances mondaines surgiront s'il vous arrive de vous arrêter pendant la période initiale de votre *sadhana*. Si vous voulez rester à l'ashram, avancez vers le but en pratiquant une *sadhana*. Mes enfants, le temps ne vous attendra pas. Vous ne pourrez pas récupérer le temps perdu. »

Question : « Amma, de nombreuses personnes se suicident. Est-il correct d'agir ainsi ? »

Amma : « Mes enfants, les gens se suicident pour différentes raisons. Certains le font à cause de problèmes dans leur famille, le font après une désillusion causée par un espoir déçu. L'échec en amour est une cause courante de suicide. Il y a des gens qui renoncent à la vie pour une cause commune, pour leur communauté, leur classe sociale, leur foi ou leur secte. Il ne manque pas de gens qui se suicident par amour pour leur pays. Il y eut de nombreux guerriers, de vaillant soldats et dirigeants qui se suicidèrent car ils ne voulaient pas être capturés ou tués par leurs ennemis. Différentes situations et circonstances existent où les gens décident de mettre fin à leur vie. Toute personne qui se suicide, quelle que soit la catégorie à laquelle elle appartient, trouve tout à fait raisonnable de commettre un tel acte. Elle pense que c'est le seul moyen d'échapper aux problèmes auxquels elle est confrontée à ce moment particulier ; c'est pourquoi elle va de l'avant et le fait.

Dans la plupart des cas, c'est la peur qui pousse les gens à se suicider, la peur de perdre leur dignité ou leur place dans la société, la peur d'affronter une situation, la peur d'être tué par un ennemi. En d'autres termes, c'est la faiblesse mentale qui donne naissance à des tendances suicidaires. La peur surgit quand le mental devient faible et incapable de faire face à une situation angoissante.

Le suicide n'est jamais justifié. Nous devons faire tout notre possible pour affronter chaque situation dans la vie, en mobilisant notre courage et notre force. Il est impossible d'éviter l'échec, c'est un des aspects de la vie. La vie comporte le succès et l'échec, c'est inévitable, inexorable. Même si vous vous suicidez, la situation ne changera pas. La nature du soleil est de briller et d'illuminer. La nature de l'océan est d'avoir des vagues. La nature de la rivière est de couler. Tout objet a sa nature propre, sans laquelle il perdrait son existence même et cette nature innée ne peut être séparée de l'objet. Ainsi, la nature de la vie est joie et tristesse. Les deux sont inséparables de la vie. Maintenant réfléchissez : à quoi sert-il de pleurer et de s'inquiéter pour quelque chose qui ne changera pas ? N'est-il pas insensé d'agir ainsi ?

Imaginez que vous vous coupiez le doigt. Est-ce que la coupure va guérir si vous vous contentez de la regarder en pleurant ? Bien sûr que non. La seule façon de la guérir est d'y appliquer un remède et d'attendre patiemment. Encore une fois, si votre main est blessée ou si votre jambe est estropiée, vous n'allez pas vous couper la main ou la jambe. Personne n'agit ainsi. Vous acceptez de rester allongé sur un lit pendant des semaines ou des mois pour que la blessure guérisse. Vous supportez le traitement en prenant les médicaments prescrits, et vous attendez patiemment. C'est ce qu'il faut faire en toutes circonstances. Mettre fin à vos jours n'est jamais une solution. Asseyez-vous quelque part, détendez-vous et réfléchissez posément. Tout problème a une solution. Essayez de la trouver. Ceci demande de la patience. Ne perdez pas patience, sinon vous courez à la ruine. La patience est précieuse. Si vous réfléchissez patiemment, vous verrez nombre de vos problèmes se résoudre.

Après tout, le suicide ne solutionne rien. Souvenez-vous que vous créez davantage de problèmes à votre famille en vous suicidant. Pensez à toutes les difficultés qu'ils devront affronter. En vous tuant, vous les plongez dans la misère. Et encore une fois, pensez-vous qu'après votre suicide, tout soit terminé ? Non. En agissant ainsi, vous créez une chaîne, une chaîne de misère, vous différez et retardez votre propre évolution vers le Suprême.

Mes enfants, la force de vie est un don de Dieu. Nous n'avons pas le droit d'y mettre fin. C'est contraire à la loi de la nature et si nous le faisons tout en sachant cela, nous souffrirons pour avoir commis un acte contraire à la loi, un péché. Un bon roi offre de son trésor des cadeaux en espèce et en nature à ses sujets. Faire mauvais usage d'un tel don est incorrect. C'est de l'arrogance que d'en user à mauvais escient, n'est-ce pas ? Nous n'avons pas le droit de l'utiliser incorrectement. Nous devons nous en servir pour accomplir des desseins bons et justes. Sinon nous souffrirons. Toute mauvaise action est suivie d'un châtiment. De même, la vie est le don de Dieu. Il veut que nous l'utilisions pour Le connaître, pour agir de façon bonne et juste. Si nous décidons au contraire d'y mettre fin pour des raisons stupides et futiles, nous remettons ainsi en question Son pouvoir. Nous faisons mauvais usage du cadeau qu'Il nous a fait ; c'est de l'arrogance de notre part. Il est Celui qui a donné, Lui seul a le droit de reprendre. Lui seul peut décider quand et comment la vie doit être ôtée. Nous n'avons pas le pouvoir de créer ; donc, nous ne sommes pas supposés détruire la vie comme bon nous semble. »

Question : « Des gens se suicident quand leur chef meurt. D'autres aiment tellement leur pays qu'ils le font quand leur pays est en crise. Est-ce justifié ? »

Amma : « Le meilleur moyen d'exprimer son amour pour un dirigeant après sa mort, en admettant qu'il ait eu de nombreuses qualités, est de suivre ses traces en servant la société avec désintéressement comme il l'a fait, et non pas en se suicidant. Il serait insensé de se suicider pour un dirigeant malhonnête et égoïste. Si quelqu'un le fait, c'est par attachement aveugle pour cette personne et cela non plus n'a pas de sens.

Certaines personnes se suicident au nom de l'amour pour leur pays. Mais les véritables patriotes n'agissent pas ainsi. Ils s'efforcent d'apporter leur contribution pour surmonter la crise. Ils renoncent à leur bonheur personnel pour le bien du pays. Aimer son pays veut dire aimer les gens qui le peuplent. Sinon, dire « J'aime mon pays » n'a aucun sens. Si vraiment vous aimez votre pays, aimez ses habitants et servez-les. Agissez dans le but de diminuer leurs souffrances. Si vous vous suicidez, cela prouve que vous ne voulez rien faire pour améliorer la situation mais seulement vous y soustraire. Ainsi, si vous analysez correctement, vous vous rendrez compte que vous êtes davantage concerné par votre propre bonheur que par le bien-être de votre pays. Vous ne voulez pas être malheureux ; c'est pourquoi vous vous suicidez. En faisant cela, le pays perd vos services.

Les *mahatmas* quittent leur corps de différentes façons. On dit que certains le quittent en avalant délibérément du poison. On ne peut pas dire que ce soit un suicide. Ils ont réalisé le Soi. Le corps n'est pour eux qu'un simple instrument au service de leur désir et de leur volonté. Ils peuvent le prendre ou le quitter quand bon leur semble. Le corps dépend d'eux, ils ne dépendent pas du corps, pas du tout, mais il n'en va pas de même pour nous qui dépendons du corps. Alors qu'ils le contrôlent, c'est en revanche le corps qui nous contrôle, voilà la différence. Ils prennent un corps dans un certain but et le quittent quand le but est atteint. Pour eux, vivre dans un corps est identique à vivre sans corps car ils ne lui sont pas du tout attachés. Les changements et les souffrances du corps relèvent pour eux uniquement du corps, leur mental n'en est pas affecté. Les *mahatmas* sont complètement détachés du corps. Leur corps est pour le monde, pour les gens, pour les dévots et les disciples, pas pour eux-mêmes. Pour se défaire du corps, ils peuvent choisir n'importe quel moyen, ils sont comme un oiseau qui s'envole du nid ou de la cage. Ce n'est pas vrai en ce qui concerne les autres êtres humains. La vie humaine est très précieuse. Essayez de vivre cette vie, qui est un don de Dieu, avec une ardente détermination vers le but (*lakshya bodha*). Efforcez-vous de connaître Dieu. »

Un brahmachari : « Amma, j'ai toujours eu peur de l'échec. »
Amma : « Mon fils, la confiance en soi est une qualité importante, que devrait posséder un *sadhak*. Par confiance en soi, nous entendons la confiance dans le Soi, la foi dans le Soi, dans le fait que je suis le Soi, que tout est le Soi. En essence, avoir foi dans le Soi est avoir foi en Dieu ou dans le guru, car le guru est l'*atman*, le Soi. Si vous avez la confiance et la conviction profonde que le guru vous guidera sur le chemin correspondant le mieux à votre nature innée, il vous emmènera vers le but suprême, et par sa grâce, vous en sortirez victorieux. Ainsi la victoire sera celle du Soi.

La foi et l'obéissance au *satguru* nous donnent la confiance dans le Soi. L'obéissance au guru est capitale. Le guru est le *Parabrahman* omniprésent sous une forme humaine, donc il est immanent. Il est le Soi, le vôtre et celui de toute la création. Avoir foi en lui revient à avoir foi en vous-mêmes. La foi est l'obéissance absolue au guru. Si tu as cela, mon fils, alors tu n'as plus rien à craindre. Au contraire, la désobéissance au guru aura les pires conséquences.

Il était une fois un maître spirituel qui savait comment transformer en or pur certaines feuilles. Son disciple souhaitait apprendre cet art. Il s'en ouvrit à son maître qui répondit : « Non, je ne veux pas te l'enseigner. Le but d'un véritable chercheur est d'abandonner tous les désirs. » Le mental du disciple devint très agité. Son intense désir d'apprendre cette technique, l'empêchait accomplir sa *sadhana* correctement. A de nombreuses reprises il alla voir le maître et lui demanda de lui enseigner l'art de faire de l'or. Enfin, devant son insistance, le guru le lui enseigna, après lui avoir fait promettre de ne jamais l'enseigner à d'autres ou s'en servir lui-même. Quelques années plus tard, le guru quitta son corps. Le disciple resta fidèle à sa promesse un certain temps et tenta pas de faire de l'or, mais il ne put s'y tenir très longtemps. Il décida enfin d'en fabriquer. Le disciple se mit à collectionner les ingrédients nécessaires et parvint à tout réunir sauf une certaine feuille. Il la chercha partout mais ne la trouva jamais. Les jours et les mois passèrent sans qu'il en découvre le moindre spécimen. Son mental était obsédé par le désir de mettre la main sur cette feuille. Finalement, cette obsession le rendit fou. Jusqu'à sa mort, le pauvre homme passa son temps à renifler toutes les feuilles qu'il voyait, partout où il allait, continuaant à chercher la feuille. Tel fut le résultat de la désobéissance envers son guru. »

Un dévot vint avec sa famille pour rendre visite à Amma. Leur plus jeune fils, un garçon de huit ou neuf ans, était très proche d'Amma. Elle le caressa, joua avec lui longtemps, et le fit asseoir sur ses genoux. Observant cette scène, certains résidents sourirent, se regardant d'un air entendu. Lorsqu'Amma montre beaucoup d'amour et d'attention à une certaine personne, il est certain que celle-ci deviendra un ardent dévot ou, dans quelques cas, viendra vivre à l'ashram. Quand Amma manifestait une attention spéciale à quelqu'un, les résidents se disaient entre eux : « Une hutte supplémentaire », ce qui signifiait qu'il abandonnerait la vie du monde pour venir habiter à l'ashram, où les résidents vivent dans des huttes.

Durant l'une de ces occasions, Amma dit : « Amma ne regarde pas les enfants avec trop d'intensité. Si elle le fait, un jour ou l'autre ils changeront de vie et se tourneront vers la spiritualité. Les tendances latentes ne sont pas encore manifestées chez les jeunes enfants. Ils ont la capacité de capturer notre mental. Alors si le mental d'Amma se concentre sur eux, ils changeront et se consacreront à la vie spirituelle. Amma a une sensation particulière quand elle voit certaines personnes. C'est probablement dû aux mérites spirituels hérités d'une naissance précédente. »

Amma se rendit un jour à la maison de *valyammachi*, une dévote qui habite la petite ville de Mavelikara, à environ vingt-quatre kilomètres de l'ashram. Son nom est Sarasvati *amma*, mais tout le monde, y compris Amma, l'appelle *valyammachi* (la grand-mère). La classe sur la *Gita* était en cours. Près de cent enfants y assistaient. Amma éprouvait beaucoup d'amour et d'affection pour tous ces enfants. Mais de temps en temps, elle jetait un coup d'œil à deux d'entre eux. Ils étaient assis derrière elle, et pourtant elle se tournait vers eux et les regardait. Elle ressentait pour eux une attirance spontanée. *Valyammachi* expliqua plus tard, qu'ils étaient les enfants d'un musicien, un bon *sadhak* et un vrai dévot. Comme ils étaient nés d'un dévot, on voyait également en eux ces vertus et ses qualités.

Question : « Qu'est-ce qui est plus important pour notre croissance spirituelle, les tendances héritées d'une naissance précédente ou la grâce du guru ? »

Amma : « Rien n'est possible sans la grâce. Que ce soit dans cette vie, dans une vie précédente ou dans une vie à venir, les dispositions spirituelles ne peuvent être acquises sans la grâce du guru. Si vous avez hérité des dispositions spirituelles d'une vie précédente, c'est également dû à la grâce du guru. Cela ne veut pas dire que l'effort personnel ne soit pas nécessaire. Cela, bien sûr, est important. Mais l'effort est humain ; la grâce est divine. L'effort est limité ; la grâce est sans limite. L'effort humain limité ne peut vous emmener que jusqu'à un certain point. A partir de là, c'est le véhicule de la grâce du guru qui vous emporte vers votre but. Accomplissez votre *sadhana* sincèrement avec une attitude de soumission et d'amour, puis attendez patiemment que la grâce arrive. Personne ne sait quand ni comment elle se manifestera. Par l'humilité, la grâce du guru s'obtient facilement. »

Il était midi et demi. Amma se leva et se dirigea vers la coco-teraie. Quelques enfants des maisons avoisinantes étaient là, et Amma s'approcha d'eux. Elle leur parla assez longtemps et ils échangèrent des propos en riant. A un moment, les enfants écla-tèrent de rire, et Amma aussi. Ceux qui étaient restés devant le hall de méditation ne pouvaient deviner leur sujet de conversation car ils se tenaient assez loin. Amma est toujours très amicale et affectueuse avec les enfants et les adultes qui vivent près de l'ash-ram ou dans les alentours.

Amma quitta les enfants et se rendit sur la berge de la lagune. Elle resta debout entre deux cocotiers, regardant le vaste ciel et balançant doucement son corps de droite à gauche, les mains jointes. Les enfants marchèrent lentement vers elle, sans bruit. Ils s'arrêtèrent à quelques pas derrière elle et restèrent là, simplement, à la regarder. Amma n'était plus consciente de ce qui l'entourait. Elle ne bougea pas pendant quelque temps. Ses yeux étaient tou-jours fixés vers le ciel. Les enfants aussi restaient là sans bouger, jusqu'à ce qu'enfin Amma se tourne vers eux et leur sourie.

Tous ces enfants, âgés de moins de dix ans, venaient voir Amma presque chaque jour. Même ainsi, l'attirance spontanée et l'amour qu'ils ressentaient pour elle était extraordinaire. Ils l'appelaient Ammachi.

Amma se retourna, les regarda et leur caressa la tête en souriant. Les enfants avaient l'air très heureux. Puis elle se rendit dans sa chambre. Il était un peu plus de treize heures.

A quinze heures, un jeune homme arriva à l'ashram. Il paraissait très malheureux. *Brahmachari* Balu était devant le temple. Le jeune homme s'approcha de lui et dit : « Je suis Chandra Kumar de Bombay. » Il parlait en malayalam, et Balou demanda donc : « Mais vous parlez malayalam. » « Oui, je suis originaire du Kérala, mais j'ai été élevé à Bom-bay », expliqua-t-il. Balu demanda : « Avez-vous déjeuné ? »

« Oui, à Kayamkulam (*une petite ville à douze kilomètres de l'ashram*). »

Il poursuivit : « J'aimerais voir Amma. J'ai fait tout le trajet depuis Bombay spécialement pour la voir et lui parler. Pourrais-je la rencontrer ? » Sa voix trahissait l'anxiété.

Balu répondit : « Vous savez, il est difficile de prévoir quand Amma vient et quand elle part. De plus, aujourd'hui Amma était là jusqu'à une heure et quart. » Balou l'emmena vers la véranda devant le temple et étendit une natte pour qu'il puisse s'asseoir.

« Ce serait une vraie malchance si je ne pouvais la voir et lui parler aujourd'hui », dit Chandra Kumar d'un air soucieux.

Balu le rassura : « Ne vous en faites pas. Vous aurez certainement son *darshan* si vous le désirez vraiment. A propos, comment avez-vous entendu parler d'Amma ? »

Le jeune homme : « Je vais vous le dire. C'était assez fortuit. La semaine dernière en rentrant chez moi après mon travail, j'ai rencontré un homme qui voyageait dans le même train. Il avait entre trente-cinq et quarante ans. Il venait aussi du Kérala et nous avons donc aisément engagé la conversation. Lorsque nous avons eu fini de parler, il a voulu lire et a tiré de sa poche un petit livre. Il y avait dans le livre une photo d'Amma. Cette photo m'a vivement attiré, surtout l'amour et la compassion que je sentais dans son sourire et dans toute sa personne. Je lui ai posé des questions sur Amma, et il m'a dit tout ce qu'il savait. J'ai ainsi appris comment la rencontre d'Amma avait complètement transformé sa vie. Il était alcoolique, fumait de la *ganja* et avait d'autres mauvaises habitudes. Sa femme et ses enfants en souffraient beaucoup, ils vivaient un drame douloureux. Son frère aîné l'a emmené de force auprès d'Amma. Il disait que sa rencontre avec Amma avait marqué le début d'une nouvelle vie. Il m'a affirmé qu'Amma l'avait sauvé, lui et sa famille, d'une ruine totale. Il a aussitôt complètement abandonné ses mauvaises habitudes. Il mène maintenant une existence heureuse et pleine de dévotion. Il a conclu en disant : « J'ai été d'abord été conduit auprès d'Amma de force, mais maintenant, il m'est tout à fait spontané de penser à elle et de chérir sa forme. » Il m'a donné envie de voir Amma. En fait je crois que c'est Dieu qui m'a fait rencontrer cet homme parce que, frère, ma famille est elle aussi confrontée à un grand problème. »

Il s'arrêta un moment. Puis, regardant le visage de Balu, il reprit : « Pourrai-je rencontrer Amma ? » Le jeune homme semblait très triste et agité.

Balu fut touché par la détresse morale du jeune homme. Il dit : « Je vais essayer de voir si Amma va redescendre ou non. » Il allait se lever pour partir quand il vit soudain Amma descendre l'escalier. Il dit à voix basse au jeune homme : « Regardez, Amma arrive. » Il ajouta : « Les prières sincères sont toujours entendues. »

Comme si elle savait qu'il était là, Amma marcha en direction du jeune homme qui se tenait maintenant debout devant le temple. Les vêtements blancs d'Amma dansaient dans la brise fraîche et douce venant de l'océan. Le regard d'Amma, plein de compassion et dont la douceur apaise les cœurs, se posa sur le jeune homme. Elle lui sourit avec amour, et il répondit en éclatant en sanglots. Le jeune homme tomba aux pieds d'Amma. Comme elle se baissait pour le relever, elle essuya ses larmes de sa main. Amma emmena Chandra Kumar vers l'Ouest du temple.

Il raconta à Amma tout ce qu'il avait expliqué à Balu. Puis il poursuivit tandis qu'Amma écoutait avec attention : « Amma, mon père et ma mère sont à Bombay et j'habite avec eux. Mon père est un homme d'affaires et je l'aide dans son travail. J'ai une sœur aînée qui était dans sa dernière année d'études pour obtenir un diplôme en Science Sociales. » Il s'arrêta et parut rassembler ses forces pour compléter son histoire.

Amma tendit affectueusement le bras droit et lui caressa affectueusement l'épaule. Il poursuivit : « Il y a six mois, nous avons observé un changement dans son caractère. Elle a toujours été intelligente, d'humeur joyeuse et très correcte dans ses relations avec autrui. Lentement, en quelques semaines, elle est devenue complètement solitaire, enfermée dans son propre mental. Sa joie et sa bonne humeur ont complètement disparu. Elle a cessé de parler, même avec mes parents et avec moi. Nous avons tout d'abord pensé qu'il s'agissait d'un changement temporaire. Mais nous avons bientôt compris la gravité de la situation.

Elle ne mangeait plus, ne buvait plus, et ne pouvait pas trouver le sommeil la nuit. En deux semaines, elle est devenue une toute autre personne. Amma, peux-tu imaginer à quel point mes parents étaient inquiets ? Nous l'avons emmenée chez différents psychiatres et psychologues, espérant qu'ils pourraient la guérir. Tous ces traitements se sont avérés inutiles. Certains ont dit qu'elle était possédée par des esprits malfaisants, d'autres qu'elle était hystérique. En tous cas, l'état de ma sœur ne s'est pas amélioré. Sa santé s'est rapidement détériorée, elle est devenue maigre comme un squelette. Elle reste assise dans sa chambre, le regard fixé sur un objet ou un autre. La seule chose qui soutienne son corps est la nourriture liquide que l'on met de force dans sa bouche. Quelquefois elle la boit, d'autres fois le liquide lui échappe simplement des lèvres.

Amma, ma sœur est dans cet état depuis six mois. Personne ne connaît la cause de sa maladie ni son remède. Mes parents en ont le cœur brisé et je suis incapable de les consoler car je suis moi-même désespéré quand je pense à elle. Je me fais aussi beaucoup de souci pour mes parents. Ils sont constamment au chevet de ma sœur, et ils n'ont que peu mangé et dormi depuis le début de sa maladie.

Amma, je t'en prie, sauve ma sœur, sauve mes parents, s'il te plaît sauve notre famille de cette crise. »

Suppliant ainsi Amma, le jeune homme se couvrit le visage de ses mains et sanglota comme quelqu'un qui aurait tout perdu dans la vie.

Amma se rapprocha de lui, plaça sa tête sur son épaule et lui caressa gentiment le dos. Elle le consola en disant: «Mon fils, ne t'en fais pas, tout ira bien. Ne perds pas la tête : donne-lui au contraire de la force. Ne te tourmente pas, Amma est là. » Ses paroles apaisantes et affectueuses le calmèrent. Il retrouva le contrôle de ses émotions. Amma lui souleva la tête de son épaule et essuya ses larmes, en le rassurant : « Mon fils, ne te fais pas de souci. Amma sent que ma fille (la sœur) ira bien. »

Amma demanda alors à Balu d'aller chercher de la cendre sacrée dans le temple. Quand il l'eut apportée, Amma l'imprégna de sa pure énergie vitale concentrée. Elle resta en méditation quelque temps, la cendre dans les mains, puis la donna au jeune homme.

Amma expliqua au jeune homme la façon d'utiliser la cendre, puis se leva pour partir. Chandra Kumar se prosterna devant Amma et prit congé d'elle. Amma retourna dans sa chambre car il était près de dix-sept heures quarante-cinq.

Il n'y avait pas d'autre visiteur à l'ashram. Les *brahmacharis* méditaient. L'atmosphère était très paisible et sereine. Tout à coup Gayatri descendit en courant l'escalier et demanda si le jeune homme de Bombay était parti. « Pourquoi ? » demanda Balu. Elle lui tendit quelques morceaux de sucre candi et lui dit que c'était du *prasadam* d'Amma pour la sœur malade. Il n'était parti que depuis cinq minutes. Espérant le retrouver au bateau, Balu courut vers la lagune. Le temps qu'il y parvienne, Chandra Kumar était déjà monté dans un bateau et se trouvait au milieu de l'eau. Balu agita la main de la berge et lui cria d'attendre sur l'autre rive. Il prit ensuite un bateau et remit à Chandra Kumar le *prasadam* d'Amma.

(Note : Trois semaines plus tard, toute la famille vint à l'ashram. C'est alors que nous apprîmes la suite du drame divin qui s'était déroulé.)

Trois jours après sa visite à l'ashram, Chandra Kumar arriva à Bombay par le train du soir. Quelle surprise pour lui lorsque sa sœur demanda dès qu'il entra dans sa chambre : « Où est le sucre candi ? » Il ne pouvait en croire ses oreilles car depuis six mois, il avait perdu tout espoir, et voilà qu'il entendait sa sœur parler pour la première fois. Il était encore plus surpris d'entendre ce qu'elle demandait. C'était le sucre candi qu'Amma lui envoyait en *prasadam*. Comment le savait-elle ? Il ne put parler pendant quelque temps. Quand il retrouva son calme, il voulut sur-le-champ qu'elle lui raconte ce qui s'était passé.

D'après le récit de sa sœur, Chandra Kumar apprit que pendant trois nuits consécutives, à compter du jour où il vint à l'ashram, elle fit le même rêve à propos d'Amma. Après chaque rêve, elle s'était réveillée d'une façon spéciale, comme si elle redevenait normale. Ses parents eux aussi remarquèrent en elle un changement. Chacune de ces trois nuits, elle rêva qu'Amma lui disait : « Ton frère est venu voir Amma. Amma va t'envoyer du sucre candi en *prasad*. Demande-le lui quand il entrera dans ta chambre. Prends-le et mange-le. Tu iras mieux. » (Après avoir mangé le sucre candi, elle retrouva la santé tant mentale que physique.)

10 avril 1984

Le chant joyeux des pêcheurs poussant leurs bateaux dans l'océan pénétrait par vagues dans l'atmosphère de l'ashram. La Mère océan recevait avec joie ses enfants, les pêcheurs, dans le berceau des vagues et les transportait avec amour en son cœur, au large, chantant son éternelle berceuse et les caressant affectueusement avec les bras de ses eaux bouillonnantes.

Un cours sur le *Vedanta* destiné aux *brahmacharis* se déroulait à onze heures du matin dans le hall de méditation. Amma était assise sous le porche devant le temple, en direction de l'Est. Quelques dévots venus de l'extérieur étaient rassemblés autour d'elle, d'autres arrivèrent et prirent place après l'avoir respectueusement saluée. Chacun avait ses problèmes. Amma appela les dévots l'un après l'autre et les écouta. Puis le sujet de conversation changea.

Un dévot : « Amma, un *soma yaga* (sacrifice védique pour restaurer l'harmonie perdue de la nature et pour purifier l'atmosphère) a lieu à Trivandrum. Les *yagas* (rituels) ne sont pas le *dharma* de notre époque, n'est-ce pas ? »

Amma : « Mon fils, que les *yagas* soient ou non le *dharma* de notre époque, il y a une chose que personne ne peut nier, c'est que le degré de pollution atmosphérique est très élevé. Accomplir des *yagas* est un excellent moyen pour purifier l'atmosphère. Les officiants offrent dans le feu de nombreuses substances ayant des propriétés médicinales tout en chantant des *mantras*. C'est très bénéfique pour la nature. Est-il possible de s'adonner à la méditation et autres pratiques spirituelles dans une atmosphère polluée ? Même pour accomplir des choses mondaines, nous avons besoin d'un certain degré de pureté atmosphérique.

Par leurs pensées et leurs actions égocentriques, les êtres humains ont pollué l'atmosphère. Celle-ci est complètement saturée de fumées nocives et des gaz d'échappement des voitures, des bus et des usines. Le pire poison pour l'atmosphère, ce sont les pensées égoïstes et malhonnêtes des êtres humains. L'équilibre de la Nature a disparu. Les *yagas* et les *yajnas* contribuent à restaurer et à reconstruire cette harmonie perdue. C'est également une façon de protéger, de préserver et de répandre la tradition védique.

Les valeurs morales et spirituelles sont les facteurs qui apportent la force, l'intégrité et l'unité à une nation. Quand elles disparaissent, la nation elle aussi se désintègre.

La culture de l'Inde, c'est la spiritualité. L'origine de la spiritualité, bien qu'elle n'ait pas de commencement, pour parler en termes empiriques, se trouve dans les *Vedas*. Par conséquent, préserver, protéger et répandre le *dharma* védique revient à préserver, protéger et répandre les valeurs morales et spirituelles du pays, ce qui aidera à élever et à unifier son peuple. Cela seul protégera le pays d'un grave effondrement.

Amma ne veut pas dire que ceux qui accomplissent les *yagas* et les *yajnas* ne doivent observer que les rituels extérieurs. Il est très important d'en comprendre les principes essentiels et de vivre en accord avec eux. Le but est de transcender ces rituels et ces oblations et de vivre constamment selon leurs principes. Combien peuvent les transcender ? Il y a encore des millions de gens qui ne savent absolument rien à leur propos. Comment peut-on ignorer ces millions au nom des quelques rares êtres qui les ont transcendés ? En accomplissant ces rituels, essayez d'expliquer ce qu'ils représentent vraiment. Parlez de leur signification spirituelle, de la science qui en est la base.

Mon fils, l'atmosphère se purifie même quand on allume une lampe à huile. Tout ce qu'ont dit les *rishis* a une raison et une signification. Il ne faut rien écarter. Regardez avec une vision subtile et vous découvrirez le bénéfice réel de ces rituels religieux. Critiquer quelque chose sans l'avoir étudié correctement n'a aucun sens. »

Le dévot : « Amma, l'accomplissement de ces *yagas* et *yajnas* n'est-il pas une façon de ramener les gens cinq ou six mille ans en arrière ? C'est primitif. »

Amma : « Comment en arrives-tu à cette conclusion ? Essayes-tu de dire que les êtres humains ont évolué ? Amma ne le pense pas. En fait, ils ont régressé. Le critère qui détermine si quelqu'un est évolué ou non est sa pureté mentale et sa largeur d'esprit. Si telle est la norme, les gens qui vivaient il y a cinq ou six mille ans étaient plus évolués que nous ne le sommes. Nous sommes les primitifs, mentalement, physiquement et intellectuellement. Ils nous étaient bien supérieurs dans tous les domaines, en paroles et en actes. Essayez de regarder et d'évaluer les choses avec impartialité, sans aucun préjugé. Efforcez-vous d'avoir une approche et un jugement plus réfléchis. La désintégration et la destruction de ces anciennes sociétés furent causées par des gens comme Duryodhana, Dussasana, Sakuni ou Dhritharasthra (personnages corrompus dans l'épopée du Mahabharata). Ils représentent la malhonnêteté, l'égoïsme et l'égocentrisme. En ce temps-là, il n'existait qu'un seul Duryodhana, un Dussasana et un Dhritharasthra mais aujourd'hui, chacun est un Duryodhana, un Sakuni ou un Dussasana. Nous courons comme des fous après la renommée, le succès et la position sociale. Nous voulons tout posséder. Ces individus provoquèrent la destruction d'une race entière. Nous allons être la cause de l'anéantissement de toute une nation, non, du monde lui-même. Mes enfants, qui est meilleur, eux ou nous ?

Les anciens sages nous ont décrit et montré les conséquences terribles de l'égoïsme et de l'égocentrisme. Ils nous ont également indiqué comment surmonter ces faiblesses. Pourtant, nous refusons de les écouter. Nous ne voulons même pas tester ou expérimenter leurs conseils. Nous nous contentons de critiquer leurs paroles. Mais qui sommes-nous pour en parler ? Certains ont étudié le sujet correctement et scientifiquement ; laissons-leur le soin de porter un jugement. En tous cas, si ces *yagas* et ces *yajnas* sont accomplis selon les instructions des *Vedas*, ils portent certainement des fruits. »

Un dévot : « Dans la *Srimad Bhagavat Gita*, le Seigneur Krishna dit : « *Yajnanam japayajnosmi.* » (Parmi les *yajnas*, je suis le *japa* *yajna*). Le *japa yajna* est le *yajna* le plus simple et le plus accessible à tous. C'est le *dharma* du *kali yuga* (la conduite juste à observer dans l'âge noir du matérialisme). Le Seigneur Krishna dit aussi à Arjuna : « *Trigunya vishaya veda nistraigunyo bhavarjuna.* » (Les *Vedas* sont constitués des trois qualités (*gunas* : *sattva*, *rajas* et *tamas*). Par conséquent, Arjuna, transcende-les.) La limite des *Vedas*, ce sont les mondes célestes.

Amma : « Il est possible de les dépasser si l'on atteint le Ciel, n'est-ce pas ? On transcende les trois qualités (*gunas*) si l'on s'élève jusqu'au Ciel, non ? Une personne dotée de discernement y parviendra certainement. C'est pourquoi Amma dit qu'il ne faut pas s'attacher aux rituels. L'officiant lui-même doit devenir l'offrande. L'attitude doit être : « Ô Seigneur, là, en T'offrant cet ingrédient, je T'offre mes attachements. Ô Seigneur, maintenant en T'offrant celui-ci, je T'offre mes aversions. Je brûle tout dans le feu de la connaissance. Prend-les et purifie-moi. » C'est l'attitude correcte. Mais pour parvenir à cet état d'esprit, on doit soit posséder de nombreux mérites spirituels accumulés pendant la vie précédente, soit avoir accompli de multiples *abhyasa* (pratiques) accompagnées de *vairagya* (détachement).

N'espérons pas trouver cette attitude chez tout le monde. Seules quelques rares personnes la possèdent. Les autres parviendront lentement à ce stade en accomplissant des *yajnas* et des *yagas*. Mais à présent ils veulent satisfaire leurs désirs, c'est pourquoi ils s'accrochent à l'accomplissement des *yajnas* et des *yagas* tels qu'ils ont été prescrits dans les *Vedas*. Grâce à ces rituels, petit à petit, leur mental gagne en subtilité. Ils prennent conscience que les désirs sont un obstacle, qu'ils ne peuvent les satisfaire totalement, et qu'ils ne leur apportent que de la souffrance. A mesure que leur mental gagne en subtilité, ils comprennent que la seule façon de se libérer de tout chagrin et de toute peine, c'est de renoncer aux désirs. Ainsi ils saisissent la véritable signification des *yajnas*, c'est-à-dire le renoncement ; ils s'en imprègnent, et vivent ensuite en accord avec le *yajna*.

Donc, ne dites pas que les *yajas* sont *mithya* (irréels). Les gens ont des goûts variés, des constitutions mentales diverses. Laissez chacun choisir ce qui lui convient. Les feuilles et les branches d'un arbre ont leur utilité même si vous n'obtenez pas les fruits. (Amma veut dire que le *karma kanda* — la partie concernant les rituels — des *Vedas* sont les feuilles et les branches; le fruit est *atma jnana*, la connaissance du Soi). Les gens ont tourné leur attention vers la spiritualité grâce à l'accomplissement de *yagas*, non ? Ils comportent donc des avantages, n'est-ce pas ? »

Un autre dévot : « La réponse d'Amma est parfaite. Même Véda Vyasa écrivit le *Bhagavatam* après le *Mahabharata*. (Le *Bhagavatam* fut écrit après le *Mahabharata*. Ici le *Bhagavatam* représente la dévotion, et le *Mahabharata* la lutte entre les bons et les mauvais penchants, ou la lutte entre la nature supérieure et la nature inférieure dans l'homme. Lorsque toutes les tendances négatives sont annihilées, la bonté prédomine. Dans un tel mental, la dévotion s'éveille.) La dévotion pour le Seigneur, qui conduit à *jnana* (la connaissance) ne peut être obtenue qu'après avoir accompli certaines actions, telles que lutter contre les tendances négatives ou résoudre les conflits ou autres perturbations en nous-mêmes. »

Amma : « Qui peut vivre sans rien faire ? Mes enfants, personne ne peut vivre en ce monde sans accomplir aucune action. *Karma* n'est-il pas nécessaire pour atteindre *nishkama* (l'absence de désir) ? Quand tous les *karmas* sont dirigés vers Dieu, c'est *nishkama*. Quand ils sont dirigés vers l'acquisition des objets, c'est *karma*. Quand toutes les actions sont dirigées vers Dieu, c'est *yoga*. Quand elles sont dirigées vers le monde, c'est *kama*. Agir dans le monde, en voyant les objets tels qu'ils sont et en espérant le fruit des actions, c'est *kamya karma*. Agir dans le monde en voyant le Seigneur en toutes choses, sans en attendre aucun fruit, c'est *nishkama karma*. *Karma* doit d'abord devenir *nishkama*. De *nishkama* naît la dévotion concentrée sur un seul point. De la dévotion naît *jnana*.

Narada aperçut un jour une vive lumière. Il s'approcha et vit que c'était une *jnana devata* en train d'accomplir des austérités. Il lui demanda sur qui elle méditait. Elle répondit qu'elle méditait sur les Pieds de Lotus du Seigneur. Là aussi, l'importance de la *bhakti* est soulignée. *Jnana* ne peut pas être atteinte par une personne sans dévotion. Dans ce sens, on peut dire que *bhakti* et *jnana* sont une seule et même chose.

De plus, les *vasanas* ne s'atténuent que si *karma* devient désintéressé.

Il ne suffit pas de chanter des *kirtans*, il faut chanter en impliquant tout son corps, son mental et son intellect dans les *kirtans*. »

Montrant du doigt un ouvrier qui retournait le sol avec une bêche (une façon primitive de labourer), Amma dit :

Amma : « Mes enfants, l'avez-vous vu retourner le sol avec sa bêche ? C'est un employé qui travaille au contrat. Il peut prétendre qu'il travaille et se contenter de retourner le sol en surface avec sa bêche, sans creuser correctement, sans enlever les mauvaises herbes et les racines des cocotiers qui ont été coupés. Comment les graines vont-elles germer s'il n'enlève pas les racines ? Si le terrain ou le champ lui appartenait, il creuserait profondément et retirerait les mauvaises herbes et les racines des cocotiers abattus, et autres excroissances. Il n'a aucun amour pour l'action qu'il accomplit. Il ne pense qu'à l'argent et non au travail. Une telle personne, qui aime l'argent et non le travail, qui ne travaille que parce qu'elle y est forcée, n'a aucune sincérité. Il n'y a pas d'amour dans son travail. Elle veut juste gagner de l'argent. Ce n'est pas la bonne façon d'agir. Toute action doit être accomplie avec amour, et telle doit être aussi votre attitude quand vous appelez Dieu. Appeler et prier Dieu est une action qu'il faut accomplir avec amour.

Dans certaines maisons, nous voyons les enfants chanter des *kirtans* au crépuscule. Ils ne le font pas par amour et par dévotion pour Dieu mais par peur de leurs parents. Ils sont forcés de le faire, ils ne peuvent pas y échapper. Il n'y a pour eux aucune autre issue, donc ils s'assoient et chantent. Mais tout en chantant, ils arrachent un jouet ou une poupée des mains d'un autre enfant, se grattent désespérément la tête en baillant et en somnolant, ils reniflent et se réjouissent de l'odeur qui vient de la cuisine, ou autres distractions tout en chantant le Nom divin. Ce n'est pas la dévotion. Ils le font par peur, parce qu'ils ne peuvent pas s'y soustraire. Il n'y a pas un iota d'amour dans ces chants. Si telle est notre *bhakti*, nos impuretés intérieures ne s'en iront pas. Ce n'est que lorsque la luxure, la colère et les autres tendances négatives sont déracinées de l'intérieur grâce à un effort sincère, que Dieu établit en nous Sa demeure. Comment les graines peuvent-elles germer si les mauvaises herbes n'ont pas été arrachées ? De même, tant que les mauvaises herbes de la luxure et de la colère demeurent en nous, la graine de *bhakti* ne germera pas dans notre cœur et Dieu ne viendra pas y demeurer. »

Question : « Amma, il semble qu'ici les *brahmacharis* suivent une discipline très stricte. Est-il nécessaire d'avoir une telle discipline ? »

Amma : « Les anciens maîtres ont étudié le mental humain de manière approfondie. Ils ont sondé le mental, l'ont pénétré et en ont compris les subtilités. Ils connaissaient parfaitement sa nature fourbe. C'est seulement après ces études poussées qu'ils ont noté toutes les disciplines que doit observer un aspirant spirituel. De nos jours, tout le monde écrit des livres. Mais Amma se demande ce qu'ils ont étudié concernant la vie et leur mental. Les *rishis* n'étaient pas superficiels ; ils consacraient des jours et des nuits, oublieux de la nourriture et du sommeil, à étudier leur mental. Ils atteignirent ainsi la Connaissance ultime. Ils connaissaient bien les obstacles qu'un *sadhak* rencontre durant son voyage spirituel car ils y avaient eux-mêmes été confrontés. Ils ont découvert des méthodes pour surmonter ces obstacles et ce sont elles qu'ils nous conseillent de suivre. Ils parlent à partir de leur propre expérience et non pas d'idées empruntées.

Le contrôle du mental est une des tâches les plus difficiles. C'est pourquoi les disciplines sont extrêmement ardues. Mais elles ne le sont pas d'une façon excessive. Amma n'impose pas la même discipline à tout le monde. Tout dépend de ce que chacun est capable de supporter. Les *brahmacharis* n'ont pas tous une force mentale égale pour s'y soumettre. De plus, la discipline n'est pas la première chose nécessaire. L'étape initiale est de prodiguer de l'amour et de l'affection. Grâce à l'expérience de l'amour pur, les *sadhaks* se rapprochent et il est alors possible de les discipliner. C'est ce que fait Amma. Amma n'a commencé avec aucun d'eux par la discipline dès leur arrivée, sauf quelques-uns. Ceux-là avaient la force et la maturité requises pour supporter une telle discipline.

Quand le vêtement est souillé par trop de taches, il faut davantage de détergent. De même, le mental est plein de taches dues aux habitudes et aux expériences vécues dans le monde. Elles ne peuvent être enlevées qu'avec une discipline appropriée.

Les *mahapurushas* (les grandes âmes) et les *avatars* (incarnations divines) établissent des règles. Il est impossible aux êtres humains ordinaires de se libérer de leur esclavage sans ces règles. Mais les *mahatmas* ne peuvent pas s'arrêter aux lois. Ils font des lois, mais se situent au-delà d'elles. Les grandes âmes sont au-delà de toutes les lois. Ils vont de l'avant après les avoir créées. Dieu a continué son chemin, après avoir créé le monde. Il a dit qu'Il n'était lié en rien par tout cela. Nous ne pouvons pas Le questionner.

Nous ne deviendrons bons que si quelqu'un est là pour nous donner des règles et nous discipliner. N'y a-t-il pas des officiers supérieurs dans les bureaux et dans l'armée pour discipliner les soldats et les travailleurs et pour les faire obéir ? Sans eux, et sans règles, la discipline ne peut pas être établie.

Il n'est pas possible d'imposer plus tard une *sadhana* à un *brahmachari* s'il n'a pas été incité à la suivre avec discipline dès son arrivée. Donc, une discipline sérieuse est nécessaire dès le début. »

Question : « La discipline donnée par un *satguru* est très dure, n'est-ce pas, Amma ? »

Amma : « Oh ça, mes enfants ! Amma va vous le dire. Un guru véritable teste le disciple de différentes manières. Après être resté quelques années avec le guru, le disciple a peut-être l'impression qu'il est maintenant parfait et qu'il a un contrôle complet sur son mental. Il pense peut-être que rien de néfaste ne risque de lui arriver, en aucune circonstance. Pour qu'il reconnaisse son erreur et prenne conscience de son ignorance, et pour l'aider à traverser cet obstacle, le guru le met de nouveau à l'épreuve.

Un guru dit un jour à son disciple : « Écoute, mon fils, va à cet endroit. Une femme vit là et tu dois obtenir d'elle les choses que je t'indiquerai. » Après le départ du disciple, le guru prit lui-même la forme d'une femme et arriva à l'endroit prévu avant le disciple. Quand il rencontra la femme, le disciple perdit tout contrôle de lui-même et devint son esclave. Le pauvre homme faisait tout ce qu'elle lui demandait. Quand ses désirs furent taris, la femme disparut, mais pas avant de l'avoir rossé de coups.

Un disciple honteux s'en retourna à l'ashram, mais il entra comme si rien ne s'était produit. Dès que le guru l'aperçut, il demanda au disciple : « Eh, mon garçon, qu'y a-t-il dans ton dos ? » Il resta perplexe, ne sachant que répondre. La peur et la honte l'empêchaient de parler. Le guru raconta alors ce qui s'était passé, révélant qu'il avait lui-même joué le rôle de la femme. Ainsi, en mettant en lumière l'état mental du disciple, le guru lui fit comprendre ses propres faiblesses. Il lui donna les instructions nécessaires pour approfondir sa *sadhana* et le laissa partir.

Le guru peut mettre le disciple à l'épreuve de mille façons. Il l'enferme dans une pièce où se trouvent des femmes nues. Quelquefois, pour une erreur minime commise par le disciple, le guru lui dit de demander pardon dix mille fois d'une certaine manière, par exemple à genoux, les bras croisés sur la poitrine, la main droite tenant l'oreille gauche et la main gauche tenant l'oreille droite.

« Je t'en prie, enseigne-moi la Connaissance ultime, Ô Maître, si je suis assez compétent pour être ton disciple. » Priant ainsi, le disciple doit approcher le guru avec une attitude de complète soumission. Le guru, s'il l'accepte, lui fera traverser de nombreuses épreuves et tribulations, tout en lui enseignant ce qu'il sait lui-même. Finalement, si le disciple sort victorieux de tous ces tests, le guru lui enseigne le *Brahma Sutra*, non seulement la matière intellectuelle mais aussi l'expérience. Ce n'est que si le disciple se soumet entièrement au guru qu'il devient digne de recevoir son enseignement.

Mes enfants, qu'en est-il aujourd'hui ? Si une personne gagne dix roupies, elle va dans une librairie, achète le texte du *Brahma sutra* et le lit d'une seule traite. Ainsi se termine l'étude du *Brahma Sutra*. Après cela, il pense qu'il est *Brahman*. Un tel personnage est un jour venu à l'ashram, prétendant : « Je suis Brahman. » Amma lui dit : « Si tu es Brahman, alors ce poisson, ce chien et ce chat sont aussi Brahman. » Que pouvait-il répondre ? Il a simplement dit : « Oui, oui ».

Un *brahmachari* (indiquant une autre personne) : Ce swami ne pratique aucune *sadhana*, mais il est très désireux d'avoir des disciples. »

Amma : « Pourquoi faire des commentaires sur les autres ? N'agis pas ainsi. Essaye de déblayer ton propre chemin. S'il vous plaît, mes enfants, aucun d'entre vous ne doit partir à la recherche de disciples. Employez le temps libre que vous avez à pratiquer votre *sadhana* et efforcez-vous de parvenir à la Réalisation du Soi. Lorsque vous aurez atteint ce but, le reste viendra à vous automatiquement. Savez-vous ce dont vous avez besoin maintenant ? Vous devez essayer de méditer même quand vous êtes assis dans les toilettes.

Mon fils, il set stupide de mettre fin à cette vie sans avoir atteint ce qui doit être atteint. Ce corps est comme une entreprise. *Atman* est le profit qui doit en revenir. Le but même de la vie humaine est la Réalisation de Soi, mais c'est la chose que nous oublions le plus. Nous oublions le plus important. »

Un autre brahmachari : « Amma, je ne peux pas contrôler la haine et la colère. »

Amma : « Mon fils, tu ne ressentiras ni haine ni colère si tu considères les autres comme faisant partie de toi. Une mère ne trouve pas que les excréments de ses propres enfants sont malodorants, mauvais ou nuisibles. Une blessure infectée sur notre propre corps, sentant la pourriture et pleine de pus, n'est pas un problème, car il s'agit de *notre* corps. Nous pouvons en supporter l'odeur. Mais si elle est sur le corps de quelqu'un d'autre, elle nous indispose. Nous ne ressentons pas de colère ni de haine envers notre fils ou notre fille, même s'ils nous disputent ou nous battent. Pourquoi ? A cause de ce sentiment qu'ils sont *nôtres*. Ainsi, si nous nous en tenons à cette attitude que tous les êtres sont nôtres, la haine et la colère nous quittent. Nous pouvons surmonter ces défauts si nous prenons conscience de leurs terribles conséquences. La colère nous pousse à toutes sortes d'actions diaboliques. Elle dissipe nos énergies positives. Elle nous enlève notre pouvoir de discernement et nous rend amers, mentalement malades et même fous. Considérez la colère comme votre premier et votre pire ennemi.

Si vous réalisez que vous allez vous mettre en colère, éloignez-vous immédiatement et efforcez-vous de méditer dans la solitude. »

Tout à coup, Amma se tourna pour regarder un jeune homme qui venait d'arriver et lui dit :

Amma : « Mes enfants, avant le mariage, une personne fait toutes sortes de rêves, tels que : « Ma femme aura telle ou telle nature, elle sera très belle, et je lui serai aussi cher que sa vie même ». Un tel rêveur nourrit cent pensées et imaginations différentes. Il ne trouve peut-être aucune de ces qualités chez sa femme après le mariage. Alors naît la déception et bientôt commencent les querelles et les luttes. Elles sont suivies par l'agitation mentale, et le mari et la femme se retrouvent éventuellement devant la justice pour une demande de divorce. Quelle vie ! Celui qui vit dans ce monde éphémère n'en retire que du chagrin. »

En entendant ces mots d'Amma, le jeune homme tomba à ses pieds et pleura. Ce qu'elle venait de dire était sa propre expérience. Il avait eu ces fantaisies et ces rêves concernant sa femme et sa vie en couple. Mais depuis le mariage, ils se querellaient sans cesse et leur vie entière était faite de souffrance. Il pensait maintenant à divorcer.

Il y eut un moment de silence, puis Amma demanda au *brahmachari* Paï de chanter un *bhajan*. Il chanta

Bandhamilla

Personne n'est à nous
Et il n'y a rien que nous puissions appeler nôtre.
En nos derniers jours
Seul le véritable Soi nous restera.

Nous ne pouvons rien emporter avec nous
Durant notre dernier voyage.
Pourquoi donc cette folie

Pour les possessions terrestres ?

Ce qui existe vraiment est en nous.
Pour le voir, nous devons pénétrer à l'intérieur.
Il n'y a là aucune trace de souffrance.
Seul existe le vrai Soi, brillant dans Sa propre gloire.

L'éveil du Soi intérieur
Et de la vraie Connaissance
Ne viennent que quand l'égoïsme a complètement disparu.
Nous allons du mensonge à la Vérité
Quand nous aimons et servons tous les êtres vivants.

Entrant en extase, Amma était assise les yeux clos, des larmes roulant le long de ses joues. De cet état de douce félicité, elle laissa filtrer un rire,. Quand elle fut redescendue vers le plan de conscience ordinaire, Amma dit :

Amma : « La béatitude que l'on éprouve en chantant le Nom divin est unique. C'est inexprimable. Amma n'hésitera pas à prendre un nombre infini de naissances pour chanter le Nom du Seigneur. On est sûr de trouver une satisfaction complète et totale en chantant le Nom de Dieu. C'est pourquoi même ceux qui ont atteint Cela reviennent et chantent la gloire du Seigneur avec l'attitude d'un dévot. On ne s'en lasse jamais. »

Brahmachari Nealu arriva alors et se prosterna devant Amma. Il s'assit parmi les autres dévots. L'un d'eux posa des questions à Amma au sujet de l'un de ses amis.

Question : « Amma, a-t-il reçu de toi un mantra ? »

Amma : « Non. Mais il n'est pas nécessaire de recevoir d'Amma un *mantra* selon un rite extérieur. Il suffit que le *sankalpa* d'Amma soit présent. Ce pouvoir peut également être transmis par un regard ou un geste. Mais même alors, la *sadhana* est nécessaire. »

Question : « Des dévots qui habitent loin d'ici ont dit avoir vu Amma en des circonstances singulièrement étranges. Qu'en dis-tu, Amma ? »

Amma : « Cela est dû à leur foi sincère et à leur amour innocent. » Amma ne dit pas un mot de plus à ce sujet.

Un dévot : « Au-delà du corps que nous voyons, Amma a un corps fait de pure lumière. Avec lui, elle peut atteindre autant d'endroits qu'elle le désire au même moment. Elle est omniprésente. »

De nouveau, Amma garda le silence.

Question : « Amma, on dit que les dangers de chute sont nombreux quand on suit ce chemin spirituel. »

Amma : C'est exact. Un *sadhak* doit prendre des précautions et être sans cesse en alerte. Un moment d'inattention peut suffire à provoquer une chute.

Mes enfants, les dangers de chute sont là même lorsqu'on se trouve à deux pas de l'état de *jivanmukti* (la libération). Une chute est possible même pendant la nuit qui précède l'état de *jivanmukti*. Souvenez-vous de l'histoire du barattage de l'Océan de lait. L'ambroisie surgit pendant qu'on barattait l'Océan de lait. S'en emparant, les démons s'enfuirent avant que les êtres célestes ne puissent la reprendre. Elle a pu être prise à cause d'un moment d'inattention. Ils ont dû mener une lutte acharnée pour la récupérer. Un *sadhak* devrait toujours être vigilant. Un moment d'inattention pour vous coûter l'ambroisie de la félicité.

Sita désirait posséder le cerf d'or. (Tandis que Rama, Sita et Lakshmana étaient dans la forêt pendant les années d'exil du royaume d'Ayodhya, Ravana, le roi de Sri Lanka, rêvait de posséder Sita. Il complota de la séduire par la ruse en employant le démon Maricha, qui prit la forme d'un magnifique cerf d'or pour éveiller le désir de Sita. Le cerf attira Rama loin de Sita et le cri trompeur du démon imitant la voix de Rama poussa Sita à envoyer Lakshmana au secours de Rama. Par ses propres actions dépourvues de discernement, Sita resta sans protection et Ravana l'emmena de force.) Elle était l'incarnation de la déesse Lakshmi et donc pleine de sagesse. Pourtant, elle fut attirée par le cerf d'or. Bien que Rama l'eût avisée de renoncer à ce désir, elle le supplia de capturer le cerf et il s'ensuivit une longue chaîne de calamités. Quand fut Touché par la flèche de Rama, le cerf (le démon Maricha) lança un cri imitant la voix de Rama. Sita enjoignit alors à Lakshmana de porter secours à Rama. Lakshmana essaya de la convaincre que le cri était une ruse et que rien ne pouvait réellement arriver à Sri Rama. Mais Sita insista. Elle perdit un moment sa sagesse, son discernement et ses autres vertus. Elle se mit en colère contre Lakshmana et proféra même envers lui des paroles insultantes et vulgaires. Cet incident dans le Ramayana symbolise comment une personne très évoluée peut se tromper et chuter à tout moment, si elle n'est pas sur ses gardes. »

Question : « Amma, comment peut-on développer la conscience vigilante quand le mental est attaché aux plaisirs du monde ? »

Amma : « Mes enfants, il est vrai que le contrôle du mental est très difficile à obtenir lorsqu'on vit dans ce monde. Si on se tient debout au bord de l'océan, même sans entrer dans l'eau, les embruns salés se collent à notre corps. Si on se baigne dans une réserve à charbon, on a beau se laver, on reste couvert de particules de charbon.

Mais mes enfants, même dans ces conditions, ceux qui sont vraiment déterminés à parvenir au but peuvent remporter la victoire sur le mental. Pour atteindre des buts matériels, nous renonçons à de nombreux attachements. Par exemple, un homme d'affaires qui voyage beaucoup doit souvent se passer des commodités de sa maison. Il ne peut peut-être pas manger ni dormir aux heures habituelles. Il ne passe que peu de temps avec sa femme, ses enfants et les autres membres de sa famille. Il n'a pas tous les jours ses mets favoris. Pourtant il travaille âprement. En fait, dans son désir de gagner de l'argent et de voir ses affaires prospérer, il oublie ces conforts. Pensez à ceux qui partent dans les pays du Golfe pour gagner de l'argent. Ils doivent travailler dur. La plupart ont des emplois très difficiles. Ils vivent avec un minimum de confort, dans une petite chambre où cohabitent quatre ou cinq personnes. Ils doivent cuisiner et traversent parfois des moments très éprouvants. A partir du moment où ils partent, ces pauvres gens ne peuvent plus revenir voir leur femme, leurs enfants, leurs parents ou leurs amis pendant au moins deux ans. Pourtant ils travaillent et renoncent à de nombreux plaisirs et conforts, affrontant toutes sortes de difficultés. Pourquoi ? Parce qu'ils ont besoin d'argent. Ils veulent davantage de confort et sont donc prêts à subir cet inconfort. Ils acceptent la nécessité d'endurer ces épreuves et ne ressentent donc pas le poids de ces souffrances et de ces difficultés. Ils sont heureux de s'y soumettre.

Mes enfants, c'est ainsi qu'il faut désirer la richesse intérieure, avec le même sentiment d'urgence. Une fois que l'attention s'éveille en nous, elle se développe alors, suivie par le renoncement et par la détermination.

Un homme d'affaires qui brasse d'importantes sommes d'argent est toujours en alerte et vigilant. Pourquoi ? Parce qu'un moment d'inattention peut entraîner des pertes énormes. Il veut éviter cela, c'est pourquoi il reste vigilant. Les gardes du corps du Premier Ministre ou du Président doivent être très vigilants, car un moment d'inadvertance suffirait à causer la mort de la personne qu'ils protègent. Pour éviter un tel drame, ils font très attention.

De la même façon, un moment de distraction peut être la cause d'une chute dans la vie spirituelle d'un *sadhak*. S'il s'attache à un objet, ou dans certaine circonstance particulière, un *sadhak* peut penser : « Oh, après tout, ce n'est qu'une petite chose, sans grande importance. Rien ne se produira si j'en profite. » Et il suit son inclination, provoquant ainsi une chaîne de réactions. Soyez prévenus et conscients que cela peut vous arriver à tout moment ; gardez par conséquent votre attention fixée sur le but et travaillez avec acharnement pour l'atteindre. Vous y parviendrez à coup sûr. »

Nealu, qui était présent, demanda :

« Amma, tu as dit qu'au début, il n'est pas facile de contrôler le mental, surtout si l'on vit au milieu des plaisirs mondains. C'est encore plus difficile pour les gens qui vivent en Occident. Ils sont bien plus matérialistes qu'en Inde. Quel conseil peux-tu leur donner à ce sujet ? »

Amma : « Amma est très heureuse de voir avec quel enthousiasme et quelle sincérité les enfants de l'Ouest veulent se consacrer à la vie spirituelle.

Les *vasanas* existent en tout être humain, sauf en ceux qui ont atteint l'état de perfection. Contrôler le mental signifie éliminer les *vasanas*. La tâche à accomplir actuellement est de déraciner les tendances créées auparavant et d'empêcher de nouvelles de pénétrer dans le mental. On ne peut y parvenir en peu de temps. Amma ne vous demande pas d'abandonner complètement toute habitude et de consacrer votre temps uniquement aux pratiques spirituelles. Il y a des gens que ça intéresse, mais la majorité ne veut pas et ne peut pas le faire immédiatement. Ils veulent les deux. Ils veulent vivre une vie dans le monde et en même temps mener une vie spirituelle. Pour eux, le mieux est de contrôler petit à petit et avec persévérance les habitudes, une à une. Dans ce processus, des chutes répétées se produiront. Qu'elles se produisent. Après tout, l'échec n'arrive qu'à celui qui essaye de parvenir au succès. Par conséquent, ne vous tourmentez pas et ne vous agitez pas en cas d'échec. Il surviendra encore souvent. Mais ne perdez pas votre enthousiasme ni votre intérêt. Essayez encore, sans jamais vous lasser. Déclarez une guerre ouverte à votre mental. Il vous poussera et vous tirera vers les mêmes vieilles habitudes. Comprenez qu'il s'agit là d'une ruse du plus grand des malins, le mental, pour vous divertir de votre chemin. N'abandonnez pas la partie. Il arrivera un moment où les *vasanas* perdront toute leur force et laisseront la voie libre au Seigneur pour qu'Il vienne et règne. Jusque là, essayez et continuez d'essayer. Laissez les échecs « échouer » à vous empêcher de poursuivre vos pratiques.

Mes enfants, ce monde est créé par le Seigneur pour votre plaisir. Aucun maître spirituel et aucune Écriture n'a jamais dit que l'humanité entière doit abandonner les plaisirs du monde et se consacrer au souvenir constant de Dieu. Personne n'a dit que tout le monde doit quitter sa maison, vivre dans un ashram et devenir *sannyasi*. Comme Amma l'a dit auparavant, certains peuvent le faire et y sont déterminés. Laissez-les suivre leur chemin. Mais un chemin existe également pour les autres qui veulent se rapprocher de Dieu. C'est possible en préparant lentement le mental pour ce saut final, tout en menant une vie normale dans le monde.

Quand nous conduisons, il faut obéir aux lois et aux règles de la circulation. Sinon il arrive des accidents. De même, quand vous conduisez le véhicule de la vie sur la route de ce monde, vous devez vous conformer à certaines lois, à des injonctions et à des interdictions. C'est de ces lois et de ces règles dont nous parlent les gurus et les Écritures. En les suivant, vous éviterez les dangers et serez en sécurité à la fois dans votre vie personnelle et dans votre vie sociale. Par contre, les conflits et les calamités surviendront dans ces deux sphères de votre vie si vous enfreignez ces lois et ces règles par trop de laisser-aller ou par une conduite indisciplinée.

Mes enfants, des pensées négatives surgiront peut-être dans votre mental pendant que vous vous adonnez à votre *sadhana*. Ne vous tourmentez pas. Ne leur accordez pas trop d'importance. Donner trop d'importance à la négativité affaiblirait votre mental. Si votre mental s'affaiblit, vous ne serez plus capable de rien faire. Vous ne pourrez plus utiliser votre force mentale ni les aptitudes présentes en vous pour accomplir votre *sadhana*. Ignorez cette négativité et poursuivez votre *sadhana*.

Par conséquent, mes enfants, ne vous inquiétez pas. Les erreurs arrivent. Ne vous encombrez pas la tête en y pensant. Souvenez-vous qu'en vous en souciant, vous perdez l'énergie et la force mentales nécessaires pour les affronter et les corriger. Ne gaspillez pas votre temps à vous tourmenter. Avancez et poursuivez votre pratique.

Mes enfants, n'oubliez pas que la nourriture existe pour que nous la mangions. Ne laissons pas la nourriture nous manger. Ce monde est là pour notre plaisir. Ne laissez pas le monde vous ballotter de-ci de-là au gré des attractions et des répulsions. Ce corps, ce mental et cet intellect sont les instruments que nous devons mettre au service de notre aspiration et de notre volonté. Ayons sur eux un parfait contrôle. Ne leur permettons pas de nous contrôler. »

Amma demanda alors à Shrikumar d'apporter l'harmonium. Elle chanta

Martyare Samsara

Ô Mère, Tu es le Sauveur de l'humanité
Nous faisant traverser l'océan du monde.
Tu es la cause première du monde,
La Puissance soutenant l'univers.

Tu te manifestes dans les trois gunas
Et en tant que Force suprême.
Je sais, Ô Mère, que Ton amour pour nous
Rend possible l'accomplissement de la vie humaine.

Le rayon de lune de Ton sourire apporte la lumière
Et la paix à ce monde de misère et de ténèbres.
À partir des cinq éléments, l'univers

Est amené à manifester Ta Gloire gracieuse.

Tu es les eaux sacrées,
Les éléments et la Cause primordiale.
Tu remplis l'univers entier,
Les manifestant avec ou sans forme.

Si, même pour un moment, Tu m'abandonnes,
Dis-moi alors, Ô Mère,
À quoi sert cette vie sur terre ?

AUM

Glossaire

(Certains mots sont identiques ou similaires en malayalam et en sanskrit. Ainsi *abhyasa* et *brahmachari* sont sanskrits tandis que *abhyasam* et *brahmacharin* sont du malayalam.)

Abhyasa(m) Effort constant.

Adhara(m) Substrat.

Advaita La nondualité.

Aham brahmasmi « Je suis l'Absolu », le Tout.

Ajnana Ignorance.

Ambrosia Le nectar de la vie éternelle (Amrit).

Ammachi Amma. Chi indique le respect.

Amritattva(m) L'immortalité.

Arati : décrire des cercles avec du camphre enflammé, qui ne laisse aucun résidu, en agitant une clochette à la fin d'une puja (adoration), symbolisant l'annihilation totale de l'ego.

Archana Culte consistant à répéter cent fois, trois cent fois ou mille fois les Noms de la divinité choisie.

Arjuna Le troisième Pandavas, et un grand archer.

Asana Siège ; posture de *hatha yoga*.

Atman Le Soi.

Avadhut(a) Ascète errant spirituellement avancé.

Avatar Une incarnation du Divin dans un corps humain. Grande âme pleinement consciente de son identité avec le Divin dès la naissance.

Bhadra Kali Voir Kali.

Bhagavat Gita Les enseignements donnés par Krishna à Arjuna au début de la guerre du *Mahabharata*. La *Gita* constitue un guide pratique pour la vie quotidienne d'un homme ordinaire et contient l'essence de la sagesse védique. *Bhagavad* signifie de Dieu et *Gita* veut dire chant, ou plus particulièrement, conseil.

Bhagavatam Texte sacré décrivant la vie des incarnations du Seigneur Vishnu.

Bhagavati La déesse aux six vertus, c'est-à-dire la prospérité, l'intrépidité, la renommée, les bons auspices, la connaissance et l'absence de passions.

Bhajan Chant dévotionnel.

Bhairavi Parèdre de Bhairava (Shiva).

Bhakti Dévotion.

Bhava darshan Rencontre au cours de laquelle Amma reçoit les disciples sous l'aspect de Krishna ou de la Mère divine.

Bhavana Imagination créatrice.

Bhava samadhi Absorption dans le Soi à travers la dévotion.

Bhogi Un être humain plongé dans les plaisirs des sens.

Bijakshara(s) Lettres-semences dans un mantra.

Bindu Point.

Brahman L'Absolu, le Tout.

Brahmachari(n) Disciple célibataire suivant une discipline spirituelle sous la direction d'un guru.

Brahmacharya Célibat et contrôle des sens.

Brahmamayi Qui n'est rien d'autre que *Brahman*.

Brahmananda La béatitude de la Réalisation.

Brahmanishtattvam Établi en *Brahman*.

Brahmasutra Aphorismes sur le Vedanta composés par Vyasa.

Chakka kali Un jeu auquel s'amusent les enfants. En malayalam, le mot Kali avec un a court signifie jeu et avec un a long, la Mère universelle.

Chakora Perdrix. On dit que de voir cet oiseau au moment d'entreprendre un voyage est un signe de bon augure.

Chamunda Un aspect de la Mère universelle.

Chanda Un démon tué par Kali.

Dakshina Offrandes faites au guru ou à un prêtre.

Darika Un autre démon auquel Kali a coupé la tête.

Darshan Rencontre avec une personne sainte ou vision de la divinité.

Devata Demi-dieu ou être céleste.

Dévi La déesse.

Dharma La droiture, la vertu ; la loi juste en accord avec la voie divine.

Dhritarashtra Le père des Kauravas et roi de Hastinapuri. Il était aveugle, et aveuglé par l'attachement à son fils Duryodhana, ce qui conduisit finalement à la guerre du *Mahabharata*.

Dhyana(m) La véritable méditation.

Duryodhana Fils aîné de Dhritarastra et personnage vil de l'épopée du Mahabharata.

Dussasana Frère de Duryodhana.

Ganjira Un petit tambour tenu dans la main.

Gita Voir *Bhagavat Gita*.

Gitopadesha Les instructions de Shri Krishna à Arjuna sous la forme de la *Bhagavat Gita*. (Illustration très connue de Krishna dans le chariot, donnant ses conseils à Arjuna agenouillé, dans l'épopée du *Mahabharata*.)

Gopa(s) Pâtres, compagnons de Krishna.

Gopi(s) Vachères, connues pour leur suprême dévotion à Krishna.

Grahasta Chef de famille.

Grahastashram(a) Homme ou femme mariés menant une vie de famille strictement conforme aux prescriptions des Écritures et tournée vers la spiritualité.

Guru Guide, maître spirituel.

Guru dakshina Offrande faite au guru pour le remercier de son enseignement.

Gurukula(m) École d'un guru où les étudiants peuvent habiter.

Hanuman Grand serviteur et dévot du Seigneur Rama, qui traversa la mer en sautant par-dessus grâce au pouvoir que lui donnait le souvenir constant du nom de Rama.

Hatha Yoga Pratique pour obtenir un contrôle complet sur le corps comme moyen de parvenir à la Réalisation du Soi.

Homa Offrande faite aux êtres célestes en versant du beurre clarifié et autres substances pures dans le feu sacré.

Icha Mouche domestique.

Iswara Dieu.

Janma(m) La naissance.

Japa yagna Le vœu de répéter constamment le mantra.

Japa Répétition d'une formule mystique (mantra).

Jîva La force vitale.

Jîvanmukta Celui qui a obtenu la Libération de son vivant.

Jîvanmukti La Libération.

Jivatman L'âme individuelle.

Jnâna La connaissance divine ou spirituelle.

Kali La Mère divine. Elle est représentée sous de multiples formes. Sa forme bienveillante est appelée Bhadra kali.

Kaliyuga L'âge noir du matérialisme, dans lequel nous vivons actuellement.

Kâmya bhakti Dévotion issue du désir.

Kanyakumari (Cap Comorin) La pointe sud du sous-continent indien où se trouve un temple dédié à la Mère divine sous la forme d'une vierge.

Karma Action.

Karma phala(m) Fruit, résultat des actions.

Karma kanda Partie des rituels dans les Vedas.

Kashaya La couleur ocre symbolisant le feu de la connaissance divine.

Kauravas Les cent enfants de Dhritarashtra. (Ils se trouvaient dans le camp opposé aux Pandavas lors de la guerre du *Mahabharata* et symbolisent l'injustice.)

Kayal Lagune.

Kirtan(am) Répétition chantée du Nom de Dieu. Chant dévotionnel.

Krishna Incarnation principale du Seigneur Vishnu.

Kundalini Énergie spirituelle décrite sous la forme du pouvoir du
serpent enroulé à la base de la colonne vertébrale, qui s'élève
jusqu'à la tête par des pratiques spirituelles, conduisant le
chercheur à la Libération.

Lakshmana Frère du Seigneur Rama.

Lakshmi Parèdre du Seigneur Vishnu et déesse de la richesse.

Lakshya bodha Souvenir constant du but et détermination à
l'atteindre.

Lalita Sahasranama Les 1000 Noms de la Mère universelle sous
la forme de Lalitambika.

Lila Le jeu divin.

Loka(m) Monde.

Mahabharata Grande épopée écrite par Vyasa.

Mahapurusha Grande âme.

Mahakali Une des formes de la Mère universelle.

Mahatma Un grand saint, une grande âme.

Makkal(e) Enfants. *Makkale* est le vocatif.

Manasa pushpam Offrande du mental (cœur) comme fleur dans
les rituels d'adoration.

Manasa puja Adoration mentale de Dieu.

Mantra Formule sacrée dont la répétition peut conduire à l'éveil
des énergies spirituelles et apporter les résultats attendus. Les
mantras sont généralement des formules très puissantes ayant
été répétées des millions de fois par les adeptes de la vie spirituelle. Certains mantras datent, dit-on, des temps védiques.

Marga La voie.

Mauna(m) Vœu de silence.

Maya Le monde de l'illusion.

Mithya Irréel, impermanent.

Mol(e) Fille. *Mole* est le vocatif.

Mon(e) Fils. *Mone* est le vocatif.

Mridangam Une sorte de tambour couramment utilisé dans la musique classique indienne.

Mudra Position des mains symbolisant des vérités spirituelles mystiques.

Mukta L'âme libérée.

Narayana Le Seigneur Vishnu.

Nirakara Sans forme.

Nirguna Sans attributs.

Nirvikalpa samadhi L'état où l'on réside dans le Soi.

Nishkama karma Action accomplie sans se préoccuper de ses fruits.

Nishkarma Le non-agir, l'action détachée.

Océan de lait La demeure de Vishnu, représentant le mental pur.

Omkara La syllabe sacrée OM.

Padmâsana Posture du lotus, en *hatha yoga*.

Pandit Un érudit, bien versé dans les textes sacrés de l'Inde.

Pâpa Faute, péché.

Paramahamsa Être parfait, ayant réalisé l'union avec Dieu.

Parâ bhakti Dévotion suprême.

Pitru karma Propitiation des divinités ancestrales.

Puja Culte rituel axé sur l'offrande de nourriture et de fleurs.

Punya Le mérite spirituel.

Puranas « Les anciens », principaux livres sacrés de l'Inde après les Védas, contenant les légendes mythologiques et attribués à Devavyasa.

Purnam Plein ou parfait.

Purusha L'Être pur.

Pourva samskâra Tendances héritées d'une vie antérieure.

Prakriti Mère Nature.

Prâna L'énergie, la force vitale.

Prârabdha (karma) Part des actions passées accumulées qui portent leurs fruits dans la vie présente.

Prasâd Offrande consacrée à Dieu ou à un Saint.

Prema bhakti Dévotion emplie d'amour.

Prema svarupa De la nature de l'amour.

Râga Mode musical.

Rajas Le principe de l'action. L'une des trois *gunas* ou qualités de la Nature.

Râja yoga Yoga royal. Le yoga en huit étapes de la Libération.

Rishi Sage des temps védiques.

Rudra bhâva Aspect féroce de la déesse.

Sadguru Un Maître parfait.

Sâdhak Disciple spirituel. (*Sâdhaka* au féminin.)

Sâdhana Discipline spirituelle.

Saguna Avec attributs (*gunas*).

Sahaja samâdhi L'état naturel de l'Être établi dans la Réalité suprême.

Sama chittata Le mental équanime.

Samatva bhâvana Attitude d'équanimité.

Samatva buddhi Mental doué d'une vision égale considérant toutes choses comme l'Un.

Samatva yoga uchyate « L'équanimité est le yoga. »

Samâdhi L'état d'unité avec Dieu.

Samsâra Discussion ; roue des naissances, des morts et des renaissances.

Samskâra Empreintes du passé.

Sankalpa Conception, résolution.

Sanâtana dharma La religion éternelle des Védas.

Sannyâsin Un renonçant.

Sarvatra samada Vision égale en toutes choses.

Sâstra Écritures ; science.

Sat karma Bien ; action vertueuse.

Satsang La compagnie des sages. Par extension, les discours donnés par eux.

Sattva Le principe de la clarté ; une des trois qualités de la Nature.

Seva Service.

Shânti La paix.

Shiva lingam Pierre ovale symbolisant Shiva pour ses adorateurs.

Shivoham « Je suis Shiva. »

Shraddha L'attention, la vigilance.

Siddhi Pouvoir occulte ou spirituel.

Sishya Disciple.

Svardharma Le devoir propre à chacun.

Tâla Rythme.

Tamas Le principe de l'inertie; une des trois qualités de la Nature.

Tambulam Nom sanskrit d'un mélange de tabac, de noix et feuilles de bétel, et de citron, mâché par les Indiens pour apaiser la sensation de faim, ou pour mieux digérer.

Tapas Ascèse ; austérité.

Tapasvi Un être s'adonnant totalement à l'ascèse.

Tarka La logique.

Tattwattile bhakti La dévotion fondée sur les principes spirituels essentiels.

Tiruvâtira kali Une danse villageoise.

Trigunas Les trois *gunas* ou qualités de la Nature : *sattva* (calme), *rajas* (action), et *tamas* (inertie).

Tyagi Un renonçant.

Vairagya Le détachement, le calme.

Valmika Une fourmilière.

Vanaprastha Troisième étape de la vie au cours de laquelle on quitte les activités du monde pour s'adonner à l'ascèse.

Vâsanas Tendances latentes résultant des *samskâras*.

Vedas Les Écritures sacrées de l'Hindouisme.

Védantin Adepte de la philosophie des Védas.

Vettapacha Sorte de plante.

Vettuchembu Une sorte de racine tubéreuse.

Vidya La véritable connaissance.

Vyavahâra Le plan empirique.

Yama et Niyama Prescriptions et interdictions du chemin du Raja Yoga.

Yantra Diagramme mystique.